Roland Tscherpel

Mörikes lemurische Po…

Hochschulschriften
Literaturwissenschaft 72

Roland Tscherpel

Mörikes lemurische Possen

Die Grenzgänger der schönen Künste und ihre Bedeutung für eine dem „Maler Nolten“ immanente Poetik

Verlag Anton Hain

CIP-Kurztitelaufnahme der Deutschen Bibliothek

Tscherpel, Roland:
Mörikes lemurische Possen : d. Grenzgänger d. schönen Künste u. ihre Bedeutung für e. d. „Maler Nolten“ immanente Poetik / Roland Tscherpel. – Königstein/Ts. : Hain, 1985.
(Hochschulschriften : Literaturwissenschaft ; 72)
ISBN 3-445-02446-4

NE: Hochschulschriften / Literaturwissenschaft

Reproduktion, Druck und Bindung: Hain-Druck GmbH, Meisenheim/Glan
Printed in West-Germany
ISBN 3-445-02446-4

Vorwort

Die vorliegende Arbeit wurde im Mai 1985 vom Fachbereich Germanistik der Justus-Liebig-Universität Gießen als Dissertation angenommen.

Herrn Professor Günter Oesterle und Herrn Professor Odo Marquard, welche mich während des Promovierens betreut haben, möchte ich für ihre vielfältigen Anregungen und für ihre Teilnahme an der wissenschaftlichen Arbeit ganz besonders danken.

Ein Dissertationsstipendium der Studienstiftung des deutschen Volkes, für das ich an dieser Stelle danke, hat es ermöglicht, daß ich mich ausschließlich diesem Vorhaben widmen konnte.

Ferner danke ich den Nationalen Forschungs- und Gedenkstätten der klassischen deutschen Literatur, Goethe- und Schiller-Archiv in Weimar, dem Deutschen Literaturarchiv in Marbach, der Landesbibliothek Stuttgart und der Sammlung Dr. Fritz Kauffmann in Stuttgart sowie ihren Mitarbeitern dafür, daß sie mir die Einsicht in das Archivmaterial ermöglichten.

Mein besonderer Dank für verschiedene archivalische Hinweise gilt Herrn Walter Scheffler und Herrn Dr. Hans-Ulrich Simon im Mörike-Archiv in Marbach.

Meinem Vater und meiner Frau danke ich fürs Zuhören, Diskutieren und Korrekturlesen - ihnen ist das Buch gewidmet.

R.T.

Es sey mir verziehen, daß ich hier weitläuftiger als vielleicht nöthig wäre, geworden; aber nicht jeder würde mir, gleich auf den ersten Anblick, diesen antiken humoristischen Geniestreich zugeben, durch dessen Zauberkraft zwischen ein menschliches Schauspiel und ein geistiges Trauerspiel eine lemurische Posse, zwischen das Schöne und Erhabene ein Fratzenhaftes hineingebildet wird.

Johann Wolfgang von Goethe

INHALTSVERZEICHNIS

Spillner im Karzer. Hat ein Licht angeschlagen und sitzt am Schreibtisch.

Ich kann mit dem Werk doch nicht so geradezu in medias res eingehen. Man darf heutzutage nicht mehr sagen, wie es einem auf der Zunge liegt, man muß in diesem wissenschaftlichen Zeitalter vor allen Dingen einige Sachen, die sich von selbst verstehen, dadurch neu und interessant machen, daß man sie von einer ganz entlegenen Seite her einfädelt und überhaupt etwas verdüstert und verdunkelt , diffizil macht usw. Denn man kann ein Huhn braten, sieden, frikassieren, sulzen, verschiedentlich versaucen , spicken, bebändern, daß es ein Wunder ist und fast gar kein Huhn mehr. Allerwenigstens sollten einige Definitionen, Distinktionen vorausgeschickt werden. Und so muß ichs auch machen.

Eduard Mörike[1]

I. Gegenstand und Verfahren

1. Einleitung

Eduard Mörike ist zwar der einzige schwäbische Dichter, den Heinrich Heine in seinem **'Schwabenspiegel'** (1838) von seiner vernichtenden Kritik ausgenommen hatte, doch hat er sich vor folgendem Urteil nicht gescheut:

> "Ein ganz ausgezeichneter Dichter der schwäbischen Schule, versichert man mir, ist Herr *** - er sei erst kürzlich zum Bewußtsein, aber noch nicht zur Erscheinung gekommen; er habe nämlich seine Gedichte noch nicht drucken lassen. Man sagt mir, er bringe nicht bloß Maikäfer, sondern sogar Lerchen und Wachteln, was gewiß sehr löblich ist. Lerchen und Wachteln sind wahrhaftig wert, daß man sie besinge, nämlich wenn sie gebraten sind. Über den Charakter und respektiven Wert der ***schen Dichtungen kann ich, so lange sie noch nicht zur äußern Erscheinung gekommen sind , gar kein Urteil fällen, . . . " [2]

Die Einräumung in diesem Urteil wirft ein deutliches Licht auf Heines Isolierung vom literarischen Geschehen in Deutschland, und nachdem ihn die Berater seines Verlegers Campe, Gutzkow und Wihl, darüber in Kenntnis gesetzt hatten, daß Mörike nicht zur Schwäbischen Schule in Heines Sinne zu zählen sei, überläßt er dem Verleger die Entscheidung:

> "Sind S i e überzeugt, daß der Mörike eher mein Bundesgenosse als mein Gegner ist, so können Sie immerhin anstatt seines Namens einige Sternchen setzen, im übrigen das über ihn Gesagte stehen lassend." [3]

Den Makel der Naivität ist Mörike bis heute kaum losgeworden, und selbst Friedrich Sengle, der in seinem Werk **'Biedermeierzeit'** Mörike in fast überschwänglichem Maße immer wieder als einen Sonderfall seiner Epoche herausstellt,[4] stützt eben dieses Urteil: Heine habe die Ironie und Mörike die Naivität des romantischen Programms gesteigert.[5]
Wiewohl diese Aussage als Richtungsbestimmung nicht bestritten werden soll, so wird doch die vorliegende Arbeit diese Formulierung wenigstens teilweise in Frage stellen. In seiner Aussage setzt Sengle schon voraus, daß Ironie und Naivität einander nicht grundsätzlich ausschließen, sondern ursprünglich in jenem erwähnten "Programm" zusammengehören, entwachsen sie doch seiner Ansicht nach beide den dichtungstheoretischen Vorstellungen der Romantik.[6]
Fragwürdiger ist es schon, von d e m romantischen Programm zu sprechen, denn hier wäre zunächst näher zu erläutern, auf welche poetologischen Voraussetzungen Mörike zurückgreifen konnte und inwiefern er sich überhaupt mit poetologischen Fragestellungen auseinandergesetzt hat. Gerade mit dieser Frage wird sich diese Arbeit befassen und zeigen, daß sich Mörike, obwohl er sich - ähnlich wie Goethe - nie als Philosoph fühlte, mit poetologischen Fragen gründlich beschäftigt hat: Seinen einzigen Roman, den **'Maler Nolten'**, kann man als eine späte und eigenwillige Antwort auf die seit der **'Querelle des Anciens et des Modernes'** die Poetik und die ästhetische Theorie nachhaltig bestimmenden Fragen nach den Grenzen der

Kunst lesen, will man seinen Inhalt nicht allein auf die Verwicklungen eines Künstlersubjekts in Liebesangelegenheiten verkürzen, die sicherlich dem Dichter auch sehr am Herzen lagen.

Mit Recht wird man an dieser Stelle einwenden, die sogenannte Regelpoetik als eine normative Poetik sei zu Mörikes Zeit längst überwunden, seitdem der Streit um die Vorbildlichkeit der Antike, der in Deutschland erst 1764 mit Winckelmanns **'Geschichte der Kunst des Altertums'** einsetzte, ausgetragen war.[7] In dieser Schrift hatte Winckelmann versucht, "die großen Prinzipien der klassischen rationalistischen Ästhetik" "Wahrheit und Einheit" mit dem Varietasideal der Renaissance vornehmlich des Manierismus zu verbinden, indem er vom Kunstwerk "Einheit und Mannigfaltigkeit" forderte.[8] Auch war in der Sturm-und-Drang-Zeit und in der Romantik die Mischung der Gattungen und Stile bereits zum Programm erhoben worden.[9]
In dem Augenblick, in dem das Schöne nicht mehr durch die "Nachahmung des antiken Vorbilds" zu erreichen ist, wird es mehr und mehr selbstverständlich, "die Werke der Alten wie die der Neuern als Hervorbringung verschiedener Epochen , also nach einem relativen Maß des Schönen und nicht mehr nach einem absoluten Begriff des Vollkommenen zu beurteilen".[10] Die Einsicht in "die Historizität des Schönen" bringt es mit sich,[11] daß sie "ästhetisch bewußte Kunst" sein wird, will sie sich als gegenwärtig behaupten.[12]
Der Streit um die Gültigkeit der Regelpoetik und die damit verbundene "Entschränkung des Kunstfähigen"[13] zwingen dazu, die Kunst des Schönen nun im Bereich der philosophischen Ästhetik und innerhalb der dichterischen Werke selbst zu erörtern und zu rechtfertigen.[14]
Der Grund für diese Entschränkung des Kunstfähigen ist in der schon im 18. Jahrhundert einsetzenden "Entübelung der Übel" zu sehen, die sich auch im Bereich der Künste in der Entfesselung des Zufalls, des Chaos, des Sinnlichen und der Affekte niederschlägt,[15] ebenso in der Literarisierung und Ästhetisierung der niederen literarischen Gattungen wie der Fabel, des Romans und der Burleske, sowie in der Wahl niedriger Gegenstände und des niederen Stils.
Wie man diese "Entübelung der Übel", die nach dem Zusammenbruch

der Leibniz-Theodizee in der "Sattelzeit" des sich vom absolutistischen Staat zur bürgerlichen Gesellschaft wandelnden Systems entsteht, nun zu erklären sucht,[16] sei es durch die "Beschleunigung des sozialen Wandels" [17], durch die "Entzweiung von Innerlichkeit und Sachlichkeit" [18] oder durch die "Entzauberung der Lebenswelt" und das Scheitern der Genieästhetik,[19] soll hier nicht erörtert werden. Erst einmal soll die Tatsache festgehalten werden, daß die Kunst und ihre Theorie, die philosophische Ästhetik, sich der Auseinandersetzung mit dieser Thematik nicht entziehen können.
Es handelt sich dabei keineswegs um einen geradlinig verlaufenden Prozeß, sondern um einen, der eng mit den historischen Gegebenheiten und Veränderungsschüben zusammenhängt.[20]
Die klassizistischen Theorien von Gottsched über Winckelmann bis zu Karl Philipp Moritz versuchen, wie Günter Oesterle in einer Studie zu "Formprobleme(n) zwischen Aufklärung, Klassizismus und Romantik" darstellt, den wachsenden Widersprüchen zwischen Ideal und Wirklichkeit durch Ausgrenzungen aus dem Weg zu gehen.[21] Die Diskussion um die Grenzen zwischen der schönen und der nicht mehr schönen Kunst wird insbesondere an der A r a - b e s k e und am klassizistischen Ideal des s c h ö n e n U m r i s s e s ausgetragen. Gerade diese Ausgrenzungsbemühungen nähren allerdings "Abweichungskünste", so daß schließlich die ornamentale Arabeske zur grotesken ausartet und der schöne Umriß zur Karikatur gerät.[22]

Die Tatsache, daß in der romantischen Epoche die Entschränkung des Kunstfähigen vorangetrieben wird,[23] beschäftigt noch die spätidealistischen nachhegelianischen Theoretiker bis zur **'Ästhetik des Häßlichen'** (1853) von Karl Rosenkranz.[24] All diese versuchen, dem Ausgegrenzten und der Idealität zugleich gerecht zu werden.[25]

Was Hans Robert Jauss für die Epoche der **'Querelle des Anciens et des Modernes'** festgestellt hat,[26] gilt auch noch bis weit ins 19. Jahrhundert: Man hält an einem humanistischen Vollkommenheitsideal der schönen Kunst fest und so kennzeichnet folgender Widerspruch auch noch die späteren Erklärungsversuche:

Da man das absolut Schöne und die autonome Kunst gegenüber der Übermacht des Zufälligen, des Amorphen, des Geschmacklosen und des Modischen bewahren und zugleich das Sinnliche, das Phantastische, das Groteske, das Komische und schließlich das Häßliche rehabilitieren will,[27] muß - "bonum durch malum"[28] - das Schöne mit den Übeln und mittels der Übel bewahrt werden, indem man sie nicht nur integriert, sondern sie zu Pflichtanwälten der schönen Kunst bestellt.
Trotz Hegels Auffassung, die Kunst sei und bleibe "nach der Seite ihrer höchsten Bestimmung für uns ein Vergangenes"[29], bleibt die Hoffnung erhalten, das Schöne könne unabhängig von der Wirklichkeit als etwas Vollkommenes, Mängelfreies und Absolutes bestehen.[30]

Obwohl die Schulästhetik längst ihre Geltung verloren hat, bleiben ihre Strukturen, ihre Kategorien und Begriffe trotz der Veränderungen und Erweiterungen für das gesamte spätidealistische Denken weitgehend bestimmend.

> "Die Poetiken, die das Gedankengut des 18. Jahrhunderts ordnen und weiterbilden, herrschen, was Zahl und Auflagen angeht, bis 1850 vor."[31]

Die Grenzänderungen zwischen Kunst und Nichtkunst erfolgen trotz verschiedenster Einteilungsarten im vollen Bewußtsein der traditionellen Gattungs- und Stilbestimmungen, was sich beispielsweise an den Erörterungen zur "Wahl der Gegenstände' oder an der Hierarchie der Künste ablesen läßt.[32] Erst um 1860 sind diese Nicht-mehr-Normen, die aber noch als Sollensgesetze gelten, nicht mehr selbstverständlich.[33]

Wir können also von dem hermeneutischen Ansatz ausgehen, daß schon Mörikes frühes Prosawerk in Verbindung zu diesem Kontext gebracht werden kann: So läßt sich der Roman **'Maler Nolten'** als eine durchdachte Antwort auf die Problematik ästhetischer Grenzziehungen lesen.[34]

Mörikes Symbole und Metaphern, seine Rückgriffe auf bestimmte literarische Texte, auf Vorlagen aus der bildenden Kunst und auf seriösere wie auf populärwissenschaftliche Theorieansätze, auf Stoffe der hohen Literatur wie auf solche der trivialliterarischen Sphäre lassen erkennen, wie der Dichter Anschauungen der Aufklärung, des Klassizismus, des Sturms und Drangs, der Klassik und der Romantik assimiliert und zu einer individuellen, dem Roman **'Maler Nolten'** immanenten Poetik verschmilzt, und inwiefern er durch diese Auseinandersetzung eine Fülle neuer Formen und Themen entdeckt.[35]

Weil jedoch trotz der Berücksichtigung dieses Hintergrunds Mörikes Werk im Mittelpunkt der Untersuchungen stehen soll, kurzum, weil das Huhn ein Huhn bleiben soll, werde ich mich an Mörikes eigene Perspektive halten und von seinem besonderen Interesse für die verschiedenen Erscheinungsformen des Komischen und Phantastischen ausgehen.

Dieses Vorgehen läßt sich damit begründen, daß mit Jean Paul Richters **'Vorschule der Ästhetik'** insbesondere das Komische eine bevorzugte Stellung genießt. In ihr wird den ausgegrenzten Gattungen und Stilformen ein größeres Gewicht verschafft; das Komische wird schlechthin das Grenzland für Widersprüche und ihre Integration. [36]
Ja, man könnte sogar sagen, daß eine Beschreibung der künstlerischen Ideale Mörikes ohne Berücksichtigung des Komischen und Phantastischen Stückwerk bliebe.[37]

Doch kann sich erst aus den Anregungen und Widersprüchen innerhalb der Fachliteratur ergeben, ob und inwiefern unser Ansatz gerechtfertigt ist.
Die zahlreichen, in der neueren Forschung vorliegenden Deutungen kritisch und weiterführend aufzugreifen, ist eine lohnende Aufgabe, soll aber in dieser Arbeit den jeweiligen Untersuchungsthemen untergeordnet bleiben.

2. Ergebnisse der Fachliteratur (einschließlich der zeitgenössischen älteren Arbeiten)

Anläßlich einer Würdigung des Zeitgenossen Ludwig Tieck, dessen Vorbildcharakter für den jungen Mörike sich aus verschiedenen Briefzeugnissen ablesen läßt,[38] hatte schon Karl Rosenkranz auf das breite Spektrum des Komischen verwiesen, darauf, daß es bei Ludwig Tieck nicht nur um Ironie gehe, sondern um "die ganze Skala der Komik von der Albernheit, der Fratze, dem Spaße, durch die Laune, die Schalkhaftigkeit und den Witz zur Ironie und zum Humor."[39] Dieses Spektrum des Komischen finden wir um einige Erscheinungsformen erweitert auch in Mörikes Werk vor, doch wurden schon die zeitgenössischen Rezensionen dieser Tatsache wenig gerecht. Gerade am Komischen, dies zeigen diese Rezensionen ebenso wie die Mörike-Fachliteratur, scheiden sich die Geister.

Wolfgang Menzel verliert über die komischen Figuren im **'Maler Nolten'** kein Wort.[40] Gustav Schwab erwähnt zwar die komische Kraft der Wispelszenen, tadelt jedoch, noch ganz der normativen Poetik verpflichtet, daß Mörike die Grenzen des Wahrscheinlichen überschreite.[41] Als "Caricaturen nach dem Leben" nennt er den Hofrat, Wispel und Lörmer.[42] Friedrich Notter bemängelt, daß die Figur Wispel eine zu hervortretende Rolle spiele.[43] Lediglich Friedrich Theodor Vischer und David Friedrich Strauß heben in ihren Rezensionen das Komische besonders hervor.[44]

So liest sich die ältere Forschungsliteratur teilweise wie eine getreue Widerspiegelung dieser Rezensionen, vermeint man doch, wenn Lukačs Mörike einen "niedlichen Zwerg" nennt,[45] Gustav Schwabs der Romanfigur Larkens zugesprochene Weltsicht, welche Schwab als die eines Pygmäen bezeichnet hatte,[46] wiederzuerkennen.

Die Untersuchung der einschlägigen Literatur fällt insofern ernüchternd aus, als die in ihr vertretenen Theorien beinahe unglaublich auseinanderklaffen. Zwar bescheinigt man dem Humor des Dichters schon früh, er umfasse "die ganze Skala vom Grotesken bis zur zierlichen Neckerei"[47], doch werden die übrigen Spielarten des Humors und die Randformen des Komischen: das Lustige, das Witzige, das Launige, das Kauzige, das Parodistische, das Burleske, das Sarkastische, das Polemische und das Satirische und schließlich das Häßliche und die Karikatur übersehen, und so geht man vom kindlichen Spiel gleich zur existenzbedrohenden Dämonie über.

Als eine der grundlegenden Arbeiten wäre Benno von Wieses **'Eduard Mörike'** zu nennen, ein Beitrag, in dem die Werke des Dichters ausschließlich im Bereich des behaglich-gemütlichen und liebenswürdigen Humors angesiedelt werden. Es fallen Begriffe wie Liebe zum Sein, Duldsamkeit und Seelenwärme, wenn auch auf der anderen Seite darauf hingewiesen wird, daß dieser Humor nicht nur naiv sei, sondern in einem fast instinkthaften Wissen wurzle, daß die menschliche Seele vielschichtig, vieldeutig, ja gebrochen sei.[48] Von Wieses einzige präzise Aussage über das Komische fällt kurz aus:

> "Mörike ist auch im Komischen zu anteilnehmend, um ironisch zu sein."[50]

Noch harmloser nimmt sich das Mörike-Bild Alfred Liedes aus. Bescheinigt Emil Staiger dem Dichter, er habe zu ernsthaftem Denken keine Lust und kein Geschick,[51] unterstellt ihm Liede zwischen den Zeilen geradezu Denkunfähigkeit.

> "Der Dichter . . . ist noch jenes Kind, das mit Worten wie mit Bauklötzen spielt."[52]

Selbst seine Tragik gehöre einer Welt an, die sich um Gut und Böse, um Fleißig und Faul nicht kümmere, einer Welt des reinen Spiels.[53] Seine Unsinnspoesie stelle Auflehnung gegen Denk- und Realitätszwang dar.[54]

Diese Aussage hindert ihn jedoch nicht, ebenso überzeugt zu behaupten, das Dämonische im Spiel, welches Mörike zwinge, mit allem zu spielen, was ihm in die Hand gerate, führe ihn bis an die Grenzen der Selbstzerstörung und des Wahnsinns.[55]

Diese und ähnliche Aussagen findet man in allen möglichen Va-

rianten als gängiges Vorurteil, wobei zwischen Biographie und Fiktion kaum unterschieden wird.[56]
Etwas deutlicher drückt sich Hans Egon Holthusen in seiner Mörike-Biographie aus, wenn er schreibt, daß "eine Art augenzwinkernder Ernsthaftigkeit und hintergründiger Komik" auch heute noch ihre Wirkung auf den Leser nicht verfehlen werde.[57] Doch war in diesem Punkt schon die Dissertation Gertrud Schützes aufschlußreicher und differenzierter, in welcher der besondere Zug der Mörike-Komik, die mimische Karikierung und die Lust am Grotesken und Komisch-Burlesken als Unterscheidungsmerkmal gegenüber dem Romantischen herausgearbeitet wird.[58]
Auch wäre in diesem Zusammenhang Gerhard Rückerts Arbeit **'Mörike und Horaz'** zu nennen, in der er sich mit dem komischen Kontrast zwischen Form, Gehalt und Stil beschäftigt und das "parodierende Spiel" mit der erhabenen Form der alkäischen Ode hervorhebt.[59]
Das Komische wird, sofern es überhaupt Gegenstand der Untersuchung ist, eher mit der Lyrik Mörikes in Verbindung gebracht, nicht aber mit seinem ersten umfangreichen Prosawerk, dem **'Maler Nolten'**.
Eine Ausnahme stellt der Aufsatz von Lee B. Jennings dar.[60] Der makabre Scherz der im **'Maler Nolten'** beschriebenen Skizze sei zu schrecklich um als idyllisch und zu verspielt, um als dämonisch bezeichnet werden zu können.[61] Das Dämonische werde lächerlich gemacht und auf diese Weise verharmlost.[62] Im Blick auf die Gestalt Wispels, der als Charakter im herkömmlichen Sinne nicht betrachtet werden könne, erarbeitet Jennings Zusammenhänge zwischen dem Komisch-Grotesken und dem "Tragischen" im **'Maler Nolten'**,[63] die zuvor kaum beachtet oder ignoriert worden waren.[64] Er versucht nicht, den Dichter schematisch zwischen Romantik und Klassik einzuordnen:

> "Er war nicht nur der klassische Kunstbeflissene, der verträumte Lyriker, der gequälte, romantische Seher, der ruhige Prophet, der sich im Einklang mit den Elementarkräften der Natur befand; er machte sich auch der Liebe zu ungezügelter Häßlichkeit schuldig, indem er sich recht Rabelaisisch weltlich gebärdete; er rebellierte gleichermaßen gegen klassische Vorbilder wie gegen romantische Chimären; . . . . . . Er war ein Mensch, der seine eigenen Dämonen heraufbeschwören und sich darüber lu-

> stig machen konnte; jemand, der immerzu - und immerhin - bodenlose Witze über sich selbst machte, ein Mensch, der in den höchsten Sphären der Kunst zu Hause war, dem aber der Blick des grotesken Wasserspeiers im Grunde Vertrautes enthielt."[65]

Der Vielfalt des Komischen nähert sich auch Martin Stern in seiner Interpretation des **'Märchen(s) vom sichern Mann'.** Seine Spielarten reichten von der homerischen Lust am Gelächter über die Wortkomik und über schwäbische Schwank- und Burleskenmotive bis zur "Eschaton-Parodie".[66] Gegen jegliche Dämonisierung hebt er das Moment der versöhnlichen Heiterkeit hervor.[67]

Daß das Komische in der schönen Kunst der Biedermeierzeit in den Blickwinkel der Germanisten gerückt ist, dürfte in erster Linie der Forschungsarbeit Friedrich Sengles zu verdanken sein. Er weist besonders auf die Bedeutung des Mörike-Vischer-Briefwechsels hin, der eines der interessantesten kulturgeschichtlichen Dokumente des 19. Jahrhunderts und für die Mörike-Interpretation noch nicht genügend ausgewertet sei.[68] Mörike stehe anfangs dem satirischen Humor gar nicht so fern wie man zunächst denken sollte, doch müsse man das Abdämpfen und Verklären des Schrecklichen ins Idyllische, Gemäßigte und Naive der Biedermeierzeit berücksichtigen.[69] Sengles Einschätzung des alten Turmhahns mag auf den ersten Blick schon fast wieder ironisch wirken, spiegelt jedoch realistisch wider, wie der Dichter es selber sah:[70]

> "Man mag im Turmhahn einen gründlich ins Biedermeierlich-Schwäbische übersetzten aristophanischen Vogel erblicken."[71]

In enger Anlehnung an Friedrich Sengles "Theorie literarischer Töne"[72] bemüht sich Renate von Heydebrand in ihrem Buch **'Eduard Mörikes Gedichtwerk'** um eine umfassende "Darstellung und Deutung" der Formenvielfalt des lyrischen Werkes. Sie bezieht in ihre Überlegungen auch die Gelegenheitsdichtung ein, welche ihrer Ansicht nach ästhetischen Kriterien sehr oft stand hält.[73]
Sie charakterisiert und deutet nicht nur kurz und präzise die Wispelfigur, sondern umreißt die Vielfalt der Mörike-Komik und nennt die eigentlichen Gründe für das tradierte Mörike-Bild:

"Wispel war für Mörike eine Maske, hinter der er seinen eigenen satirischen und parodistischen Neigungen nachgehen konnte; er war aber zugleich Gegenstand der Satire auf den Typus des Bildungsschwätzers, der sich durch Floskeln ein originelles Air zu geben sucht. Der Gedanke an die Verselbständigung der Sprachspiele zu autonomer Kunstwirklichkeit, ohne den Beigeschmack des Komischen und ohne die Absicht der Karikatur, war für Mörike völlig undenkbar.
[74]

. . . .

Bei den nicht zahlreich gebotenen Beispielen für Mörikes Humor überwiegt die idyllische Spielart den Witz und die Phantastik. . . . Und doch ist eine Vorliebe der Herausgeber und sicher auch des Publikums für das Ernste und Gefühlvolle, das Naive und Rührende nicht zu verkennen. Gewisse Bezirke von Mörikes Dichtungen, die nicht minder kennzeichnend sind, werden damit übergangen oder an den Rand gedrängt. Vor allem für das geistreiche Spiel, die witzige Brechung hat man wenig Sinn; . . . [75]

Nach 1843 könne man bei Mörike von einer Wendung vom satirischen und witzigen Epigramm zum klassischen Stilideal und zum versöhnlichen Humor sprechen.[76] Die antike Odenform habe Mörike jedoch nur noch parodistisch gebrauchen können.[77] Die Möglichkeiten der komischen Brechung in Stil, Stoff und Form zeigt von Heydebrand in verschiedenen Detailinterpretationen auf und verweist auf den Verzicht des Dichters auf das Didaktische und Moralisierende zugunsten eines ästhetisch-poetologischen Interesses,[78] wobei trotzdem gerade ethische und gesellschaftsbezogene Gesichtspunkte bei der Wahl der Gedichtgegenstände eine wichtige Rolle spielten.[79] Eine Zuordnung zu Standpunkten und Inhalten der philosophischen Ästhetik und Poetik lehnt sie jedoch strikt ab. Strenge Abhängigkeiten seien nicht nachweisbar, und "praktisch undurchführbar" sei ein Vergleich mit "ähnlich unpräzisen und doch durchaus repräsentativen Anschauungen der Zeitgenossen."[80]
Aus dieser hinsichtlich der poetologischen Dimension eingegrenzten Perspektive kann die Arbeit **'Eduard Mörike: Die Kunst der Sünde'** von Gerhard von Graevenitz als direkte Entgegnung auf von Heydebrands Untersuchungen gesehen werden, wenn sich auch seine Polemik in erster Linie gegen den Interpretationsansatz Martin Sterns richtet.[81] Er versucht, unter Berücksichtigung des Briefwechsels zwischen Mörike und Vischer die Wechselwir-

kung ästhetischer Anschauungen aufzuzeigen und in einer detaillierten Analyse des **'Märchen(s) vom sichern Mann'** nachzuweisen, inwiefern Mörike darin in seinem poetischen Medium eine kritische Antwort sowohl auf Vischers ästhetische Programmatik des Komischen als auch auf die Mythenkritik des Freundes David Friedrich Strauß gestaltet:

> "Der eigenen Berufung entsprechend schrieb darum Mörike ein "Märchen", das einen Stoff aus der Gruppengeschichte so behandelte, daß im metaphorischen Gewande ein historisches Verständnis des eigenen Dichtertums erschien, dabei in seinem komischen Ton dem Freunde Vischer und in seiner metaphorisch verwendeten Methode der Typologie dem Freund Strauß Rechnung getragen war." [82]

Besondere Beachtung verdient von Graevenitz' Versuch, die Entstehungsbedingungen des Komischen im Tübinger Stift vorwiegend gruppenpsychologisch zu erklären. Er weist in diesem Zusammenhang darauf hin, wie sehr sich die Stiftler an Klopstock orientierten und sich wie dessen Jünger zu Gruppen zusammenschlossen.[83]

Die Freundeskreise, die sich in der Nachfolge des Göttinger Hains Hölderlin als Vorbild erwählten[84] und sich durch dieses Traditionsbewußtsein über ihre eigene Anekdotenhaftigkeit hinwegzuheben vermocht hätten,[85] hätten einen Ort psychischen Engagements gebildet. Als eine Art Familie angesichts der einengenden Stiftsverhältnisse hätten sie der "Spannungsabfuhr" gedient, wobei besonders ins Gewicht falle, daß dieses Engagement in die Tradition literarischer Gruppen eingebettet war. Und gerade Mörike sei es gewesen, um den sich, wie um Hölderlin, die "Gruppengenerationen" fanden. Hierbei deutet von Graevenitz eine Analogie zwischen der Gruppe Neuffer-Magenau-Hölderlin und der Gruppe Waiblinger-Bauer-Mörike sowie zwischen den Gruppen Schelling-Hegel-Hölderlin und Vischer-Strauß-Mörike an.[86]

Von Wichtigkeit scheint mir auch die Erkenntnis zu sein, daß für den einzelnen das Bewußtsein der Geborgenheit und die Anerkennung innerhalb der Freundesgruppe zeitlebens weiterwirkten, und daß die Abkapselung Mörikes im Pfarramt nicht den Rückzug in die Innerlichket bedeuten mußte, sondern daß die literarischen Freundesgruppen sich als autarkes und geschlossenes Publikum verstanden, einander über alle literarischen Neuigkeiten unterrichteten und in Rundbriefen einander kritisierten.[87] Kritik, Anregungen und Anerkennung in der Gruppe sind aus diesem Grunde mindestens ebenso hoch einzuschätzen wie andere äußere Einflüsse.[88]

Unter dem Aspekt des Komischen arbeitet von Graevenitz insbesondere die Funktion der studentischen "Theegesellschaft" heraus, in der im Rahmen gruppenpsychologisch erklärbarer Bedürfnisse das Kontrastprogramm von Ernstem und Erhabenen auf der einen und Komischem und Niedrigem auf der anderen Seite entstehe, was sich später in Vischers Habilitationsschrift **'Über das Erhabene und Komische'** (1837) als Kontrast von Erhabenem und naiv Komischem und bei Mörike im grobianischen Ton in der **'Idylle vom Bodensee'** oder im **'Märchen vom sichern Mann'** niederschlage.[89] In diesem habe Mörike alles auf den Plan gerufen, was einem Hegelianer in aestheticis teuer sein mußte, und im Kontext der Auseinandersetzung ebenso prinzipiell Stellung bezogen wie Vischer, "nicht direkt argumentierend - der Denkstil der Hegelianer war gewiß der seine nicht - sondern versteckt andeutend und suggerierend."[90] Immer wieder weise Mörike in Andeutungen auf die Gemeinsamkeit der Auffassungen hin, gegenüber Vischer hinsichtlich des Erhabenen und Komischen, gegenüber Strauß hinsichtlich des Werkes **'Das Leben Jesu'** (1835 f.), mit dem er sich intensiv und kritisch auseinandergesetzt habe.[91] Trotzdem hätten sich die Freunde als unfähig erwiesen, jenseits des Horizontes der Hegelschen Begriffssystematik die poetischen Andeutungen Mörikes zu erfassen.[92]

Allerdings geht von Graevenitz nicht darauf ein, daß das Komische und ebenso seine besonderen Randformen, das auf religiöse Themata bezogene Polemische und das Karikaturistische, im Tübinger Stift eine weiter zurückliegende Tradition haben.[93] Des weiteren hat er bei seinen Interpretationen nicht berücksichtigt, welche Bedeutung dem Komischen und nicht nur diesem schon Mörikes dichterischen Anfängen zukommt, längst bevor dies im Briefwechsel mit Vischer offen zutage tritt, und inwiefern die Auseinandersetzung mit Vischer auch nach 1840 nicht abreißt.[94]

Mörikes Werk jedoch durchgängig auf der Folie der Vischerschen Schriften zu interpretieren, wie Dagmar Barnouw dies mit einer Kategorie der idealistischen Ästhetik, der "Wahrheit des Realen", versucht,[95] und ein ähnliches Verfahren auf die Thematik des Komischen zu übertragen, scheint mir ohne nähere Begründung einen Schritt zu weit zu gehen.

Hellmut H. Rennert weist in seiner Dissertation **'An exploration of Eduard Mörikes Reading with emphasism Shakespeare'** (1975) auf Mörikes Bemerkungen und Randzeichen in seinen eigenen zwei Bänden der Vischerschen **'Ästhetik'** hin[96], Äußerungen, die ein wenig genauer beurteilen lassen, inwiefern von Wechselwirkungen und vor allem von einer gemeinsamen Grundlage für die Dichtungsanschauungen beider Dichter ausgegangen werden kann.

Die Hinweise auf die Randformen des Komischen muß man sich sonst, abgesehen von den erwähnten Arbeiten, in denen der Roman **'Maler Nolten'** nur am Rande Gegenstand der Untersuchungen ist, in Einzelbemerkungen in den verschiedensten Mörike-Beiträgen heraussuchen.

So wendet etwa Gerhard Storz ein, man werde Mörikes "Sarkasmus doch wohl falsch verstehen, wollte man ihn für den Reflex eines horizontalen Behagens an den eigenen vier Wänden seitab von der großen Welt halten." [97] Das hohe Pathos werde von Mörike nicht weniger desillusioniert als von Büchner, wendet Höllerer ein,[98] und selbst Manfred Koschlig, der Mörikes Lyrik aus der Perspektive des Barockspezialisten weitgehend einem rein distanzierend-hermeneutischen Verfahren unterwirft, räumt angesichts einer Zeichnung Mörikes ein, sie sei ein "Dokument der Säkularisation des barocken Grundtons, der hier ins Sarkastische umzuschlagen" drohe,[99] und er weist auf die Tatsache hin, daß Mörike an den Scherenschnitten der Luise Duttenhofer besonders den "satyrischen Humor" bewundert habe.[100]

Ähnlich argumentieren Fritz Krafft und Dieter Wuttke: Das **"Τελος"-Zei**chen in Mörikes **'Sommersprossen'** habe nur noch parodistisch-altertümelnde Funktion.[101]

Eduard Berend schließlich spricht in einer kleinen Schrift,

in der er Zusammenhängen zwischen Ludwig Tiecks **'Zerbino'** und Mörikes **'Häusliche**(r) **Szene'** nachgeht, in Anbetracht der Ironie und des Anmutsideals bei Mörike von einer "graziöse(n) Ironie".[102]

Obwohl dem Dichter neben den versöhnlichen Formen des Humors die hintergründige Ironie,[103] das Launige und Witzige, das Burleske, Groteske, Polemische, Satirische, Physiognomisch-Karikaturistische und Kauzige bescheinigt werden, beschränkt man sich weitgehend auf die Nennung dieser Begriffe und auf Ausschnittinterpretationen.[104]

Hat sich insbesondere mit Renate von Heydebrands Interpretationen der Lyrik schon einiges geändert, blieb Mörikes einziger vollständiger Roman, der **'Maler Nolten'**, von ähnlich korrektiven Interpretationen verschont. Lediglich eine in der Beißner-Schule im Rahmen der Sprachwissenschaft entstandene Dissertation hatte, ähnlich wie dies von Heydebrand für die Lyrikinterpretation fruchtbar gemacht hat, auf die besondere "Fülle der Töne"" hingewiesen, die dem jungen Mörike zur Verfügung standen; daß "gewisse Gestalten, namentlich aber jene, die das Skurrile, Groteske und Komische verkörpern, auch in ihrer Sprache und in der Dynamik ihrer Äußerungen" charakterisiert würden, sei "für die Sprachform der späteren Prosawerke von Bedeutung."[105]

Mangelhafte und widersprüchliche Deutungen in den vorliegenden Interpretationen lassen es daher selbst auf die Gefahr hin, wiederum zu irren, geraten erscheinen, eine eigene ins Einzelne und Besondere gehende Interpretation zu wagen, die sich vor allem des Komischen und des Phantastischen annehmen wird.[106] Dies bedeutet keinesfalls eine Eingrenzung auf die nur versöhnlichen oder auf die nur unversöhnlichen Ausprägungen des Komischen; es geht mir nicht darum, daß Mörike vor "der Normenkontrolle der literarischen Kritik" "geheime Brüche seiner Existenz oder irgend eine andere Negativität ausweisen muß",[107] doch aus der Erörterung der unter dem Begriff des Komischen zusammengefaßten Themata wird sich die Notwendigkeit ergeben, einige der Grenzgänger des Schönen, beispielsweise das Phantastische, das Schauerliche, das Groteske, das Häßliche und die Karikatur in die Interpretation einzuschließen.

Dabei beschränke ich mich angesichts der völlig unübersehbar gewordenen Literaturberge und Zitatengebirge zum Komischen auf einen Abriß seiner Poetikgeschichte, in dem insbesondere die für die Romantik wichtigen Ansätze Jean Pauls und die Erkenntnisse Friedrich Theodor Vischers gezielt ausgewählt für die für Mörike in Frage kommenden Inhalte referiert werden, denn selbst dann, wenn man dem Dichter nur ein Minimum an Poetikkenntnis zugestehen wollte, läßt sich aus der Sicht des Heutigen nicht entscheiden, wo hier eindeutige Grenzen zu ziehen sind. Selbst eine stärkere Betonung der Textinterpretation entbände uns nicht davon, den in Mörikes Zeit gültigen Kontext literarischer Theoriebegriffe und auch diffuserer Vorstellungen als "Vorwissen"[108] einzuholen, zumal erst aus dieser Perspektive deutlicher werden kann, was wir alles unter die Grenzgänger der schönen Kunst zu rechnen haben.

Komisch ist und zum Lachen zwingt, was im offiziell Geltenden das Nichtige und im offiziell Nichtigen das Geltende sichtbar werden läßt.

Odo Marquard [1]

II. Das poetologische Umfeld

1. Vorbemerkung

Angesichts der auf diesem Felde herrschenden Unsicherheit scheint es geraten, zunächst auf die Geschichte des Komischen einzugehen und zu prüfen, wie die Formen des Häßlichen, Phantastischen, Grotesken und Karikaturesken mit dem Komischen im engeren Sinne zusammenhängen.

Da in der Literatur zwischen dem Lächerlichen und Komischen kaum unterschieden wird, sei auf die Definition Joachim Ritters verwiesen, auf welcher die zitierte Variation Odo Marquards fußt.[2]

In der Literatur findet sich in immer wieder ähnlichen Formulierungen die Vorstellung Platons, nach der das Lächerliche als Gegenpol zum Ernsten, Guten und Tüchtigen dem Schlechten und Unverständigen gleichgesetzt wird, doch schließt das eine heilsame Wirkung nicht aus.[3] Aristoteles definiert ähnlich, indem er das Lächerliche als unschädliches Übel duldet; als ein Teil des Häßlichen sei es ein Mangel und etwas Schimpfliches, das aber weder schmerze noch ins Verderben bringe.[4]

Der entscheidende Anstoß zur Beschäftigung mit dem Lächerlichen kommt aus der Rhetorik, in der sich seit dem dritten Jahrhundert v. Chr. aus dem populären Lehrvortrag der Kyniker und Stoiker der Mischstil des Ernsthaft-Lächerlichen entwikkelt. Wie in der christlichen Predigt des Mittelalters dient

der Scherz dem "ridendo dicere verum".[5] In der heidnischen Spätantike bleibt das Programm "ioca seriis miscere" gültige Konvention; der Stil, der Komisches und Ernstes vermengt, kann sich bis ins Burleske steigern.[6]
Nach seinem fast völligen Aussterben als poetologischer Terminus in der Patristik und in der mittelalterlichen Literatur "erwacht" das Komische beziehungsweise Lächerliche "mit der spätmittelalterlichen Entdeckung des Individuellen als des Seins, das im Begriff nicht aufgeht, mit dem verschärften Sinn für das Närrische und Groteske und dem von den Humanisten verkündeten Lob der Torheit" "zu neuem Leben".[7]
Zu neuen Theorien kommt es erst in der Zeit des Ancien Régime, in der "jede Abweichung von den anerkannten Normen, sofern sie nicht, wie das Laster, einem moralischen Defekt, sondern einem intellektuellen Mangel entspringt, mit dem Makel des Ridicule behaftet" ist.[8]
Sie wirken nach auf die Degradationstheorien des Lächerlichen im Sinne Hobbes'. An Molières Komödien entzündet sich die Frage, "welche Formen des Lächerlichen literarisch zulässig seien".[9]
Die aristotelische Definition wird von Gottsched und J. A. Schlegel fast unverändert übernommen.[10] Lediglich Lessing relativiert ähnlich wie Pope gegen den Ansatz Hobbes' diese besserungsästhetische Vorstellung der Aufklärung und differenziert zwischen Lachen und Verlachen.[11] Kant und Goethe bestimmen ähnlich wie Shaftesbury und Lessing das Lächerliche durch den schon von Cicero hervorgehobenen inneren Kontrast "zwischen dem, was ist, und dem, was es verheißt".[12]

Für die Aufnahme des Komischen in die poetologische Diskussion des frühen 19. Jahrhunderts lasssen sich vor allem in Jean Pauls **'Vorschule'**, in Friedrich Schlegels **'Fragmente**(n)**'** und in Solgers **'Schriften'** und **'Vorlesungen'** Anhaltspunkte finden.[13]
Beeinflußt durch Dantes für die Romantik wichtige Poetologie, in der - gattungstheoretisch nicht konsequent - tragischer, komischer und elegischer Stil unterschieden wurde,[14] schreibt Friedrich Schlegel in Anlehnung an Friedrich Schillers Gliederung der Formen sentimentalischer Dichtung und diese korri-

gierend,[15] die mittlere Stufe zwischen Satire und Idylle, zwischen Bruch und Einheit von Idealem und Realem, sei die Elegie;[16] sie enthalte sowohl den Humor, dessen eigentliches Wesen die Reflexion sei, als auch "die Mystik des Witzes".[17]

2. Jean Paul und Friedrich Theodor Vischer

Jean Pauls **'Vorschule der Ästhetik'** kommt epochale Bedeutung für die philosophische Ästhetik des 19. Jahrhunderts zu, da in ihr im Gegensatz zu den meisten aufklärerischen Ansätzen folgende neue Themata besonderes Gewicht erhalten:[18]

1) Ganz anders als in Kants Bestimmung des Gefallens ohne Interesse und seiner Trennung des Schönen vom Angenehmen wird dem Schönen die Phantasie übergeordnet, der das Rührende und das Komische gleichberechtigt an die Seite gestellt werden.[19]
2) Der Kontrast von Erhabenem und Komischem wird einerseits in ein Unendliches gesteigert,[20] andererseits wird für die Definition des Humors der Versöhnungsgedanke als eine "säkularisierte Form des christlichen Weltverständnisses" wichtig.[21]

Gegen die Degradationskomik setzt Jean Paul die Freude, die Heiterkeit und die Freiheit.[22]
Drei Arten des Kontrastes werden unterschieden, der sinnliche Kontrast, der in einer Handlung oder Situation anschaulich wird, der objektive Kontrast, das heißt der "Widerspruch, worin das Bestreben oder Sein des lächerlichen Wesens mit dem sinnlich angeschauten Verhältnis steht", und der subjektive Kontrast, der den objektiven erst erzeugt, weil wir dem Bestreben des lächerlichen Wesens unsere Einsicht und Ansicht leihen.[23]
Die Nähe des Humors zum hintergründigen Ernst und zum Tragischen deutet Jean Paul an; alle Grundformen der Dichtung, das Lyrische, Epische wie das Dramatische stehen dem Komischen offen.[24] Das Burleske definiert Jean Paul als das lyrisch Komische oder die Laune, und es erscheint schon hier symbolisiert in der für die Biedermeierzeit typischen Figur des Haus- oder Waldgeistes.[25] Die extremen Formen der Komik wie die Travestie, die Satire und andere bleiben aus dem Humor ausgeschlossen.[26]
Ob nur das scheinbar Erhabene oder das Erhabene allgemein dem komischen Kontrast anheim fallen dürfe, scheint für Jean Paul

keine Frage zu sein; die poetische Behandlung eines Stoffes allein gewährleistet die Einbeziehung des niedrig Komischen.[27] Als wesentliche Bestimmungsmerkmale werden die Sinnlichkeit und die scheinbare Nähe des Humors zum Wahnsinn hervorgehoben.[28] Die Nähe zur Reflexion wird bildlich ausgedrückt:

"Der Humor ist . . . . ein rasender Sokrates."[29]

Die 1836 vollendete und 1837 veröffentlichte Habilitationsschrift Friedrich Theodor Vischers **'Über das Erhabene und Komische'**,[30] deren Konzeption trotz wachsender Zweifel an der Möglichkeit einer in der Metaphysik begründeten Ästhetik in der sechsbändigen **'Aesthetik oder Wissenschaft des Schönen'**(1846 ff.) erhalten bleibt,[31] hat zum Ziel, die immanente Entwicklung des Erhabenen und Komischen aus dem Schönen systematisch zu begründen.

In Anlehnung an Schellings Vorstellung von der Einheit von Natur und Geist, "jene ursprüngliche Einheit des Idealen und Realen",[32] und gegen Hegel, dem Vischer vorwirft, das Erhabene und Komische nur in der Kunst und in ihrer Geschichte, nicht aber in dem ersten allgemeinen, ontologischen Teil als notwendige Momente des Schönen behandelt zu haben,[33] entwickelt Vischer im ersten Teil "das einfach Schöne", ein objektiv und absolut Schönes als Vollkommenes und Mängelfreies.

Im zweiten und dritten Teil werden die Momente des Erhabenen und Komischen dargestellt. Er teilt die Erhabenheit, die "erste Art der ästhetischen Disharmonie", in der ein Überwiegen der Idee gegenüber dem sinnlich angeschauten Bild, ein negatives Verhältnis zur Sinnlichkeit, in Anschlag gebracht wird, ein in das Erhabene der Natur,[34] des Subjekts und in das Erhabene des absoluten Geistes, das heißt das Tragische. In Anlehnung an Edmund Burke weist er auf die Notwendigkeit hin, daß das Erhabene in ein gewisses Dunkel gehüllt sein müsse, um den Effekt des Unheimlichen und des Schauers zu bewirken.[35] Das phantastisch aufgefaßte Erhabene der Natur definiert er als das Wunderbare,[36] das Wunderbare als Zerstörerisches als das

Schauderhafte.

Von der höchsten Stufe des Tragischen aus gesehen, dem Konflikt zwischen sittlichen Mächten,[37] werde, unbeschadet seiner erhabenen Größe, die Einseitigkeit eines jeden Erhabenen sichtbar.[38] Aus dieser zutage tretenden Einseitigkeit erklärt und entwickelt Vischer das Komische. Dieses gebe jede einseitige, nur scheinbar oder wahrhaft erhabene Größe dem Gelächter preis.

Vischer übernimmt die Kontrasttheorie und die Differenzierung Jean Pauls in subjektive und objektive Komik und differenziert weiter zwischen dem idealen und dem sinnlichen Moment des Komischen.[39] Gegenüber dem Erhabenen gerät das Komische als Negation der Negation zur dialektischen Prozeßgestalt des Schönen in einem Prozeß ohne sicheren Ausgang:

> "Mit dem echt Komischen stehen wir, wie schon oben angedeutet wurde, ganz auf hegelschem Boden. Denn das rechte Lachen ist dialektisch. Die hegelsche Dialektik läßt nichts fix und absolut werden, sondern nötigt jeden Satz, sich mit seinem Gegensatze zu ergänzen; die Komik läßt davon nur das positive Resultat weg."[40]

Paralell zur systematischen Einteilung im Bereich des Erhabenen erfährt auch das Komische eine Einteilung in das naiv Komische, Pendant zum Erhabenen der Natur, in das Komische des Verstandes, Pendant zum Erhabenen des Subjekts, und in das Komische der Vernunft, das als Pendant zum Tragischen zu sehen ist. Das naiv Komische umfaßt den gesamten Bereich des Volkstümlichen, Derbsinnlichen und Burlesken. Sowohl die Karikatur als satirische Verzerrung als auch das Groteske als das phantastisch Komische, das Pendant zum Wunderbaren, werden in den Bereich des naiv Komischen verwiesen.[41] Das Komische des Verstandes, das heißt die Reflexion und den Witz, betrachtet Vischer ebenso wie das Erhabene des Subjekts lediglich als Vorstufe eines höheren, hier des Humors, des Komischen der Vernunft.

Die Definition des Humors erfolgt in enger Anlehnung an Jean Paul [42] - die engen Beziehungen zum Grotesken und Phantastischen werden auch hier erwähnt und das Moment der Rührung mit ins Spiel gebracht.[43] Gegen die Definition des Humors als das romantisch Komische bei Jean Paul, in dessen Ausführungen der Humor wegen seiner Bindung an die christliche Weltanschauung nur im Zusammenhang mit dem naiv Komischen hätte zustande kommen können, stellt Vischer den Humor als das Absolutum der Moderne vor:

> "Vollkommen kann ihn nur diejenige Bildung zutage fördern, welche zu der vollen Freiheit und Furchtlosigkeit des Selbstbewußtseins fortgeschritten ist, die moderne." [44]

Zynismus und Gemeines erhalten auch im Humor ästhetisches Existenzrecht,[45] doch liegt eine gewisse Widersprüchlichkeit darin, daß sich Vischer zugleich vehement gegen einen unversöhnten Humor wehrt.[46] Das ärgerliche Lachen des satirischen Ernstes schließt er streng aus dem Ästhetischen aus, um nicht die im letzten Abschnitt des Werkes antizipierte Versöhnbarkeit des Erhabenen und Komischen im Schönen, vermittelt im dialektischen Prozeß seiner Gegensätze, zu gefährden.[47]

Exkurs: Die Kritik (nach Willi Oelmüller)

Nach Oelmüller ist die allgemeine Bedeutung der Habilitationsschrift Vischers nicht in einem neuen Beitrag zu einer neuen Deutung des Erhabenen und Komischen zu sehen, sondern in dem Versuch, selbst das, was im Erhabenen und Komischen in der konkreten Erfahrung des Subjekts und in der Kunst unversöhnt erscheint, als notwendiges Moment der Versöhnung und des Schönen zu erweisen.[48] Vischer konnte und wollte nicht wie Hegel die Erfahrungen des blinden Schicksals und des Zufalls durch Berufung auf die antike Philosophie und die christliche Lehre entschärfen und hielt trotzdem an der Vorstellung des Schönen als Organon fest, mit dem man das, was ist, erkennen könne.
Er sah in der schönen Kunst entgegen den Romantikern und der Genietheorie der Zeit keine Stiftung oder Bewußtseinsleistung

des Künstlers, kein Pharmakon, mit dem man vor dem, was ist, auf der Flucht ist.[49]
Nur zum Teil sei sich Vischer bewußt gewesen, daß die in seiner Schrift erörterten Begriffe des Tragischen, des Lächerlichen, der Ironie und des Humors in der überlieferten Rhetorik und Poetik von der Antike bis zum 18. Jahrhundert neben der rein ästhetischen auch eine religiöse, sittliche und politische Bedeutung und Funktion hatten.[50] Er hätte von seinem Standpunkt des Absoluten aus nicht erkennen können, warum Burke, Kant und Schiller das Erhabene dem Schönen nebengeordnet hatten, warum bei Kant das Erhabene und das Ideal des Schönen zum Analogon des Sittlichen werden konnten, und warum Hegel das Erhabene und die Ironie der zeitgenössischen Romantik als Appendix der schlechten Subjektivität verworfen hatte.[51] Von seinen Voraussetzungen aus hätte Vischer kaum mehr als die unbefriedigende Vorgeschichte seiner eigenen Metaphysik sehen können.

Politisch engagiert, wie er war, äußert sich Vischer vor allem in seinen Gelegenheitsschriften sehr viel radikaler über die Zusammenhänge zwischen Ästhetik und Gesellschaft und, überzeugt davon, daß engagierte Poesie eine in die Breite gehende Wirkung entfalten müsse, sucht er die Begründung des Ästhetischen im Volk. Was jetzt Reflexion sei, müsse zur Naivität zurückkehren.[52] Von einer großen Komödie, die den Untergang der bisherigen Gesellschaft darstellt, erwartet Vischer Folgendes:

> "Nicht mehr jene zufälligen Narren, welche in den Engen des Privatlebens ausgebrütet werden; große Narren, geschichtliche Narren, Staatsnarren, historische Masken."[53]

Erst müsse das Problem der Revolution gelöst werden und dann das der Kunst.[54] Doch nach 1848 komme Vischer völlig von dieser Konzeption ab in der Erkenntnis, daß jegliche Ideologie diese Welt mit innerer Notwendigkeit in die Despotie und damit in Blut und Schrecken treibe.[55]
Seine 1846 erschienene **'Aesthetik'** , in der er nochmals eine ästhetische Aufhebung des Zufalls und eine ästhetische Rechtfertigung der Welt angesichts der Grunderfahrung des sinnlosen

Zufalls in der modernen Welt versucht, gibt er, wie er am 20.6. 1857 in einem Brief an Strauß gesteht, mit großer Resignation "in die Welt" und am Schluß seiner **'Kritik meiner Ästhetik'** gesteht er ein, daß er wie sein Kritiker Schasler auch selbst eine Satire über seine Metaphysik hätte schreiben können.[56] Das Schöne ist für ihn nach 1857 keine absolute Idee mehr, sondern nur noch schöner tröstender Schein.[57]

Vischer zieht sich nun zurück auf eine Begründung des Ästhetischen in der Symbolik, nachdem er erkannt hat, daß sich die Widersprüche in der modernen Welt nicht auflösen lassen und das Schöne der Kunst keine Versöhnung von Wirklichkeit und Vernunft ermöglicht, sondern nur einen momentanen Einklang in der Symbolik der Seele gewährt. Die Kunst tröste in dem durch die Symbolik erreichbaren außergewöhnlichen Zustand über die Entfremdung hinweg:[58]

> "Die Menschen brauchen Halbheiten, und ich, ein Todfeind der Halbheit, muß sie auf diesem Gebiete wollen." [59]

Religiöse und mythische Traditionen der Menschen erkennt er nun als durch den Fortschritt unaufhebbar an; der Unterschied sei nur, daß die Geschöpfe unserer Phantasie uns nicht mehr wirkliche Wesen, sondern Wunschträume des denaturierten Daseins seien, die nur für den Augenblick geschaffen sind.[60]

Warum, Alter, geht mir das Herz so auf bei diesen Possen ? Wahrlich nicht der Possen wegen, sondern dessentwegen, was sich von jeher so gerne dahinter versteckt hat.

Eduard Mörike [1]

III. Aus grenzenloser Vorliebe - Mörikes Interesse am Komischen und Phantastischen. "Dialogue intérieur" mit Goethe und Vischer

Es ist nun nicht meine Absicht, in dieser Arbeit Mörikes Äusserungen zur Komik und zur Phantastik als Widerspiegelung Vischerscher Theoreme darzustellen, im Gegenteil, eher müßte wohl von Wechselwirkungen die Rede sein, wie sie G. von Graevenitz für den Zeitraum von 1837 bis 1838 annimmt, zumal es für Mörike mehr auf die Fülle einzelner Erkenntnisse und ihn ansprechender Urteile ankommt als auf den systematischen Zusammenhang der Vischerschen Schriften.
In dem Briefwechsel zwischen Mörike und Vischer lassen sich auch schon vor 1837 Gemeinsamkeiten nachweisen.[2] Einige Kernsätze, welche in Vischers Habilitationsschrift **'Über das Erhabene und Komische'** wieder eine Rolle spielen, werden im Briefwechsel vorweggenommen.
Um verschiedene Inhalte deutlicher herauszuheben, werde ich gelegentlich Vischers **'Aesthetik'** heranziehen.
- Die Methode ist insofern berechtigt, als uns Mörikes eigenes, mit seinen Bemerkungen und Randzeichen versehenes Exemplar vorliegt. Hellmut H. Rennert hat in seiner Dissertation **'An exploration of Eduard Mörikes Reading with emphasism Shakespeare'**[3], deren Titel allerdings diesen Inhalt kaum ahnen läßt, diese Randzeichen Mörikes in Lichtenbergs, Goethes, Vischers und in einigen anderen Werken aus Mörikes Besitz untersucht, sie jedoch nicht weiter ausgewertet. Zwar läßt sich im Nachhinein

nicht immer unterscheiden, aus welchen Gründen Mörike bestimmte Zeilen und Passagen mit ein-, zwei- und dreifachen Quer- oder Längsstrichen, manchmal auch mit einem Schrägstrich versehen hat - ob es sich um diejenigen Ausdrücke, Sätze und Passagen handelte, die ihn einfach interessierten, ob er in ihnen frühere eigene Ideen wiedererkannte oder ob er sogar dem eigenen Werk zugrundeliegende Anschauungen in ihnen bestätigt sah, doch gibt dieses Material zumindest darüber Aufschluß, daß die Randzeichen und Bemerkungen zur Thematik des Komischen bei weitem überwiegen.
Mörikes besonderes Interesse ließe sich freilich auch aus den verschiedensten Briefzeugnissen und Erinnerungen herleiten.- Auf die besondere Bedeutung des Burlesken in der studentischen Teegesellschaft ist schon hingewiesen worden; das Komische macht sich in allen Künsten breit, die den Freundeskreis beschäftigten: in der Mimikry auf der Bühne, in Komödien und Travestien, in Zeichnungen komisch-phantastischen Inhalts, die zum Teil in Briefen herumgeschickt wurden, und in Parodien auf den Vossischen, Goetheschen und Jean Paulschen Stil.[4]
Gerade aus dem Nächstliegenden und Alltäglichen schöpft Mörike viele seiner Anregungen. Er achtet Friedrich Gottlieb von Bohnenberger als "Freund vom Komischen" (X, 157/8 ff.)[5], nennt in Anbetracht einer Don Giovanni-Aufführung in Stuttgart den Frankfurter Komiker Hassel, der als Diener Leporello auftritt, eine "enthusiastische Karikatur" [6], er stellt sich vor, er selbst karikiere einen "wohlbeleibten, räuspernden BONVIVANT":

> "Ich spielte - sogleich in der ALLÈE - so einen wohlbeleibten räuspernden BONVIVANT, den Kopf tief zwischen den Schultern, die Arme gezwungen vom Leib abstehend u. rund-anständig gebogen u. gewiegt, Augbraun u. Kinn aufgespannt, die Maulwinkel, fett, in anmaaßlicher Verdrüßlichkeit etwas abwärts hängend, dann plötzlich in wohlwollendes Lächeln u. Begrüßung übergehend, ein zusammengefaltet Papierchen spielt angenehm von einer Hand zur andern, ich rede alles ohne Ausnahme PER Du an, . . .
> (X, 134/12-20)[7]

Dem Interesse an der Mimik und an der Physiognomik, am Schauspiel und am Komischen des Alltags entspricht das an der Theorie des Komischen. So zeigt Mörike für Vischers Habilitationsschrift **'Über das Erhabene und Komische'** ein überaus großes Interesse:

> "Ist Dir noch ein Exemplar Deiner Schrift über Komisches disponibel? Ich wäre höchst begierig, sie zu lesen."[8]

Nach der Lektüre dieser Schrift gibt er einer euphorischen Anerkennung Ausdruck, wie er sie sonst nur Lichtenberg oder dem Briefwechsel zwischen Schiller und Goethe gezollt hat:

> "Zuerst von Deiner Schrift. Ich fand mich überall von einer aura divina der Kunst umgeben, die einen, wenn man sie ein Weilchen aus Deinem Buch geatmet hat, törichterweise mit einem seeligen Trotz gegen Gott und die Welt erfüllt, eben als hätte man das Reich des Schönen von Anbeginn selber gemacht und gegründet. Und dieses Wohlgefühl schöner Vernünftigkeit ist so gewaltig, daß selbst der aufgeblasenste Tropf, z.B. so ein Herr Raupach, wenn ihm durch dieses Buch auf einmal die Augen aufgingen, sich selbst und seinen ganzen dramatischen Wust mit Freuden müßte ersäufen oder totschlagen lassen, und zwar - ich spreche als ein Pfarrer - im Hinblick auf die Ewigkeit, d.h. getröstet und entzückt durch den Gedanken, daß das Höchste, wenn auch nicht überall durch die Poeten, doch durch die Philosophen für alle Zeit gefunden und gleichsam verwirklicht sei. Wo von den letzten Gründen des Tragischen die Rede ist, erscheint der Kritiker nicht anders als ein Priester . . .
> Aber wie magst Du denn über Deine Bestimmung zum Dichter zweifelhaft sein?? Zwar bin ich lebhaft überzeugt: Du hast durch Deine Schrift ebenso große Kräfte gezeigt und obendrein der Welt einen ungleich größeren Dienst geleistet als durch das beste Trauerspiel." [9]

Dieser Brief bezeichnet zugleich den Gegenpol zum Komischen, das Trauerspiel, von dem Mörike mehr und mehr Abstand nimmt.
Dies kommt in einem Brief an J. Mährlen vom 21.5. 1832, in dem Mörike diesen Rückzug im Blick auf sein dichterisches Vorhaben reflektiert, ebenfalls sehr deutlich zum Ausdruck: Stufenweise bewegt er sich vom Dramatischen weg und klammert zuerst das Historische aus. Einer tragikomischen Fabel bringt er Interesse entgegen, fürchtet sich jedoch vor dem "in ihr liegenden philosophischen und moralischen Sauerteig".[10] Erst gegen Ende des Briefes rückt er mit seinen Absichten heraus: Charakterfäden und das Komische. Das Historisch-Dramatische reizt ihn nicht und zu einem Raupach will er sich schon gar nicht machen lassen.
Welche große Rolle Vischer für die Diskussionen über das Komische und über die Ästhetik überhaupt spielte, gesteht Mörike

Hermann Kurz am 30.6. 1837:

> "Was Sie mir Gutes von meinen Sachen (Gedichte, teilweise komischen Inhalts, R.T.) sagen, war mir sehr tröstlich, denn in der Tat bekomme ich so was und aus so kompetentem als liebevollem Munde sehr selten zu hören. Fr. Vischer in Tübingen ist fast der einzige, der sich auf diese Materien mit mir einläßt."[11]

Daß es sich bei Vischer und Mörike nicht um eine einseitige Beeinflussung handelte, hatte jener schon früher sehr genau erkannt und die beiden Hauptberührungspunkte, Komik und Phantastik, in den Vordergrund gerückt. Beide Begriffe werden übrigens oft fast synonym verwendet.[12]

> "Unsere Naturen, glaub ich auch, korrespondieren sich vielfächtig. Der Ähnlichkeitspunkt, meine ich, liege besonders in einer Lichtenbergschen Neugierde eines grübelnden Selbstbewußtseins, das dann der ganzen Weltbetrachtung die Farbe des Humors gibt, weil die Fragen, die jene grübelnde Dialektik ausschickt, unterwegs von der Phantasie mit einer klingenden Narrenkappe versehen werden. Hier fängt aber auch die Divergenz an: Du hast Gefühl und Phantasie reiner und kräftiger ausgebildet."[13]

Was das Komische an Hintergründigem, scheinbar Nichtigem sichtbar macht, deckt die Phantasie wieder zu und macht es zum "vermummten Wahrscheinlichen".[14]
Völlig einig sind sich die beiden über die "gegensätzlichen Formen des Schönen, das Erhabene und Komische".[15] Anläßlich des Opus **'Ein Traum'** von Vischer, eines bis ins Blasphemische reichenden konfessionskritischen Stückes, stellt Mörike den Wechsel und das Gleichgewicht des Erhabenen und Komischen zugunsten einer 'reinen Wirkung' in den Mittelpunkt seiner Kritik und hebt in zweiter Linie das Charakteristische hervor:

> "Was die Komposition als solche anbelangt, so weiß ich daran nichts auszusetzen. Der äußere Apparat, Szenerie, Dialog, Stil überhaupt ist in hohem Grade befriedigend. Der Wechsel des Ernsten und Komischen läßt nach Deiner Behandlung nicht den geringsten ästhetischen Mißton zurück, ich finde überall das edelste Gleichgewicht."[17]

Was am Komischen vor allem reizt, ist, daß "das ganze Gebiet der Bewegung" "weiter ist als im Erhabenen" [18], und was Vischer als Prozeß des komischen Widerspruchs, Hegelsche Formulierungen an

Hölzernheit weit übertreffend, formuliert, ist eine allgemeine Formulierung für das allzuleicht als Nichtiges angesehene Kleine und Begrenzte:

> "Im Komischen aber wird diese Begrenztheit oder Kleinheit darum als berechtigt gesetzt, weil sie, sich auf sich besinnend, sich in sich von sich selbst befreit, und um diesen Preis steigt das absolute Subjekt in das endliche selbst herein und wird zur vollen Gegenwart in ihm. Die Negation greift also über jene erste Negation selbst über und hebt sich dadurch auf zur Position: was negirend ausschloß, negirt diese Negation selbst und nimmt das Ausgeschlossene in sich herein oder tritt in es über."[19]

Anläßlich Jean Pauls Begriff des "Leihens", den Vischer übernimmt, scheint sich Mörike besonders für die Tatsache zu interessieren, daß dies ein "unbewußter" Vorgang ist[20], daß es das Unbewußte ist,"in was das Erhabene des Subjekts sich verstrickt, wenn es komisch wird".[21] Rennert weist auf Mörikes Interesse am "Bewußtlose(n) der künstlerischen Produktion" hin;[22] es fällt auf, daß sich Mörike in seinem Goethe-Schiller-Briefwechsel, in seiner Goethe-Ausgabe und auch in seinem Exemplar der Vischerschen **'Aesthetik'** alle Stellen angestrichen hat, die auf das Unbewußte hinweisen.[23] Sein besonderes Interesse läßt sich bis zu Eduard von Hartmanns **'Philosophie des Unbewußten'** (1869) verfolgen.[24] Wie aus Odo Marquards Untersuchung **'Zur Bedeutung der Theorie des Unbewußten für eine Theorie der nicht mehr schönen Kunst'** erhellt,[25] hat das Unbewußte, berücksichtigt man seine Begriffsgeschichte, weniger zu tun mit der psychoanalytischen Theorie der künstlerischen Produktion, sondern war längst ein philosophischer Begriff, bevor ihn die Psychoanalyse aufgegriffen hat.[26] Er hängt zudem eng zusammen mit dem sich wandelnden Naturverständnis und mit der "Entschränkung des Kunstfähigen" der Genieästhetik: Das Genie ahmt nicht mehr die Natur nach, sondern schafft "wie" und "als Natur".[27]

> "Die Aporie, daß Natur in der geschichtlichen Welt zugleich vergangen, d.h. verschwunden und gegenwärtig d.h. anwesend, daß sie also zugleich nicht ist und doch ist: die Aporie dieses 'zugleich' löst die Theorie des Unbewußten; denn sie macht eben begreiflich: die Natur 'ist nicht', nämlich nicht 'bewußt'; aber die Natur 'ist doch', nämlich 'unbewußt'."[28]

Doch, so paradox dies klingt, das sogenannte 'Unbewußte' kann auch Methode haben und schließt den Gedanken in Form der Phantasie nicht aus.[29] Der Begriff 'unbewußt, wie er bei Vischer im Zusammenhang mit dem Komischen verwendet wird, würde dann durch eine zwar engere, aber doch durch den Kontext erschließbare Bedeutung ergänzt, die mit dem Ausdruck 'im Augenblick nicht gegenwärtig', 'unbeabsichtigt' zu umschreiben wäre.

Die Kontrastanordnung von Begriffen, welche die Bereiche des Erhabenen und Komischen oder des hohen und niederen Stils umfassen, findet sich sowohl in Mörikes Briefen als auch im Werk in den verschiedenartigsten Kombinationen als Ernstes und Komisches, als Zartheit und Lustigkeit und als Feines und Derbes.[30] Selbst das Gemeine wird ausdrücklich ins Reich des Schönen aufgenommen; nach der Lektüre der Erzählung **'Das Wirtshaus gegenüber'** [31] von Hermann Kurz schreibt Mörike im Antwortbrief: "Die Vergötterung des Gemeinen hat etwas Grandioses und überwindet in der Tat hier die Welt." [32]
Vischers Formulierung von der "Idealität des Häßlichen" streicht sich Mörike an,[33] das Häßliche muß sich allerdings in ein Erhabenes oder Komisches auflösen.[34]
Das Komische, das Erhabene und die Phantasie, diese Trias findet sich fast in allen ähnlichen Beschreibungen mit verschiedenen Begriffen angekündigt, während andere Gattungsbezeichnungen sehr unbestimmt bleiben.[35]
Anläßlich eines zweitägigen Besuchs in München schreibt Mörike an Wilhelm Hartlaub am 20.7. 1828 folgende bemerkenswerte Zeilen, in denen nicht nur die oben genannten Begriffe auftauchen, sondern die auch zeigen, wie sich Mörike von der bildenden Kunst anregen läßt:

> "Ich glaube, daß d. Gallerie der Gemählde besonders eine originelle Veranlassung geben könnte, e. fortlaufende Reihe v. Novellen, Künstlercritiken u. (aber ohne Gehäßigkeit) auch selbst Personelles, Anekdoten u.s.w. anzuknüpfen. Die Mannigfaltigkeit des Städtelebens, die 1000 Reisenden bieten dem ungewohnten u. unbefangenen Auge des Ausländers einen Schatz von Bemerkungen, witzigen, ernsthaften u. phantastischen COMBINATIONEN dar, die, in der Ausführung, auf spezielle Lokalitäten, Straßen, Wirtshaußecken, nach novellenart, gegründet, für den Münchner selbst höchst in-

teressant werden müßten." (X, 228/17-26) [36]

Auch das von Jean Paul her bekannte Rührende spielt neben dem Phantastischen, Komischen und Erhabenen eine besondere Rolle,[37] wohingegen das heroisch Erhabene in Verbindung mit dem Elegischen in Mörikes Dichtungsanschauung keine wohlgefällige Kombination verspricht, sondern als "rührendes Zerrbild" bezeichnet wird.[38]

Nicht unerheblich ist in diesem Zusammenhang die Bedeutungsbreite des Begriffs 'erhaben', denn dieser Begriff, der oft synonym mit dem Begriff 'tragisch' verwendet wird, entspricht weder dem kantischen Begriff des Erhabenen noch dem klassischen Tragikbegriff, sondern umfaßt viel eher das Schaurige und Dunkel-Erhabene und das Phantastisch-Unheimliche. Er wird eher als Stilelement, als eine Art und Weise der Darstellung begriffen, die mit dem klassischen Begriff nur den Untergang, das Katastrophische gemeinsam hat. Die am weitesten gefaßte Begriffsdefinition findet sich, von Mörike mit einem Randzeichen versehen, in Vischers **'Aesthetik'**, in der 'erhaben' lediglich als stilistisches Mittel der Spannungssteigerung verstanden wird - eine verschwommene Begriffsdefinition, die entscheidend zur Konvertibilität von Tragischem und Komischem beiträgt:

> " . . . , so daß Erhaben jetzt Alles heißt, was irgend eine, wenn auch an sich unbemerkliche Erwartung und Spannung erregt." [39]

Welche Bedeutung der Kontrastpoetik des Komischen und Erhabenen beizumessen ist, darauf könnte zudem die Tatsache hinweisen, daß Mörike als Platzhalter für seinen Namen manchmal das Zeichen der Lyra zu verwenden pflegte. Manfred Koschlig deutet dieses Zeichen als ein aus dem 17. Jahrhundert stammendes Kürzel für 'poeta' (versificator).[40] Daß die Lyra allerdings zu Mörikes Zeit in der bildenden Kunst als Symbol für den Dualismus von Tragischem und Komischem verwendet wurde,[41] wird meines Wissens in der Sekundärliteratur nirgends berücksichtigt.

Als ein weiterer Berührungspunkt zwischen Mörikes Poetikverständnis und Vischerschen Erkenntnissen ist der aufgefächerte

Begriff des Humors anzusehen; den Widerspruch zwischen kunstunfähiger Satire und versöhnendem Humor vermag Vischer auch in seiner **'Aesthetik'** noch nicht zu lösen. Einerseits werden der "satyrische Humor" und die Karikatur als häßliche Verzerrungen dem Witz untergeordnet,[42] andererseits wird die politische Satire in den Anhang verwiesen. Gewisse Akzentverschiebungen zugunsten der politischen Satire und der Karikatur ergeben sich allerdings aus der Kenntnis der Vischerschen Gelegenheitsschriften.[43] - Auf diese interessante Widersprüchlichkeit im Komischen Vischers ist Reinhold Grimm eingegangen, indem er den Aporien der bürgerlichen und der marxistischen Komik- und Humortheorien die widersprüchliche Fülle Vischerscher Erkenntnisse entgegengehalten hat.[44] Vischer stellt sich der Widersprüchlichkeit des Komischen, indem er sowohl den Heiterkeitsanspruch wie den satirischen Gehalt der Kunst bejaht. Das Groteske, das Vischer dem Komischen subsumiert und mit Begriffen wie "freieste Willkür" und "heitere(r) Wahnsinn" verknüpft und es "unverblümt dem Possenhaften" zuschlägt, schließt er in die "weltliterarische Apotheose des Humors" ebenso ein wie die "satyrische Karikatur" und die Satire.[45]
Zudem läßt sich der Satirebegriff nicht einzig auf seine Oppositionsfunktion verkürzen, denn man würde die Unklarheit des noch im 19. Jahrhundert üblichen Begriffsverständnisses verkennen:[46] Beide etymologischen Erklärungsmöglichkeiten, abgeleitet von a) der antiken Satyrgestalt,[47] halb Mensch, halb Tier, aus dem Gefolge des Dionysos und von b) lat. satura, einer mit allerlei gefüllten oder überfüllten Schüssel, schlagen sich als Metaphern für den Kontrast zwischen Hohem und Niederem einerseits, als Metapher für die Stilmischung andererseits in der Dichtung und in der Poetik nieder.[48]

Es scheint ein wesentliches Charakteristikum der Komik der Theorie des Komischen zu sein, daß es schwerfällt, sich der Widersprüchlichkeit des Komischen , seinem Anspruch auf Heiterkeit und dem Umschlagen ins Unheimliche und Katastrophische, diesem 'Sowohl-als-auch' zu stellen.[49] Selten wird das phantastische Moment des Komischen, die M ö g l i c h k e i t des Umschlagens ins Unheimliche und Katastrophische betont wie

etwa in Erwin Gradmanns Studie **'Phantastik und Komik'**.[50]
Eben diese Balance im Komisch-Dionysischen zeichnet meines Erachtens die ästhetischen Vorstellungen zu Mörikes Zeit aus und ich will dies an einer zeitgenössischen Rezension von Eduard Prutz verdeutlichen:

> "Darum, wie der Dionysosdienst der späteste war von den Gottesdiensten, die vom Aufgange her, selbst Boten des Aufgangs, die Gemüther zum Dienst des Göttlichen verbanden: so ist auch in der Kunst und Litteratur der Völker das komische Ferment, die alles durchdringende und idealisierende Heiterkeit, die letzte und reifste Blüte." [51]

Gegen Tendenzliteratur und gegen die als falsch empfundene romantische Ironie und eine "willkürlich geschaffene Welt von Caricaturen" [52] wird das Komische, mit dem sich Prutz auf den Dionysoskult beruft, als idealisierendes Moment herausgestellt. In eingeschränktem Sinne fungieren das Satirische und die Karikatur als Korrektive des klassischen Ideals, doch wird das Tierische und Triebhafte des Satyrs gemildert, um nicht den Weg zurück zum Ideal zu verbauen, denn es geht nicht an, "das eben so unwahre schlechte Subjekt mit allen nichtsnutzigen und geilen Forderungen seiner thierischen Natur zur Basis der Weltanschauung zu machen."[53]

Daß wir für Mörikes Anschauung des Humors ein ähnlich erweitertes Begriffsfeld zugrunde legen müssen, wie ich es hier anzudeuten versucht habe, läßt sich jedoch nicht nur auf dem Umweg über Vischersche Erkenntnisse ableiten. Wenn Mörike etwa anläßlich einer von Mährlen erbetenen Vorrede von Humor spricht, jedoch hinzufügt, er müsse "mit einiger Mäßigung angewandt" werden,[54] läßt sich daraus schließen, daß dieser Humor von Hause aus mit Mäßigung wenig zu tun hat. Auch die folgende Tagebuchnotiz läßt darauf schließen, daß der Humor das Satyrische wie das Satirische durchaus einschließt:

> "Ein "Buch der Träume" Erzählung wirklich geträumter sowie erdichteter T (ohne anderen als rein poetischen Zweck) zu schreiben, könnte mir wohl die Lust ankommen. Die humoristischen müßten durchaus vorherrschen. So käme ich doch freilich unversehens in d. satyr. Absicht hinein, was je nachdem der Plan gefaßt würde, auch neben dem rein Phantastischen wohl mitliefe.
> Märchen zu schreiben wäre aber wohl belohnender." [55]

Selbst der 'Humor' Vischers in dessen Schrift **'Ein Traum'** nimmt Mörike in einem Brief an ihn ausdrücklich gegen Mährlen in Schutz:

> "Was er an dem Traum tadelt, namentlich in betreff des Humors, ist ganz unrichtig: er hat mir nachher mündlich viel widerrufen müssen. Den Hergott besonders, den Gabriel, laß ich mir nicht antasten: etwas Ähnliches ist noch nie gemacht worden und mein gesundes Lachen dabei ist mir das wahrste Kriterium für den echt aristophanischen Kontur." [56]

Die zwiespältige Situation des Künstlers, einerseits Weltverbesserer und zugleich Erheiterer zu sein, war Mörike sehr wohl bewußt.

> "Wie jeder kräftige Beitrag zu Beförderung eines größeren menschlichen Interesses, sei es ein künstlerisches, wissenschaftliches oder politisches, seine geheimere oder offenere Wirkung auf ein zweites, drittes fremdes Interesse nicht leicht verfehlt, so hoffen auch wir an unserem Platze einen Stein zum breiten Gebäude zu liefern, wärs auch nur, um einen andern schiefen Pfeiler einzuschmeißen.
> Im ganzen aber wird sich zum Beispiel die Poesie ihre erste göttliche Bestimmung zum Vergnügen niemals rauben lassen, umsomehr, als mit dem jedesmaligen Genius des Dichters sich verträgt, andern Zwecken zu dienen." [57]

Dieser Passage folgt ein freies Zitat aus Goethes **'Dichtung und Wahrheit'**, das er sich in seiner eigenen Goethe-Ausgabe unter der Rubrik 'Besonders interessante Stellen' vermerken wird.[58]
Auch Renate von Heydebrand führt diese Passage an, ohne allerdings den ersten Teil wörtlich zu zitieren,[59] und sie kommt angesichts des Satzes, "die muntersten wie die ernstesten Werke" hätten "den gleichen Zweck, durch eine glückliche, geistreiche Darstellung so Lust als Schmerz zu mäßigen", zu ihrer These, für Mörikes Kunstauffassung sei der Aspekt der Therapie durch die Harmonie in der Kunst von ausschlaggebender Bedeutung.[60]
Der "Humor als Diät",[61] gemäß welcher dem ästhetischen Begriff die therapeutische Vorstellung entspricht,[62] findet sich noch deutlicher auf den Begriff gebracht in einer weiteren Briefstelle, doch gilt diese Auffassung vom Humor nicht uneingeschränkt. Ohne darüber hinwegzusehen, daß Mörike gegenüber verschiedenen Briefpartnern auch verschiedene Masken aufsetzt,

hatte er schon früher folgenden Passus in einer bisher nicht aufgefundenen medizinischen Schrift aufgetrieben und in einem Brief an E. F. Kaufmann darüber berichtet. Hier wandelt sich das Bild urplötzlich, und flugs gerät die Vorlage zur Parodie:

> "Vor einer Viertelstunde fand ich auf dem Privet e. Blatt aus dem Buch eines alten medizinischen Knasterbarts; "VON der DIAET-Ordnung" hier kommt folgende Stelle vor, die ich Dir als Recept auf vorkommende Fälle doch hersetzen will:Es ist von Affecten; MELANCOLIE die Rede:
> "Nach dem Philosophischen Grund kann man um sich zu moderiren, gleich durch RAISONABLE Vorstellungen mit sich und andern sich divertiren, und von der unruhigen Bewegung abziehen; die Nichtigkeit des Affeckts begreiflich machen lassen; dem Zorn eine Furcht dem Schrecken eine Hoffnung, entgegensetzen; andere OCCUPATIONES vornehmen; zum Schlafen sich DISPONIREN; die erregte Unruhe nur vom Herzen wegjagen u. schütten; den Schrecken, Trauren, Ängsten recht ausweinen u. ausschreyen; die Natur mit einer APPROBATION in ihrem ersten Jäst besänftigen; einen Scherz daraus machen. Auff solche Wege wird die Seele in ihrer Alteration theils besänftigt theils abgezogen von ihrer irrigen Bewegung; mithin das Geblüt und alle inneren Bewegungen in ihrem ordentlichen Lauff erhalten." Siehe da! artige Noten zu dem Götheschen Lied; Es müßte sich sehr gut ausnehmen wenn man diese Worte in tiefem Baß in Musik sezte und mit brummiger Sicher-Manns-Stimme der wahren Melodie ACCOMPAGNIRTE. (immer in zwey MONOTONEN Tönen müßte es seyn also sehr leicht zu COMPONIREN)" (X,167/32-168/17) [63]

Das größere Interesse widmet Mörike jedoch der Karikatur, dem Analogon zur Satire in der bildenden Kunst.[64] Dieses besondere Interesse hängt mit dem für Mimik, Affekte und Physiognomisches sehr eng zusammen.[65] Die **'Charaktere'** des Theophrast gehören zur selbstverständlichen Lektüre des theologischen Kandidaten,[66] und auch Johannes Mährlens Gelegenheitskarikaturen ernten Mörikes unverhohlene Zustimmung:

> "Dieses ist in der Tat ein Meisterstück von Charakter und so viel ich mich erinnere, von Ähnlichkeit; gefällt mir sogar besser als alle Deine gräzisirenden Nasen und Augen. Ich kann mir nicht anders denken als Du hast die Conterfeye zu Waldenbuch im Wirtshaus hinter dem Ofen hervor den Gesichtern abgestolen; und Du bist ein guter Schütze mit Bley - Numero 1 hast Du aber wirkl. todt geschossen, . . . (X, 83/4-10) [67]

Ohne die Tatsache zu verschweigen, daß sich im Nachlaß von Mörikes Zeichnungen durchaus auch einige "gräzisirende" Zeichnungen aus späterer Zeit finden,[68] scheint Mörike die Umsetzung des Karikaturistischen ins Literarische besonders am Herzen zu liegen, denn was ist die Übertreibung des Charakteristischen anderes als die Definition der Karikatur?[69] So führt er in dem Brief an Vischer seine Bemerkungen zum **'Traum'** weiter aus:

> "Mich überraschten auf der Stelle einige feine Züge voll tiefliegender und doch schnell genug ins Auge springender Wahrheit, die Keckheit, womit Du das Charakteristische in den schärfsten Ecken und ohne den geringsten Umschweif herauszugreifen verstehst, die Kürze und Präzision der Sprache." [70]

Im Teilnachlaß Mörikes wurde sowohl von Renate von Heydebrand als auch von anderen Herausgebern von Mörike-Zeichnungen ein unauffälliges Skizzenheft übersehen, das, da es sich teilweise um Abzeichnungen von Vorlagen handelt, über Mörikes Anregungen zu witzigen, ernsthaften und phantastischen Kombinationen Aufschluß gibt.[71] Auf der zweiten Seite dieses Heftes findet sich eine Reihe von Wellenlinien mit unterschiedlicher Krümmung, von Halbkreisen und Dreiecken; ihre Anordnung und Zusammenstellung lassen darauf schließen, daß sie von der Demonstrationstafel "Table I" des englischen Satirikers und Karikaturisten William Hogarth und seiner 1753 in London veröffentlichten und 1754 von Christlob Mylius ins Deutsche übertragenen, sich auf die bildende Kunst bezogene Schrift **'Analysis of Beauty'** stammen.[72] Hogarth hatte - frei nach Michelangelo[73] - versucht, anhand der verschiedenen Krümmungsradien der Wellen- beziehungsweise der Schlangenlinie, der Linie der Schönheit und des Reizes, dem Inbegriff alles Schönen und Phantastischen in der Kunst,[74] die Grenze zwischen Schönem und Häßlichem zu bestimmen, wobei die Pyramidenform als Symbol für die Mannigfaltigkeit in der Kunst angesehen wurde.[75] Eben auf diesen englischen Kupferstecher wird Mörike nochmals im **'Maler Nolten'** verweisen, was den Schluß zuläßt, daß er sich schon früh mit Hogarths Kunsttheorie befaßt hat. Wir werden darauf zurückkommen.

Des weiteren befinden sich in diesem Skizzenheft verschiedene Abzeichnungen von Ausdrucksskizzen, deren Ursprung sich eindeutig bestimmen läßt. Bis auf eine Zeichnung nach einem Luther-Bildnis Dürers waren sie in einer Le Brun-Übertragung druckidentisch mit einer Augsburger Ausgabe in Nürnberg herausgegeben worden.[76] Mörikes Interesse für diese Skizzen physiognomischer Affekte des Charles Le Brun und seinen Descartes und dem Arzt Marin Cureau de la Chambre verpflichteten theoretischen Ansatz [77] wirft weitere Fragen auf, denn diese Skizzen wurden im 18. Jahrhundert vielfach abgedruckt und abgemalt, so etwa - allerdings nur auszugsweise - in Lavaters **'Physiognomische**(n) **Fragmente**(n)'; sie waren geradezu ein "Typenschatz" der Zeichenschule im 18. Jahrhundert, nach dem auch Goethe zeichnete.[78]

Bezeichnend ist vor allem Mörikes Auswahl und veränderte Anordnung dieser Modelle in dem Skizzenheft: Nur vom Affekt "Das Lachen" wurden alle Ausdrucksbilder übernommen,[79] ansonsten nur einzelne. Die Anordnung erfolgt nach dem Kontrastprinzip: der Abbildung für die Freude und Gemütsruhe steht der Schrecken entgegen,[80] der Abbildung für das Lachen die "Erstaunung", die Bewunderung und die Frontalansicht einer Schreckensphysiognomie.[81] Auf der entsprechenden Seite des Skizzenheftes läßt sich schemenhaft die handgeschriebene Bezeichnung "Le rire" erkennen. Die spezifische Auswahl und Anordnung bestätigt nicht nur Mörikes Interesse für die Affekte, insbesondere für den des Lachens, und für die kontrastive Komposition, sondern läßt eine intensivere Beschäftigung mit dem ihm zugänglichen Material wahrscheinlich werden, dessen Inhalte und Lehren er allerdings komisch, karikaturistisch, polemisch und parodistisch im Literarischen fruchtbar machen wird.

Zu erwähnen wäre die chinesische Physiognomie des Schauspielers Larkens im **'Maler Nolten'** (III, 34/22-23), für welche die Le Brun-Vignette für den Affekt des Lachens als Vorlage in Betracht kommt.[82]

Polemisch wendet sich Mörike gegen den Weltmann und späteren Typ des 'Sehrmanns' und parodiert zugleich die Lehrmeinung Lavaters, indem er dessen Ansicht, "nur die Tyranney eines hochhinabgeerbten Nationalvorurtheils" könne "das natürliche Gefühl des Schönen" in Fällen von Stumpfnasigkeit und Kropfhalsigkeit etc. tilgen,[83] in den tollsten Widerspruch treibt. Mörike spottet nicht nur jeglicher Übereinstimmung von körperlicher und moralischer Schönheit;[84] Lavaters Meinung, die "Physiognomik" sei "der Spiegel der Naturforscher und Weisen" und die "Pathognomik" der "Spiegel der Hof- und Weltleute",[85] widerspricht die Charakterisierung Margots und der sie umgebenden Stutzer auffallend, denn Mörike dreht diese Annahme geradezu herum, ganz abgesehen davon, daß er sich vehement für die Gleichberechtigung der Geschlechter einsetzt, was die Bildung betrifft:

> "Das munterste Herz, verbunden mit einem scharfen Verstande, der unter dem unmittelbaren Einflusse des Vaters verschiedene, sonst nur dem männlichen Geschlecht zukommende Fächer der Wissenschaft, man darf kecklich sagen, mit angeborner Leidenschaft und ohne den geringsten Zug von gelehrter Koketterie ergriffen hatte, schienen hinreichende Eigenschaften, um mit einem Äußern zu versöhnen, das wenigstens für ein gewöhnliches Auge nicht viel Einnehmendes, oder um es recht zu sagen, bei viel Einnehmendem, manches unangenehm Auffallende hatte. Die Figur war außerordentlich schön, obgleich nur mäßig hoch, der Kopf an sich von dem edelsten Umriß, und das ovale Gesicht hätte, ohne den aufgequollenen Mund und die Stumpfnase, nicht zärter geformt seyn können; dazu kam eine braune, wenn gleich sehr frische Haut, und ein paar große dunkle Augen. Es gab, freilich nur unter den Männern, immer einige, denen eine so eigene Zusammensetzung gefiel; sie behaupteten, es werden die widersprechenden Theile dieses Gesichts durch den vollen Ausdruck von Seele in ein unzertrennliches Ganze auf die reizendste Art verschmolzen. Man hatte deßhalb den Bewunderern Margots den Spottnamen der afrikanischen Fremd- und Feinschmecker aufgetrieben, und wenn hieran gewisse allgemein verehrte Schönheiten der Stadt sich nicht wenig erbauten, so war es doch verdrießlich, daß eben die geistreichsten Jünglinge sich am liebsten um diese Afrikanerin versammelten.Die Späße der ballgerechten Stutzer waren indeß, der Eifersucht zum Troste, unerschöpflich."
> ('**Maler Nolten**', III, 348/12-35)

An diese Thematik anknüpfend gestaltet der Dichter in dem Fragment '**Die Geschichte von der silbernen Kugel oder der Kupferschmied von Rothenburg**', das von Harry Maync auf den Zeitraum von 1843-1851 datiert wird,[86] eine köstliche Parodie:

> "Die Frau, mit achtundvierzig Jahren erst an den genannten , als Jungesell ergrauten Mann verheiratet, erschien noch jetzt als eine saubere wohlgenährte Person, von strengem Blick und ausdrucksvoll gegossenen Zügen. Außer einer im stillen immer geschäftigen Sorge für die Erhaltung und Vermehrung ihres beträchtlichen Vermögens war ihr kaum eine andere menschliche Neigung gegeben, und mit der entschiedenen Anhänglichkeit an die Vaterstadt hatte sie

vor der geringsten ihrer Mitbürgerinnen wenigstens nicht(s) voraus.
Unter Herrn Knisel denke man sich eine langgestreckte schmale Figur, ein feines, etwas klein geratenes Gesicht, die niedrige Stirn von reinlich gewickelten Buckeln umgeben, dünne Arme und beinweiße Finger, den ganzen Menschen in jedem Betracht seiner ehelichen Hälfte unähnlich. Als der einzige gemeinschaftliche Zug ist ein ausnehmender Ordnungsgeist zu bezeichnen, und ohne die ihm eigene Fügsamkeit, dahinter sich bisweilen wohl etwas Schalkähnliches versteckte, ohne die Anspruchslosigkeit, mit welcher er geräuschlos, oft verstohlen, seinen besondern Liebhabereien nachhing, hätten die Leutchen sich zum steten Ärger leben müssen. Wenn er an langen Sommernachmittagen, sein leichtes Hauswams auf dem Leibe, im großen, kühl gehaltenen Wohnzimmer - es war weißgetüncht, zum Teil mit Eichenholz getäfelt - die eben frisch vom Garten oder Feld gebrachten Kräuter, die teils der Speisekammer, teils der Hausapotheke angehörten: Schafgarbe, Melisse, Kamille, auf reinlich mit Papier belegten Hurden zum Trocknen ausbreitete; noch mehr, wenn er an seinem Pulte stehend das Kapitalbuch vor sich hatte, die Zinstermine nachsah und seine Einträge machte, so konnte Frau Susanne ihn gerne um sich haben. Er schrieb die gefälligste Hand, fest, rundlich und bequem; in jenem Hausbuch sah man Blatt für Blatt, den hübsch in Fraktur gehaltenen Namen des Schuldners voran, jedes Wort, alle Ziffern und Zeichen mit rabenschwarzer, selbstverfertigter Dinte so gleich und rein zwischen den roten Linien stehen, als gälte es ein Muster dieser Art für ewige Zeiten in diesem Pergamentbande aufzustellen.
Freilich bestand in Ansehung der sämtlichen Geschäfte seiner Feder im Verwaltungsfache der große Unterschied zwischen unserm Paare, daß es ihr wesentlich um die Sache, ihm lediglich bloß um die Form zu tun war." [87]

Aufs Witzigste entspricht nicht nur die Schriftführung des Steuereinnehmers Knisel in seinem Steuer- und Kapitalbuch, sondern auch der 'Auswuchs' dieses Kapitals, die silberne Kugel, welche aus dem seiner Frau in Verwahrung gegebenen Silbervermögen gegossen wird, den Auswüchsen, den häßlichen Buckeln um seine Stirn.
Obwohl es sich bei dieser Erzählung nur um ein Fragment handelt, zeichnet sich die Karikatur des 'Kapitalkopfes' Knisel, dessen Frau "kaum eine andere menschliche Neigung" gegeben ist, als die "immer geschäftige Sorge für Erhaltung und Vermehrung ihres beträchtlichen Vermögens", deutlich ab.
Erinnert man sich zudem an die Charakterisierung ihrer Physiognomie als die einer sauberen und wohlgenährten Person "von strengem Blick und ausdrucksvoll gegossenen Zügen", so erscheint Mörikes fragmentarische Skizze als lustige Umkehrungsparodie auf

Lavaters **'Fragmente'**, hatte doch dieser vollen Ernstes behauptet, "die Physiognomie zeigt die Summe der Capitalkraft" und "die Pathognomie das Interesse, das jene abwirft." [88]
Den Lavaterschen Vergleich wörtlich aufnehmend greift Mörike zurück auf die populärwissenschaflichen Variationen der Spurzheimschen Phrenologielehre, nach denen die Buckel um die Stirn nicht nur Zeichen ausgeprägter Geistestätigkeit sind, sondern sich über den Augen ebenso der Ordnungs- und der Zahlensinn befinden.[89] Gegen das Vorurteil, eine niedrige Stirn bedeute geringe geistige Fähigkeiten, zeichnet Mörike zwar eine ins Häßlich-Pathologische zielende Karikatur, die geradezu an Rodolphe Töpffers 'Mr. Crépin' erinnert, zeichnet den Steuereinnehmer jedoch zugleich in epischer Breite als eine liebenswürdige Person mit "angeborner Menschenfreundlichkeit", "freigebig gegen Arme aller Art, gegen wandernde Handwerksgesellen zumal und reisende Halbkünstler, an deren Unterhaltung er sich stundenlang vergnügte." [90]
Knisel versucht, seinen prosaischen Geschäften, soweit ihm das möglich ist, die schönen Seiten abzugewinnen, indem er sogar Steuereintragungen verschönt, während es seiner ausdrucksvoll gezeichneten Frau nur um die Sache zu tun ist. Das Auseinanderbrechen von Stoff und Form unter dem Einfluß der Geldwirtschaft des Ehepaares spiegelt sich in der Bewahrung der Form in seiner Lebenskunst und der Reduzierung auf den Stoff in ihrem Verhalten wider. Mörikes witzig-parodistische **'Physiognomik wider die Physiognomen zu(r) Beförderung der Menschenliebe und der Menschenkenntnis'**[91] entbehrt dabei nicht einer Fülle von Selbstpersiflagen auf die Beschränkung des literarischen Horizontes und auf die Petrefaktensammelei.[92]
Doch trotz oder gar wegen dieser parodistischen und karikaturistischen Züge kann nichts die Fröhlichkeit des dichterischen Bewußtseins trüben, denn die materiellen wie die charakterlichen Auswüchse werden humorig mit der Natur versöhnt: "- am lichten Tag, im hellen Morgensonnenschein -" stürzt die silberne Kugel "in etlichen großen Sätzen lustig in die unten vorbeifließende Tauber." Kurz darauf segnen die beiden Knisels das Zeitliche.[93]
Auch der seit der Aufklärung bekannten Modekarikatur widmet sich Mörike in einer seiner Zeichnungen mit seinem bekannten

Faible für "physiognomische Sonderbarkeiten",[94] entspricht doch sein "Herr Krägle" nicht von ungefähr einer in der Sammlung von Eduard Fuchs dargestellten Modekarikatur von 1814 auf die übergroßen Krägen.[95] Mörike wandelt den modischen Auswuchs flugs zum Kropf um und bewahrt der modernen Welt auf diese Weise ihre Häßlichkeiten: von dem Muster, der Modekarikatur, bleibt nur noch der Name übrig.- Humor oder nicht viel eher **'Mode und Zynismus'** im humoristischen Gewand?[96]
Hinsichtlich einer weiteren von Herbert Meyer veröffentlichten Zeichnung liegt die Annahme nicht fern, es könne sich um eine Variation der Birnen-Karikatur auf den Bürgerkönig Louis Philippe aus der Zeitschrift **'La Caricature'** handeln,[97] zumal Mörike seine Zeichnung mit dem zugehörigen breiten Kragen versieht.

Mörike gedenkt die Anregungen aus der Szene der politischen Karikatur künstlerisch zu nützen. Nachdem er im Jahre 1840 mit seinem Bruder Ludwig eine Reise in die Schweiz unternommen hat und bis zum Dezember 1841 von ihm die Jahrgänge 1839-1842 des **'Schweizerischen Bilderkalenders'** und am 11.4. 1843 von Rudolf Lohbauer die satirische Erzählung **'Die wahrhafte Geschichte vom deutschen Michel'** von Martin Disteli erhalten hat, beabsichtigt er im Dezember 1842, zusammen mit seinem Bruder eine Laterna magica mit phantastischen Zeichnungen von Fellner, Disteli und Neureuther herauszugeben und selbst ein Textbuch dazu zu schreiben.[98] Über die Kunst der Karikatur Martin Distelis äussert er sich gegenüber Wilhelm Harlaub am 3. und 4.12. 1841 brieflich. Sein Interesse gilt dabei in erster Linie dem ästhetischen Gehalt:

> "Hast Du nicht neulich in dem Schwäbischen Merkur in einem Schweizer Artikel von dem Volkskalender des Malers Disteli (ich glaub er lebt in Solothurn) gelesen? Louis hat mir die sämtlichen Jahrgänge 1839-1842 geschickt. Es sind wirklich bewundernswerte Blätter, so wohl komischen als ernsthaften Charakters, vortrefflich komponirt, zum Teil so reich und mannigfaltig, daß man schon Zeit braucht, eine Darstellung nur ganz zu überschauen; die Zeichnungen meisterhaft, die prächtigsten Köpfe, kurz Alles ungemein; auch der Steindruck sehr gut."[99]

Mörike geht, was sein besonderes Interesse für alles mit dem Komischen Zusammenhängende betrifft, wie seine Beschäftigung mit dieser seither für ihn unbeachteten Quelle zeigt, durchaus eigene Wege und versucht das relativ Wenige, ihm Zugängliche, auf seine Art und Weise auszuschöpfen. Dies gilt auch für die interne Auseinandersetzung mit Vischer, die offenbar auch nach 1838 nicht abreißt, obgleich es nach von Graevenitz so scheinen könnte. Mörike zeigt sich zwar weiterhin interessiert, schlägt jedoch gerade hier betont eigene Wege ein. Auch diese Zusammenhänge lassen sich mit Hilfe der ästhetischen Theorie besser erschließen.

So erlaubt sich Mörike in seinem im September 1841 entstandenen Gedicht, der **'Waldplage'**, eine humoristisch-parodierende Antwort auf jegliche Schulkathederästhetik.[100] Und eben gerade deswegen, weil in diesem komischen Gedicht wie in keinem anderen das ästhetisch Häßliche und das idyllisch Anmutige aufeinandertreffen, ist es, auch wenn es um etwas scheinbar Nichtiges, nämlich um eine Schnake geht, aus unserem Kontext nicht ausschließbar.

'Waldplage'

Im Walde deucht mir alles miteinander schön,
Und nichts Mißliebiges darin, so vielerlei
Er hegen mag; es krieche zwischen Gras und Moos
Am Boden, oder jage reißend durchs Gebüsch,
Es singe oder kreische von den Gipfeln hoch,
Und hacke mit dem Schnabel in der Fichte Stamm,
Daß lieblich sie ertönet durch den ganzen Saal.
Ja machte je sich irgend etwas unbequem,
Verdrießt es nicht, zu suchen einen andern Sitz,
Der schöner bald, der allerschönste dich bedünkt.
Ein einzig Übel aber hat der Wald für mich,
Ein grausames und unausweichliches beinah.
Sogleich beschreib ich dieses Scheusal, daß ihrs kennt;
Noch kennt ihrs kaum, und merkt es nicht, bis unversehns
Die Hand euch und, noch schrecklicher, die Wange schmerzt.
Geflügelt kommt es, säuselnd, fast unhörbarlich;
Auf Füßen, zweimal dreien, ist es hoch gestellt
(Deswegen ich in Versen es zu schmähen auch
Den klassischen Senarium mit Fug erwählt);
Und wie es anfliegt, augenblicklich lässet es
Den langen Rüssel senkrecht in die zarte Haut;
Erschrocken schlagt ihr schnell danach, jedoch umsonst,
Denn, graziöser Wendung, schon entschwebet es.

Und alsobald, entzündet von dem raschen Gift,
Schwillt euch die Hand zum ungestalten Kissen auf,
Und juckt und spannt und brennet zum Verzweifeln euch
Viel Stunden, ja zuweilen noch den dritten Tag.
So unter meiner Lieblingsfichte saß ich jüngst -
Zur Lehne wie gedrechselt für den Rücken, steigt
Zwiestämmig, nah dem Boden, sie als Gabel auf -
Den Dichter lesend, den ich jahrelang vergaß:
An Fanny singt er, Cidly und den Züricher See,
Die frühen Gräber und des Rheines goldnen Wein
(O sein Gestade brütet jenes Greuels auch
Ein größeres Geschlechte noch und schlimmres aus,
Ich kenn es wohl, doch höflicher dem Gaste wars.) -
Nun aber hatte geigend schon ein kleiner Trupp
Mich ausgewittert, den geruhig Sitzenden;
Mir um die Schläfe tanzet er in Lüsternheit.
Ein Stich! der erste! er empört die Galle schon.
Zerstreuten Sinnes schiel ich übers Blatt.
Ein zweiter macht, ein dritter, mich zum Rasenden.
Das holde Zwillings-Nymphenpaar des Fichtenbaums
Vernahm da Worte, die es nicht bei mir gesucht;
Zuletzt geboten sie mir flüsternd Mäßigung:
Wo nicht, so sollt ich meiden ihren Ruhbezirk.
Beschämt gehorcht ich, sinnend still auf Grausamtat.
Ich hielt geöffnet auf der flachen Hand das Buch,
Das schwebende Geziefer, wie sich eines naht',
Mit raschem Klapp zu töten. Ha! da kommt schon eins!
"Du fliehst! o bleibe, eile nicht, Gedankenfreund!"
(Dem hohen Mond rief jener Dichter zu dies Wort.)
Patsch! Hab ich dich, Canaille, oder hab ich nicht?
Und hastig - denn schon hatte meine Mordbegier
Zum stillen Wahnsinn sich verirrt, zum kleinlichen -
Begierig blättr' ich: ja, da liegst du plattgedrückt,
Bevor du stachst, nun aber stichst du nimmermehr,
Du zierlich Langgebeintes, Jungfräuliches!
- Also, nicht achtend eines schönen Buchs Verderb,
Trieb ich erheitert lange noch die schnöde Jagd,
Unglücklich oft, doch öfter glücklicheren Erfolgs.
So mag es kommen, daß ein künftger Leser wohl
Einmal in Klopstocks Oden, nicht ohn einiges
Verwundern, auch etwelcher Schnaken sich erfreut.

In diesem kurzen Versepos wird das Gegeneinander von Erhabenem und Komischem auf höchster Ebene durchgespielt. Während G. von Graevenitz das Gedicht als Beleg für eine Klopstock-Parodie anführt und die Technik der "komischen Antiklimax" herausstellt,[101] scheint R. von Heydebrand differenzierter zu interpretieren, wenn sie so formuliert, daß das Gedicht zwar von Idyllen-Parodie durchsetzt sei, der Humor es jedoch ermögliche, daß man es noch der Idylle einfügen könne.[102] Diese Anregungen lassen jedoch noch eine eingehendere Interpretation zu.

Von vornherein läßt sich das Gedicht in drei Teile einteilen, in einen ersten allgemeinen (1-27), in einen zweiten, in dem das Thema im Besonderen, im subjektiven Erlebnis vorgestellt wird (28-61), woraufhin noch ein kurzer Ausblick für den Leser folgt (62-64).

Die erste Zeile führt in den 'locus amoenus' ein, der sich, angedeutet durch die Verbform "deucht", als schöner Schein erweist. Der Gegenpart kündigt sich, akzentuiert durch eine bei Mörike seltene gegenmetrische Betonung an:

∪ ´ ∪ ´ ∪ ∪ ∪ ´
"Und nichts Mißliebiges darin, . . ." (2)

Die zu erwartenden Topoi der Ideallandschaft, erhabene Geschöpfe der Tierwelt oder eine exotische Fauna und Flora, bleiben aus.[103] Statt dessen nimmt der Leser - rein akustisch - das häßliche Viehzeug wahr, welches sich kriechend und hakkend bemerkbar macht, was im gleichen Atemzug durch eine Empfindung des Angenehmen, des Singens, relativiert und in eine Aura des Feierlichen transponiert wird:

∪ ´ ∪ ´ ∪ ´ ∪ ´ ∪ ´ ∪ ´
"Daß lieblich sie ertönet durch den ganzen Saal." (7)

Eine komische Antiklimax deutet sich bereits in den ersten Zeilen zwischen niedrigem, auf dem Boden befindlichen Viehzeug und dieser erhebenden Wirkung an.

Der Schlüsselbegriff für die Mischung von Humor und hohem Stil ist die Fichte - keine Eiche oder eine stämmige Buche, die im "rota Vigilii" dem Erhabenen entsprochen hätte, sondern eine Fichte, in deren etymologischer Bedeutung "feucht" (lat. humidus, engl. humour), "niedrig" und der Humor mit anklingt.[104] Die Duplizität von Niedrigem und Humor auf der einen Seite, von Hohem und Erhabenem auf der anderen wird auf diese Weise semantisch in einen Begriff gefaßt, was in den Zeilen 29 und 30 nochmals aufgegriffen wird:

"Steigt/Zwiestämmig, nah am Boden, sie als Gabel auf -"

Noch deutlicher greift der Dichter beide Bedeutungsebenen in Zeile 43 auf und läßt seine subjektive, grenzenlose Vorliebe für das Komische durchscheinen (28). Beim Namen genannt wird das Scheusal, um das es geht, erst in der letzten Zeile - die Schnake. Bei diesem zweiten Schlüsselbegriff eröffnet ebenfalls eine Untersuchung des semantischen Feldes neue Perspektiven. Neben der Hauptbedeutung 'stechendes Ungeziefer' wäre die Bedeutung 'Posse' beziehungsweise die Bedeutung 'schnakisch' im Sinne von 'komisch', 'lächerlich' anzuführen. Neben diesen beiden Bedeutungen ist noch diejenige im Sinne von 'plaudern' angesprochen.[105] Dem epischen Plauderton wird der Dichter dadurch gerecht, daß er an den entsprechenden Stellen auf Zäsuren verzichtet:

"So unter meiner Lieblingsfichte saß ich jüngst -" (28)

Ob dem gestandenen Theologen die etymologische Beziehung zu dem Begriff 'Schlange' (engl. 'snake'), 'Satan' bekannt war, sei dahingestellt. Zumindest deutet Mörike das Übel in einer Adversativkonstruktion an, just nachdem er das Idyllische zur Höchstform gesteigert hat.[106]

"ja machte je sich irgend etwas unbequem,
Verdrießt es nicht, zu suchen einen andern Sitz,
Der schöner bald, der allerschönste dich bedünkt.
Ein einzig Übel aber hat der Wald für mich, . . . " (8-11)

Das malum aestheticum wird auf diese Weise zum malum schlechthin in Beziehung gesetzt, zum malum morale wie zum malum physicum - das fehlende dritte bleibt der "Witzarbeit" des Lesers überlassen.[107]

Der Teufel steckt im Detail.- Das unendlich Kleine, als allumfassendes Übel dargestellt, bewirkt eine Potenzierung des komischen Effekts, zumal auf diese Weise die Eigenart der physikotheologischen Dichtung der Frühaufklärung, gerade an kleinen Organismen die Größe der göttlichen Schöpfung zu exemplifizieren, geradezu auf den Kopf gestellt wird.[108]

Hinzu kommt die hohe Perfektion der Darstellung. Die Ankündigung, sogleich das grausame Übel zu beschreiben, wird nicht eingelöst - nicht bei der Ursache des Übels, sondern bei den Folgen beginnt die Beschreibung. In einer sehr lebendigen Darstellung sämtlicher Begleit- und Folgezustände (16-27), in welcher der kurze Augenblick - "à une passante" - in einzelne Handlungsabläufe aufgeteilt wird,[109] erfolgt nochmals ein komischer Fall durch den erneuten Rückgriff auf das Idyllische.

Ebenso tragen Rhythmus und Melodie wesentlich zur komischen Brechung bei. Vorwärts- und rückwärtsschreitende , retardierende, vor und zurückgreifende Elemente heben die Spannung auf der einen Seite in eine Art von Miniaturdramatik, welcher auf der anderen Seite der epische Plauderton entgegengesetzt wird.[110]
Es kreischt von den Gipfeln (5) und säuselt am Boden (16). Der Relativierung des Idyllischen entspricht auf der Gegenseite die Ästhetisierung des Häßlichen und die Entübelung des Bösen, indem die Anmut und die Grazie des schlanken Wesens hervorgehoben werden; bereits anatomisch kommt das Scheusal seiner Literarisierung im klassischen Senar entgegen.[111]
Noch deutlicher finden sich ästhetisierende Momente in Zeile 49 und 58: Hier entfällt das pejorisierende Praefix 'Un-', dort bleiben Zierlichkeit und Jungfräulichkeit, bedingt durch die fehlende letzte Silbe, im Raum stehen. Auf die Spitze wird die komische Antiklimax durch die Gegenüberstellung von Scheusal und hymnisch-erhabenem Odenton Klopstocks getrieben:

> "Du entfliehst? Eile nicht, bleib, Gedankenfreund!"[112]
>
> "Du fliehst! o bleibe, eile nicht, Gedankenfreund!" (51)

Das Objekt des hymnischen Anrufs, der Gedankenfreund, läßt sich logisch-syntaktisch ebenso auf den Mond, das Erhabene der Natur, wie auf die Schnake, das häßliche und unendlich Kleine beziehen. In scharfem Kontrast dazu steht der grobianische Ausdruck "Canaille" (53), für den ebenfalls ein theatralischer Haßruf Klopstocks bemüht wird.[113]
Der hymnischen Erhebung ins Geistige steht die Wendung in den sinnlichen Affekt entgegen.

Ohne daß irgend etwas konstruiert wirkte, wird in diesem Gedicht "jeder Punkt der Oberfläche transparent" für die "Tiefe des Wesens".[114] Für den bloß ästhetisch-kontemplativen Leser zeigt das Gedicht seine humoristisch-verspielte Seite, für den tiefer denkenden offenbart sich ein Weltkontrast im Miniaturformat, der aus der Schnake einen Elephanten werden läßt.[115] Inwiefern der Dichter klassischer Mäßigung gerecht wird, darüber läßt es sich streiten, doch läßt er im musischen Hain weisungswidrig Häßliches und Affekte wie Mordgier und Haß zu, deren Ästhetisierung - 'fast unhörbarlich' - vielleicht eher **'Die Blumen des Bösen'** vorausahnen lassen.
Niedrige Realität und poetische Darstellung werden einzig durch die humoristische Sichtweise und durch das Zurückgreifen auf das Anmutsideal versöhnt, und es verbleibt dem Komischen trotz seiner Opposition gegen das Bukolische und das Klopstock-Pathos ein affirmatives, die Kunst und die vermeintliche Nichtkunst, das Alltägliche, den Schmerz und andere Übel verbindendes Element.[116]
Auch richtet sich die Parodie keineswegs gegen die Dichtung Klopstocks schlechthin, sondern lediglich gegen das als übersteigert, unwahrhaftig und unangebracht empfundene hymnische Pathos, gegen den Odenton, war es doch Klopstock, der als erster Dichter in seiner **'Frühlingsfeier'** das unendlich Kleine, den Wassertropfen und das Frühlingswürmchen, in die Dichtung der deutschen Empfindsamkeit eingeführt hat.[117]

Nachdem Mörikes zur subtilen Perfektion gesteigerte Auseinandersetzung mit Strauß und Vischer im **'Märchen vom sichern Mann'** unverstanden geblieben war,[118] darf eine erneute Auseinandersetzung mit der ungerechten Kritik der Freunde auf Mörike-Art wohl fast erwartet werden, hatte er doch allen Grund, nach so vielen Mißverständnissen die beiden Freunde gehörig hinter die Fichte zu führen.
Greift man zurück auf Vischers Habilitationsschrift, so findet man in dem Abschnitt, in dem das Häßliche erläutert wird, folgende schulphilosophische Begriffsfechterei:

"Die Tiere, die einen Übergang vom Pflanzenreich ins Tierreich bilden, ferner die Amphibien, das Geschlecht der Fledermäuse als Mittelding zwischen Vogel und Säugetier, der Affe als ein verunglückter vorläufiger Versuch der Natur, es vom Tiere zum Menschen zu bringen, sind häßlich; denn bei diesen Tieren hat eben der Gattungsbegriff selbst etwas Unklares und Verworrenes in sich, da sie weder das eine noch das andere recht sind." [119]

Insekten hatten in diesem Passus keinerlei Berücksichtigung gefunden. Mit dem Mittelding zwischen fliegendem Wesen und Säugetier nimmt es Mörike doch sehr genau, um Vischers Ansatz dem Komisch-Lächerlichen preiszugeben. Die Kategorienpedanterie der zeitgenössischen Naturwissenschaft hatte schon in den Wispeliaden zum Anlaß gedient, ähnliche Differenzierungen ins Komische zu ziehen.[120]

Bedenkt man, daß es im Tübinger Freundeskreis üblich war, sich als Spürhunde für komische Anspielungen in der Literatur zu betätigen, läßt sich auch ein Affront gegen Strauß annehmen, der mit dem **'Sichern Mann'** besonders hart ins Gericht gegangen war.[121] Im Februar 1840 sucht Mörike noch vergeblich nach einer symbolisch-literarischen Figur für D. F. Strauß und bringt dies in folgendem Brief an Hartlaub in Verbindung mit Tiermotiven in einer idealtypischen Landschaft:

"En! aufugiunt Dracones,/ fugit Lupus, fugit Ursus/ fugiuntque Noctuae, Crocodilus, Struthiones,/ in aeterna nocte sedent/ colligatae Bestiae.
. . . .
Wäre das nicht ein rechtes Fressen für die Tepisten?
In der Bibel finde ich übrigens den Strauß in der Wüste nur als Bild der Einsamkeit gebraucht." [122]

Was hätte näher liegen können, heute wie damals, als im Hinblick auf die komische Literatur d a s Nachschlagewerk der Zeit, Carl Friedrich Flögels **'Geschichte der komischen Literatur'** zu Rate zu ziehen, in dem neben den komischen Größen Aristophanes, Cervantes, Hogarth, Swift auch Johann Fischart genannt wird? Im dritten Band wird das **'Schnacken- und Mückenlob'** Fischarts aufgeführt.[123]

Obschon man nicht stillschweigend unterstellen kann, daß das Werk auch Mörike bekannt war, so zeigt doch nicht nur Vischers

Habilitationsschrift, in der Fischart und seiner Wortkomik fast eine ganze Seite gewidmet wird, daß man sich intensiv mit diesem Dichter beschäftigt hatte;[124] die Einzigartigkeit dieses Motivs in der Literaturgeschichte des Komischen spricht, ganz abgesehen davon, daß die Bedeutung, die es in der erotischen Lyrik hatte, in der **'Waldplage'** keine Rolle spielt beziehungsweise in Mörikes Graziosität aufgeht, für die Kenntnis Fischarts. In seiner Verssatire **'Flöh Hatz Weiber Tratz'** finden sich in den Worten der Mücke folgende Verse, die eine treffend-poetische und lustige Umschreibung für Mörikes Haltung gegenüber D.F. Strauß darstellen:

"Gemainlich würd Grosmütigkait
Bei Hohen zur Hochmütigkeit/
. . . .
Bin ich schon klain/kaim Strausen gmäs/
Hab ich gnug wiz zu meiner grös/
  Zu meiner grös/bin ich gnug bös
  Schreck manchen auch mit meim getös:
Der Straus ist gros/doch sein wiz klain/
Dan er maint wann er steck allain
  Den Kopf/ das man den nicht kan sehen
  So sei der ganze leib versehen "[125]

Die größeren Übel jedoch, beispielsweise die französische Forderung der Rheingrenze, welche 1840 die Gemüter empört hatte, verweist Mörike in eine Anspielung:[126]

"(O sein Gestade brütet jenes Greuels auch
Ein größeres Geschlechte noch und schlimmres aus," (34-35)

Zwar wird das ästhetisch-poetische Interesse gegenüber dem politischen und dem moralischen Interesse leitend,[127] aber vollkommen trennen lassen sich die Bereiche keineswegs.

Knapp zwei Monate nach der **'Waldplage'** entsteht Mörikes Epistel **'An Longus'**. Wie Günter Oesterle in einem bisher unveröffentlichten Manuskript herausgearbeitet hat, setzt Mörike mit dieser Epistel den 'Dialogue intérieur' mit Vischer auf eine veränderte Art und Weise fort.[128] Er greift Vischers Kritik an der Esoterik des **'Sichern Mann'**(s), dieser liege "dem Publikum zu ferne", und es ließe sich "keine Vertrautheit mehr mit einem solchen

Bilde bewirken", produktiv auf, indem er gerade nicht einen Typ, sondern die Negierung eines Typus vorstellt, den er in "Analogie zum Oppositionsbild Knigges", dem geschliffenen Weltmann, schöpft. "An die Stelle sittlicher Verachtung tritt eine ästhetische und existentiell stigmatisierende Abwehr, an die Stelle der Achtung nach den Regeln der Höflichkeit tritt der polemische Affekt."[129]. . . "Mit Mörikes Epistel 'An Longus' bricht erneut eine Konstellation der Querelle des Anciens et des Modernes auf: das Lebens- und Dichtungsideal der Anmut und Grazie in antikem Gewand kollidiert mit einer Lebens- und Poesievorstellung, die Mode und Moderne in Eins setzt."[130]
Freilich ändern auch diese beiden Auslegungen nichts an der Tatsache, daß trotz der Übereinstimmungen der beiden Freunde in aestheticis festzustellen bleibt, daß keiner der beiden für den Ernst hinter der komischen Fassade das Verständnis aufgebracht hat, das jeder vom anderen erwartete.[131]
Nach Vischers Rezension in den **'Kritischen Gängen'**, in denen er Mörike die Resignation des Künstlers vor der modernen Geschichte vorgeworfen und sein Steckenbleiben in der Idylle bemängelt hatte [132] und nachdem er ihm wiederholt seine Märchen und Arabesken sowie das Phantastische zum Vorwurf gemacht hatte,[133] scheint Mörike verärgert zu sein, doch erwidert er Jahre später deutlich:

> "Im übrigen hat mich Dein Tadel, und wäre dessen noch einmal so viel gewesen, seinem rein ästhetischen Inhalt nach, nicht kränken können; es lag ja ein wahrhafter Ernst und Überzeugung zugrund -. . . [134]

Die Hoffnung, der Anerkennung der Freunde wert zu sein, gibt Mörike auch nach 1850 nicht auf:

> "Ich weiß nicht, ob ich je wieder dahin gelange, daß Ihr zufriedener mit mir sein könnt. Wenn wir uns aber wieder, wie Du mir jetzt Hoffnung machst, bald sehen, so kann ein längeres Zusammensein in hohem Grad erfrischend und fruchtbar für mich werden." [135]

Inwiefern sich Mörike auch noch in seiner späteren Dichtung mit den verschiedensten der angeschnittenen Themata auseinandersetzt, kann mangels weiterer Briefzeugnisse nur eine differenzierte Interpretation der späteren Lyrik und Prosa beleuchten, für welche diese Arbeit einen Grundstein bilden soll. - Mörikes späte Dichtung ist ein Thema für sich. Trotzdem dürfte es sich auch an dieser Stelle schon lohnen, die Frage nach der Beziehung zwischen Mörike und Vischer anders zu stellen, um den Wechselwirkungen zwischen dem Dichter und dem dichtenden Philosophen gerecht zu werden.

Einen Unterschied gegenüber Vischer gilt es allerdings bei aller Übereinstimmung in Einzelfragen festzuhalten: das Verhältnis zur Philosophie. Zwar wehrt sich Mörike gegen die Philosophie in der Dichtung nicht so, wie dies bei Emil Staiger oder bei Alfred Liede anklingt; allerdings beschäftigt er sich weniger mit philosophischen Primärwerken, sondern zieht darstellende Zusammenfassungen vor oder läßt sich von den Freunden unterrichten.[136]

Gleichwohl läßt er an der Genialität des Dichters, der sich seiner Bedeutung schon früh bewußt ist und der nicht gewillt ist, die Blumen der Poesie an das Kreuz der Philosophie zu nageln, keinen Zweifel aufkommen:

> ". . . Jetzt heißt es - Schelling - Spinoza - Sallust - wer zuerst Musch ruft, der darf mit auf die weiße Bank; d.h. nach welchem die faule Hand sich am kürzesten ausstrecken muß, auf den wälzt sich das Studium wie eine gemästete Sau auf ein Blumenbeet." 137

Im gleichen Brief bekennt sich Mörike einmütig zur Hintergründigkeit des Komischen:

> "Warum, Alter, geht mir das Herz so auf bei diesen Possen? Wahrlich nicht der Possen wegen, sondern dessentwegen, was sich von jeher so gerne dahinter versteckt hat." 138

Mörikes Vorbehalte gegen ein Vorherrschen philosophischer Reflexion in der Dichtung rücken ihn in die Nähe Goethes, doch könnte diese Gemeinsamkeit dazu verleiten, Mörikes Hintergründigkeiten zugunsten einer rein einflußphilologischen Deutung zu unterschätzen. Dann bestimmte nicht Mörikes Eigenleistung, sondern die nachgewiesene Fülle an Goethezitaten und Textstellen aus dem **'Wilhelm Meister'**, dem **'Werther'** und den **'Wahlverwandtschaften'** wie in einer ganzen Reihe germanistischer Arbeiten die Interpretation.[139] Mörikes 'Dialogue intérieur' mit Goe-

thes Werk ist jedoch, wie seine Anmerkungen in seiner eigenen Goethe-Ausgabe von 1840 sichtbar machen, wesentlich von philologisch-kritischem Interesse bestimmt.
Unter Goethes Gedichten kennzeichnet Mörike diejenigen, welche er für eine eigens beabsichtigte Anthologieedition vorgesehen hatte;[140] seine kritischen Bemerkungen zum Inhalt, zur Prosodie und zur Stilistik weisen auf seine geplante Mitarbeit am Grimmschen **'Wörterbuch'** hin, wie Rennert in seiner Dissertation belegt.[141]
In unserem Zusammenhang erhält besonders die Tatsache Gewicht, daß er auch Goethes theoretische Äußerungen zur Kunst aufmerksam durchgearbeitet hat. - Mörikes Verhältnis zur Dichtung Goethes ist also durchaus nicht nur durch eine rein rezeptive Haltung bestimmt, wie nicht zuletzt seine Parodie auf Goethes Gedicht **'Schäfers Klagelied'** und das **'Sarkasme An v. Göthe'** verdeutlichen können, auf die ich aus diesem Grunde etwas näher eingehe. Das zuletzt genannte interpretiert R. v. Heydebrand als Parodie auf "die großspurigen Kritiker des Weimaraners, deren finstere Motive, Neid und verletzter Stolz, indirekt enthüllt werden."[142] So wenig gegen diese Deutung einzuwenden ist, so war Mörikes Haltung gegenüber Goethe doch etwas ambivalenter als dies aus ihrer Interpretation hervorgeht. Dies ergibt sich aus dem Kontext, in welchem das **'Sarkasme'** in einem Brief an Hartlaub steht und den R. v. Heydebrand nicht berücksichtigt hat.

> "Heute früh nun kommt er (Professor Sichéré) wieder und bringt richtig ein Gedicht "An Goethe". Es fängt an:
>
> Du hast mich keiner Antiwort gewürdigt?
> Wohl, weil mein Geist sich kühn Dir ebenbürtigt,
> Deshalb, Du Sprödling, willst Du mir mißgönnen,
> Dich Freund zu nennen?
> Hab' ich Dir meine Framse nicht gebaichnet,
> Die zärtste Neigung zart dadurch bezeichnet? usw.
>
> Allmählich wird er ganz malitiös und höhnisch, macht Goethes Gesamtwerke herunter, beruft sich auf Pustkuchen usw., spricht von Gemeinheit und Frivolität. Da kommen Stellen vor wie folgende:
>
> Ha! ließest Du Dich schmählings von der scharfen
> Kritik entlarven!
>
> Und:
> Enfin, so sind gesamtlich Deine Verse
> Nur güldene Ärse.

> Doch ich darf nicht fortfahren. Kurz, unverschämt, was man nur sagen kann! Wir schieden übrigens als gute Freunde." [143]

Die 'güldenen Ärse' bringen den satirischen Kern des **'Sarkasme'** auf den Begriff, doch kann man trotz der durch die Wortähnlichkeit bedingten unangenehmen Vorahnung beschwichtigen: Der Begriff hat eine feste biblische Tradition und bezeichnet in den älteren Lutherübersetzungen im **1.Buch Samuel** bei der Beschreibung des Streites um die Bundeslade zwischen Israeliten und Philistern die 'Beulen' beziehungsweise Hämorrhoiden, mit welchen die Philister von Gott gestraft werden. Übrigens hatte niemand anderes als Clemens Brentano diesen Begriff in seiner romantischen Philistersatire **'Der Philister vor, in und nach der Geschichte'** literaturfähig gemacht:

> "Diese Plage hat heutzutag' noch mancher Philister, und sie bedienen sich in Erinnerung des Sühnopfers ihrer Vorfahren dabei des Ausdrucks güldene Ader, welches ihre einzige poetische Ader ist." [144]

Die Philisterhaftigkeit fällt auf den fiktiven Kritiker selbst voll zurück, doch zugleich arrangiert sich Mörike ironisch mit Sichéré:"Wir schieden übrigens als gute Freunde."
Die zwiespältige Haltung gegenüber Goethe zwischen Neid und Anerkennung, wie wir sie etwa von Heine her kennen, läßt sich bei Mörike nicht bemerken, doch wird die reizvolle Doppelbödigkeit der Mörike-Satire in folgender fingierter Traumphantasie deutlich, in welcher sich Mörike anläßlich der Lektüre des **'Goethe-Schiller-Briefwechsel**(s)' in einer sehr ähnlichen Bildlichkeit der Vergoldung über das erhabene Gebaren der Weimaraner belustigt, indem er den Topos von der Weisheit der Narren in einer faszinierend-grotesken Gegenbildlichkeit aufleben läßt:

> "Gar manche Idee - das darf ich Dir wohl gestehen, - erkannte ich als mein selbst erworbenes Eigentum wieder, und ich schauderte oft vor Freuden über seiner Begrüßung. Zuletzt geriet meine Phantasie auf ganz fremde Abwege; ich durchlief die benachbarten Zellen des Irrenhauses und wühlte in der nächtlichen Fratzenwelt ihrer Träume; auf die schöne Tagesklarheit Deines Büchleins grinsten tausend Narrengesichter, die mit ihren tiefpfiffigen Augen mich fast überredeten, die Philosophen liegen in einem entsetzlichen Irrtum, und nur sie, die Narren, wären hinter die Gardine

des göttlichen Verstandes gekommen, wo man sehe und fast platze vor Lachen, wie Herr Schiller und Herr Goethe sich mit wichtigen Mienen und Bücklingen über die Vergoldung von Nüssen und des mundus in nuce unterhalten. - Ich hatte viel zu tun, um den Demonstrationen des herrlichen Zirkels zu entrinnen - sie riefen und pfiffen mir noch lange aus Sprachrohren nach, als ich schon wieder in dem Büchlein weiter machte." [145]

Noch vielsagender scheint mir eine genauere Betrachtung von Mörikes Gedicht **'Lammwirts Klagelied'**, da es einen guten Einblick in das Parodieverständnis des literarischen Freundeskreises um Mörike ermöglicht.

Einer Erwähnung wurde das unscheinbare Gedichtchen in der Sekundärliteratur kaum je für wert gehalten, schon gar nicht einer Interpretation.

'Lammwirts Klagelied' (1837)

(1) Da droben auf dem Markte
Spazier ich auf und ab,
Den ganzen lieben Tag — vgl. 'G 1'
Uns schaue die Straße hinab.

(2) Es steht ein Regenbogen
Wohl über jenem Haus,
Mein Schild ist eingezogen — vgl. 'G 5'
Ein anderer hangt hinaus.

(3) Heraus hangt über der Türe
Ein Hahn mit rotem Kamm;
Als ich die Wirtschaft führte, — vgl. 'G 4'
Da war es ein goldenes Lamm.

(4) Mein Schäflein wohl zu scheren,
Ich sparte keine Müh,
Ich bin herunter gekommen,
Und weiß doch selber nicht wie. — vgl. 'G 2'/3-4

(5) Nun läuft es mit Köchen und Kellnern
Im ganzen Hause so voll,
Ich weiß nicht, wem ich von allen — vgl. 'G 3'
Zuerst den Hals brechen soll.

(6) Da kommen drei Chaisen gefahren!
Der Hausknecht springt in die Höh.
Vorüber, ihr Rößlein, vorüber, — vgl. 'G 6'
Dem Lammwirt ist gar so weh!

'Schäfers Klagelied'

('G 1') Da droben auf jenem Berge
Da steh ich tausendmal
An einem Stabe gebogen
Ich schaue hinab in das Tal.

('G 2') Dann folg ich der weidenden Herde,
Mein Hündchen bewahret mir sie.
Ich bin herunter gekommen
Und weiß doch selber nicht wie.

('G 3') Da stehet von schönen Blumen
Die ganze Wiese so voll.
Ich breche sie, ohne zu wissen,
Wem ich sie geben soll.

('G 4') Und Regen? Sturm und Gewitter
Verpass' ich unter dem Baum.
Die Türe dort bleibet verschlossen,
Doch alles ist leider ein Traum.

('G 5') Es stehet ein Regenbogen
Wohl über jenem Haus!
Sie aber ist weggezogen,
Und weit in das Land hinaus.

('G 6') Hinaus in das Land und weiter,
Vielleicht gar über den See.
Vorüber, ihr Schafe, vorüber!
Dem Schäfer ist gar so weh.

146

Alfred Liede spricht von einer "artistische(n) Methode der Verballhornung",[147] R. v. Heydebrand hält es nicht für erwähnenswert, obwohl eine derartige Zurückstellung gegen seine Bedeutung für den Dichter spricht. In Mörikes Zusammenstellungen für Anthologien komischer Gedichte taucht es regelmäßig auf und auch im Freundeskreis fand es höchsten Anklang - Friedrich Kaufmann vertont es und trägt es am 4.10. 1842 im kleinen Kreise vor, Vischer und Strauß nehmen es in ihre Besprechungen auf.[148]

Mit einem Parodieverständnis, nach dem Parodie immer etwas mit der Abwertung der literarischen Vorlage zu tun haben müsse, geht man allerdings völlig daran vorbei, daß die Parodierung literarischer Vorlagen zum Lebensstil der literarischen Freundeskreise gehörte und sich sehr wohl mit Mörikes Hochschätzung des **'Goethe-Schiller-Briefwechsel**(s)' und überhaupt der dichterischen Leistung Goethes verträgt.[149]

Das vorliegende Gedicht ist in diesem Sinne weniger als abwertende Parodie denn als interessante Variation eines Themas zu betrachten.[150]
Sowohl an der strophischen Form als auch an der elegischen Grundstimmung hält Mörike fest. Das dreijambige , stumpf-klingend alternierende Metrum, dessen zweiter beziehungsweise dritter Versfuß - oder beide - um eine Zusatzsenkung zum Anapäst erweitert werden können, und das zwanglose Reimschema, das nur die Reimung der zweiten und letzten Zeile einer Strophe verlangt, ermöglichen ein hohes Maß an inhaltlicher Spiegelartistik:

Reimschema:	(5)	xx́ xxx́ xxx́ x	st.	a
		xx́ xx́ xxx́	kl.	b
		xx́ xx́ xxx́ x	st.	c
		xx́ xx́ xxx́	kl.	b

Betrachtet man das einfache Gedichtchen für sich, fallen die Detaildifferenzen kaum auf. Die komischen Brechungen ergeben sich in erster Linie dadurch, daß Worte und ganze syntaktische Einheiten in verschiedener Bedeutung und in verschiedenem Kontext verwendet werden. So ist zum Beispiel der Satz "ich bin heruntergekommen" , der bei Goethe im ursprünglichen Sinne von 'den Berg herunterkommen' verwendet wird ('G 2'/3), bei Mörike im übertragenen Sinne zu verstehen (4/3).

Die überlieferten 'loci amoeni' aus dem elegischen Schäferlied geraten bei Mörike zu den prägenden Zeichen einer modernen bürgerlichen Arbeitsgesellschaft; der naive Inhalt wird mittels des ursprünglich in anderer Bedeutung verwendeten Wortschatzes aus der Bukolik ins Ökonomische, aus dem Poetischen in die Realität gewendet.

prägende Zeichen einer modernen bürgerlichen Arbeitsgesellschaft	Lammwirt	Schäfer	'loci amoeni'
	Markt Straße	Berge und Tal	
	Köche und Kellner	Blumen	
	Haus	Wiese	
	drei Chaisen	Land	

Dem elegischen Grundmotiv für die Trauer, dem geliebten fortgezogenen Mädchen ('G 5'/3-4) steht die Vergänglichkeit im Alltagsleben gegenüber. Der Bewahrung der poetischen Idylle und der Werte ('G 2'/1), ausgedrückt durch die Wiederholung des immer Gleichen ('G 1'/2) und das mehrfach wiederholte Verbum 'stehen' ('G 1'/2; 'G 3'/1; ' 5'/1), setzt Mörike kontrastiv Bewegung und Veränderung entgegen (2/3-4; 3/3-4), was sich ebenso im Tempuswechsel widerspiegelt (3).
Formal fällt die Strophe (3) scheinbar aus dem Rahmen, doch fordert dies die Suche nach einem 'tertium comparationis' im Vergleich mit der Strophe ('G 4') um so mehr heraus. Unter dieser Perspektive entsprächen dem furchtbar Erhabenen der Natur, Sturm und Gewitter, die ersten beiden Zeilen von Strophe (3):

"Heraus hangt über der Türe
Ein Hahn mit rotem Kamm;"

Der Hahn als Symbol der Kampflust läßt sich bis in die Antike zurückverfolgen; für eine Deutung 'Kampf um die Existenz' spricht die Doppelbedeutung von 'der Schild' und 'das Schild' in (2) und die antiidyllische Wendung ins Schreckliche (5/3-4). Doch bliebe dann die Frage offen, warum der Dichter so ganz ohne Absicht den Bezug zum französischen Hahn der Revolution hergestellt haben sollte. So scheint es durchaus begründet zu sein, von einem in die subtile Andeutung zurückgenommenen furchtbar Erhabenen der Revolution zu sprechen.- Im **'Klagelied'** schlägt sich die dem Ideal entgegengesetzte gesellschaftliche Realität in der elegischen Stimmung nieder.
Dieser Gegenbildlichkeit entspricht der Begriff 'goldenes Lamm'. In erster Linie ist es Gasthofbezeichnung, doch auf der poetischen Ebene, bezogen auf die bukolische Idylle, wird es zum Sinnbild für das Topos 'Goldenes Zeitalter', zeitloses Wunschbild des Menschen. In der christlichen Symbolik umfaßt es Eigenschaften wie Sanftmut, Demut, Geduld, Wehrlosigkeit und Friedlichkeit. Eine politisch-gesellschaftliche Beziehung läßt sich nur ex negativo explizieren: Lämmer sind es gerade nicht, welche man in heraldischen Nachschlagewerken findet.[151]

Den einzigen Hinweis im Hinblick auf Komposition und Stil gibt **'Adelungs Wörterbuch'**, in welchem unter dem Begriff 'Lamm' folgendes angeführt wird:

> ". . . ein Ausdruck, welcher jetzt mit Behutsamkeit gebraucht werden sollte, weil er nach unseren Sitten ein unedles und niedriges Bild verursacht." [152]

Der komische Kontrast in der Fallhöhe von erhabenem Menschheitstraum zum unedel Niedrigen wäre damit perfekt, denn daß alles leider ein Traum ist, steht deutlich in der Bezugsstrophe ('G 4'/4).

Eine idyllische Behandlung des Motivs 'Goldene Zeit' ist für das lyrische Ich unvorstellbar geworden - die prosaische Versachlichung der Lebenswelt spricht dagegen. Im Kleinformat spiegelt sich unter der Oberfläche des Naiven die pessimistische Erfahrung wider, welche Schiller in seinem Gedicht **'Der Spaziergang'** zum Ausdruck bringt - ebenso wie Mörike mit dem Blick auf Revolution und Niedergang.[153]
Mörike sieht sich bei diesem Gedicht nicht in der Lage, sein lyrisches Ich in hymnischer Erhebung der Mutter Natur anzuvertrauen.[154] Sein elegischer Ton richtet sich weder in die Ferne der Natur ('G 6'/1-2) noch in die Zukunftsferne, um Trost zu finden. Trost bietet sich nur noch in der Heiterkeit des Komischen, wo unter Hinzunahme des elegischen Tons - eine Zusammenstellung, wie sie von Vischer überhaupt nicht berücksichtigt worden war -[155] der Bruch zwischen Realität und Poesie noch nicht besiegelt wird, im Gegenteil, gerade die Art und Weise, Alltägliches, etwa eine verrostete Gartentüre oder eine Lampe in die Kunstwelt zu erheben,[156] wird für Mörikes Dichtung immer bezeichnender.

Vielleicht ist uns das diesem Gedicht zugrundeliegende Parodieverständnis zu fremd geworden, ein Parodieverständnis, bei dem sich dargestellte Gegenwelt und volle Anerkennung des Vorbildes keinesfalls ausschließen, denn nur echte Dichtung ist es wert, richtig, das heißt mit allen künstlerischen Mitteln parodiert zu werden.

Dieses Verständnis einer fröhlichen Parodie war Mörike eigen und es wäre an dieser Stelle auf Erwin Rotermunds begriffserläuternde Überlegung zu verweisen, daß "die Qualitätssteigerung der Parodie nicht zuletzt in ihrem artifiziellen Charakter begründet" sei.[157] Er erwähnt in diesem Zusammenhang den Begriff Karl Kerényis: 'goldene Parodie', der meines Erachtens der Bedeutung, welches dieses Gedichtchen im Kreis der literarischen Freunde genoß, eher gerecht wird.[158]

Es schadet dem Verständnis für das Verhältnis Mörikes zur Dichtung Goethes also keineswegs, wenn man Mörike gegen Goethe liest, im Gegenteil - erst dann läßt sich Mörike mit Goethe lesen, wenn man zugleich bereit ist, ihn a u c h gegen Goethe zu lesen.

Mörike bewältigt in diesen beiden Gedichten seine Goethe-Nachfolge komisch-parodistisch und humoristisch,[159] doch für unsere Belange ebenso erwähnenswert ist sein Interesse an Goethes komischen Wendungen sowie an seinen theoretischen Überlegungen zu unserer Thematik. Aus Goethes Bemerkungen **'Der Farbenlehre polemischer Theil'** notiert er sich verschiedene Seiten- und Nummernangaben mit dem Vermerk "Lustige heftige Stellen gegen Newton"[160] und im Einbanddeckel des letzten Bandes seiner Goethe-Ausgabe findet sich die Eintragung "Komischer Stil altgöthischer Redeweise".[161]

Von noch größerer Bedeutung scheint mir allerdings folgende von Mörike aufgespürte Textstelle zu sein, die selbst bei Goethekennern noch Erstaunen hervorrufen dürfte, denn in ihr äußert sich Goethe deutlich wie nirgends sonst zur Karikatur und zum Häßlichen in der schönen Kunst, zur Fratze inmitten des Schönen und Erhabenen. - Mörike vermerkt sich diese Stelle unter seiner Rubrik "Interessante Stellen".[162]

> "Die göttliche Kunst, welche alles zu veredeln und zu erhöhen weiß, mag auch das Widerwärtige, das Abscheuliche nicht ablehnen. Eben hier will sie ihr Majestätsrecht gewaltig ausüben; aber sie hat nur einen Weg, dieß zu leisten: sie wird nicht Herr vom Häßlichen, als wenn sie es komisch behandelt; wie denn ja Zeuxis sich über seine eigene ins Häßlichste gebildete Hekuba zu Tode gelacht haben soll.

Eine Künstlerin wie diese war, mußte sich bei ihrem Leben in alle Formen zu schmiegen, alle Rollen auszuführen wissen, und jedem ist aus Erfahrung bekannt, daß uns die komischen und neckischen Exhibitionen solcher Talente oft mehr aus dem Stegreife ergötzen, als die ernsten und würdigen, bei großen Anstalten und Anstrengungen.
Bekleide man dieses gegenwärtige lemurische Scheusal mit weiblich jugendlicher Muskelfülle, man überziehe sie mit einer blendenden Haut, man statte sie mit einem schicklichen Gewand aus, welches jeder geschmackvolle Künstler unserer Tage ohne Anstrengung ausführen kann, so wird man eine von denen komischen Posituren sehen, mit denen uns Harlekin und Colombine unser Leben lang zu ergötzen wußten. Verfahre man auf diese Weise mit den beiden Nebenfiguren, und man wird finden, daß hier der Pöbel gemeint sey, der am meisten von solcherlei Vorstellungen angezogen wird.

Es sey mir verziehen, daß ich hier weitläuftiger als vielleicht nöthig wäre, geworden; aber nicht jeder würde mir, gleich auf den ersten Anblick, diesen antiken humoristischen Geniestreich zugeben, durch dessen Zauberkraft zwischen ein menschliches Schauspiel und ein geistiges Trauerspiel eine lemurische Posse, zwischen das Schöne und Erhabene ein Fratzenhaftes hineingebildet wird. Jedoch gestehe ich gern, daß ich nicht leicht etwas Bewundernswürdigeres finde, als das ästhetische Zusammenstellen dieser drei Zustände, welche alles enthalten, was der Mensch über seine Gegenwart und Zukunft wissen, fühlen, wähnen und glauben kann."

163

Obwohl die zugehörigen Bilder, welche Goethe den Anlaß zu dieser Besprechung gegeben hatten, Mörike wahrscheinlich nicht bekannt waren, da sie in seiner Ausgabe nicht mitveröffentlicht worden waren, spricht die zugehörige Aufzeichnung Mörikes nicht nur für seine intensive Auseinandersetzung mit dieser Thematik des Komischen und Häßlichen. Erinnert man sich an die in dieser Arbeit referierten Thesen Vischers und an dessen Rehabilitierung des Komischen und Häßlichen in der Kunst, so fällt auf, daß Mörike hier Äußerungen herausgefunden hat, in denen wesentliche Grundgedanken der Vischerschen **'Aesthetik'** sehr viel klarer formuliert sind, Gedanken, die Vischer selber bei Goethe wohl nie vermutet hätte. Mörike seinerseits ist gleichwohl viel zu konziliant, um Vischer seinen Fund auf die Nase zu binden.

Beweist Mörikes Fund erst einmal lediglich sein besonderes Interesse an dieser Thematik schlechthin und läßt sich diese Textstelle nur mit Einschränkungen für die Interpretation des **'Maler Nolten'** verwenden, so ist zumindest die Tatsache von Bedeutung, daß Mörike auf eben diese Textstelle wie auch auf Vischers Ausführungen im **'Stuttgarter Hutzelmännlein'** auf ganz eigene Art und Weise antwortet, und zwar genau dort, wo es um das Komische und das Lachen geht.

Wie man sich erinnern wird, ist die schöne Lau von ihrem Gemahl, der im Schwarzen Meer lebt, getrennt und ist von ihm in den Blautopf verbannt worden, weil sie nur tote Kinder hatte. Doch wird ihr geweissagt, sie werde erst dann lebendige Kinder bekommen können, wenn sie fünfmal gelacht haben werde.[164] - Doch worüber wird sie lachen? Das erste Mal, als sie am Fuß gekitzelt wird, das zweite Mal über einen - Nachttopf,[165] das dritte Lachen angesichts eines frivolen Schwankes zählt nicht,[166] und die übrigen Male gelten samt und sonders Streichen und Schwänken. - Doch mindestens ebenso interessant ist, w o r ü b e r s i e n i c h t l a c h t , nämlich über die Fratzengesichter eines 'possigen' Zwergs im lemurischen Getreibe:

> "Auch hatte sie allerlei lustige Tiere, wie Vögel, Küllhasen und Affen, vornehmlich aber einen possigen Zwerg, durch welchen vormals einem Ohm der Fürstin war von ebensolcher Traurigkeit geholfen worden. Sie spielte alle Abend Damenziehen, Schachzagel oder Schaf und Wolf mit ihm; so oft er einen ungeschickten Zug getan, schnitt er die raresten Gesichter, keines dem andern gleich, nein, immer eines ärger als das andere, daß auch der weise Salomo das Lachen nicht gehalten hätte, geschweige denn die Kammerjungfern oder du selber, liebe Leserin, wärst du dabei gewesen; nur bei der schönen Lau schlug eben gar nichts an, kaum daß sie ein paarmal den Mund verzog." [167]

Diesen 'lemurischen Possen' räumt Mörike hier keine komische Bedeutung mehr ein, denn sein Augenmerk gilt den Streichen und Schwänken der eigenen Phantasie. Ebenso wird der traditionell-literarischen Figur des Hanswurst als Verwalter des Komischen eine unmißverständliche Abfuhr erteilt:

> "Hanswurst insonderheit stand als ein armer ungesalzener Tropf mit seinem Gugel da, sein Possenwerk war alles Läuresblosel neben solchem Meister, ob dieser schon das Maul nicht dabei brauchte." [168]

Jetzt gilt das Lachen Mörikes eigenen Figuren, dem häßlich-komischen Hutzelmännlein im Bergmannshabit und dem Handwerksge-

sellen Seppe, die auf dem öffentlichen Platz in der Aura des Karnevals und des Zirkus ihre Späße treiben.[169]
Ist nicht Mörikes Auseinandersetzung mit den komischen Figuren, seine, um dies mit Begriffen Michail Bachtins auszudrükken, "Karnevalisierung der Literatur", unter anderem die Anlehnung an volkssprachliche Wendungen,[170] wie sie der Schwank- und Burleskeliteratur des 16. und 17. Jahrhunderts eigen waren, nicht nur als Antwort auf die oben zitierte Textstelle aus Goethes **'Der Tänzerin Grab'**, sondern auch als Gegenbild zu Vischers Diktum zu lesen, "nicht mehr jene zufälligen Narren, welche in den Engen des Privatlebens ausgebrütet werden", sondern "große Narren, geschichtliche Narren, Staatsnarren, historische Masken" hätten auf die Bühne zu treten?[171]
Die Anregung Vischers, der versucht hatte, die Wurzeln des Ästhetischen und des Komischen im Volk zu suchen und der von der Dichtung verlangt hatte, sie müsse wieder zur Naivität zurückkehren,[172] hat Mörike auf seine Weise aufgenommen, indem er den niedrigen literarischen Gattungen Burleske, Schwank und Märchen eine gattungsbildende Kraft verleiht;[173] ohne dabei auf satirische Ausfälle gegen die Geizigen und Frommen im Länle zu verzichten,[174] schöpft Mörike einen 'zufälligen Narren', den fröhlich heiteren Popanz des Hutzelmännleins, das "Frazzengesicht" und keinen dem geschichtsphilosophischen Ernst des Vischer-Diktums gemäßen "geschichtliche(n) Narren".

So weist Mörike am Ende der Erzählung nochmals deutlich auf das Recht auf eine pluralistische Literatur hin:

> "Es gelte, wie geschrieben steht zum Schluß des andern Buchs der Makkabäer: allezeit Wein oder Wasser trinken ist nicht lustig; sondern zuweilen Wein, zuweilen Wasser trinken, das ist lustig; also ist es auch lustig, so man mancherlei lieset." [175]

Die Leistung seiner dichterischen Phantasie hat denn auch Vischer ganz im Gegensatz zu Strauß unumwunden anerkannt, hat das Phantastisch-Wunderbare wie das Mythisch-Märchenhafte sehr sehr wohl akzeptiert, doch Mörikes Antwort und ihre Einbindung in eine immanente Poetik des Komischen, was zudem ein wesentliches verbindendes Element zwischen der Legende von der schönen Lau und der Erzählung darstellt, diese Leistung in diesem originellen Stück Literatur hat er nicht begriffen, obwohl er sich zeitlebens mit dieser Thematik befaßt hat.[176]

Berücksichtigt man schließlich Vischers späte Rehabilitierung des Symbols und des Mythos in der Dichtung, so wäre zu fragen, ob die Einschätzung Willi Oelmüllers, dies als reine Resignation zu deuten, den Kern der Sache trifft, oder ob nicht gerade solche Werke wie Mörikes **'Hutzelmännlein'**, die seiner Forderung nach einer Verbindung des Volkstümlich Komischen mit dem Artifiziellen gerecht werden, zu dieser Einsicht beigetragen haben könnten.

So liest sich denn folgender Passus aus Vischers **'Pro domo'** (1873) wie eine auf einem Umweg gewonnene Erkenntnis:

> "Also ist in der Fabel nicht Knotenflechten der Witz, sondern Narrheit, Unmögliches und Mögliches an Mögliches gelehnt, kurz das komische Wunder! Die Charaktere nicht durchgeführte menschliche Individuen, sondern derbe Holzschnittbilder aus wenigen Strichen, Marionetten! Der Ton aber, die einzelnen komischen Mittel des Witzes, der Ironie, der Metapher mehr närrisch, frei humoristisch als rein satirisch! Es kann sich an die wilde Komik der Fabel wohl die beißendste Satire knüpfen, das wissen wir aus Aristophanes, aber seiner wahren Natur nach reißt dies ungebundene Spiel über die bloße Absicht des Beißens und Stechens auch hinaus, führt in ein Komisches, das, wie das Schöne um seiner selbst willen schön, so um seiner selbst willen komisch ist, in den 'holden Wahnsinn'. Satire muß Satire bleiben, aber phantastische Satire geht gern weiter als ihr Zweck, erhebt sich im Spott über den Spott in das reine, freie Lachen." [177]

Habe ich mit diesen Ausführungen auch etwas vorgegriffen, so geschah es in der Absicht, dafür Verständnis zu erwecken, wie sich Mörike mit Inhalten der seriöseren Literatur wie auch mit "unpräzisen und durchaus repräsentativen Anschauungen der Zeitgenossen"[178] auseinandergesetzt hat.

Erst die Interpretation des **'Maler Nolten'** wird einige der schon vorgezogenen Aussagen bestätigen und ergänzen und damit klären, inwiefern er als eine wesentliche Grundlage für das Dichtungsverständnis Mörikes angesehen werden kann.

Das Wesen der komischen Kunst aber bleibt immer der enthusiastische Geist und die klassische Form.

A.W. und Fr. Schegel [1]

'MALER NOLTEN'

(1832)

INTERPRETATION

IV. Das Komische - 'Ein ganz geheimes Aber'

1. Methodische Vorbemerkung

So sehr es die vorliegende Untersuchung vereinfachen könnte, dem **'Maler Nolten'** eine verbindliche Roman- oder Novellentheorie zugrunde zu legen, führte ein solcher Ansatz von vornherein in eine Sackgasse. Mörike selbst verwendet die Bezeichnungen 'Roman' und 'Novelle' nebeneinander,[2] ganz abgesehen von der Vielzahl literarischer Gattungen und Gattungsbezeichnungen, die dem Roman eingefügt sind oder innerhalb des Textes genannt werden: Erzählung, Fabel, Märchen, Lied, Ballade, Potpourri und andere. Wie Rolf Schröder in einer diffizilen Studie zur Novelle und zur Novellentheorie in der frühen Biedermeierzeit dargelegt hat, wird keine puristische Gattungstheorie der bunten Vielfalt der Roman- und der Novellendichtung dieser Zeit gerecht. Eher entspricht dieser Dichtung, in der die Mischung der Gattungen geradezu zum Prinzip erhoben war, eine Anknüpfung an erschließbare Werktraditionen.[3]

Fr. Th. Vischer etwa sieht den Roman in der Tradition des **'Wilhelm Meister'** als Entwicklungsgeschichte eines Künstlersubjekts.[4]

Eben diesen Weg schlagen verschiedene Autoren bei der Auslegung des **'Maler Nolten'** ein, wobei vor allem Goethes **'Wilhelm Meister'** und seine **'Wahlverwandtschaften'** ins Blickfeld rücken. Doch auch hier befindet man sich wegen störender Widersprüche alsbald in einer ähnlich heiklen Lage; das Spektrum der Deutungen reicht von der Verunglimpfung des Romans als Epigonenwerk bis zu der These, es handle sich um einen Anti-Meister, der die von Goethe vorgegebene, junge Romantradition parodiere.[5]

Es lohnt sich kaum, Einzelansätzen nachzugehen, hat sich doch der Dichter selbst von der Absicht,einen Roman nach dem Vorbild des **'Wilhelm Meister'** verfaßt zu haben, in einem Brief an Vischer ausdrücklichst distanziert:

> "Meiner Meinung nach liegt es durchaus im Charakter der Novelle, daß mit allgemeinen Maximen und Reflexionen zurückgehalten wird, daß, wenn auch der Geschichte (und diese ist die Hauptsache) eine tiefere Idee unterliegt, solche nur angedeutet, nicht aber ausgeführt werden muß. . . .
> Der Leser soll die zerfahrenen Lichter sammeln, aber ich lasse den roten Faden nur zuweilen und kaum hervorblicken; wer Sinn hat, wird ihn auch verfolgen, wie Du auch bewußter oder unbewußter getan hast." [6]

Weder einen "ästhetistischen oder auch nur lebensphilosophischen Roman" habe er schreiben wollen, schreibt Mörike weiter.

Mangels einleuchtender theoretischer Ansätze könnte man darauf ausweichen, bei der Interpretation von den verschiedenen Charakterrollen auszugehen, eine Methode, die, wie aus den zeitgenössischen Rezensionen zu ersehen ist, zwar am ehesten der Perspektive eines breiten Lesepublikums entsprechen mag, doch müßten dann gattungsspezifische Zuordnungen ausgespart bleiben und die Gesamtkonzeption entschwände aus dem Blickfeld.[7] Zwar kann man wegen der herausragenden komischen Charaktere nicht darauf verzichten, an Einzelergebnisse der an den Charakterrollen orientierten Beiträge anzuknüpfen, doch der Forderung nach wissenschaftlicher Systematik stehen die

Ohnmacht puristischer Systematik gegenüber der Vielfalt literarischer Formen, Töne und Schreibweisen sowie Mörikes Verzicht auf eine exponierte ästhetische Programmatik gegenüber. So wird man auf eine exakt festgelegte Systematik verzichten müssen, will man den poetologisch-literarischen, psychologischen, gesellschaftlichen und erkenntniskritischen Fragen gerecht werden.

Da ich mir aufgrund der vorliegenden Ergebnisse bei dieser Arbeit zum Ziel gesetzt habe, die zeitgenössischen Erörterungen in der philosophischen Ästhetik und im literarischen Umfeld zu berücksichtigen, sollen zwar deren Grundbegriffe verdeutlicht werden, doch nicht um den Preis, der Interpretation vorzugreifen.

Was dem strengen Systematiker trotzdem als belletristische Willkürinterpretation und hermeneutische Bocksprünge erscheint, beispielsweise die gelegentliche Zusammenstellung von Kapitelüberschriften aus Mörikezitaten, erscheint aus der entgegengesetzten Perspektive als ein der textimmanenten Methode verdächtiges und damit spekulationsfeindliches Verfahren und entspringt doch nicht mehr und nicht weniger aus der Absicht, dem vorgegebenen Text die gebührende Authentizität zu bewahren und den teilweise eigenwilligen Vorstellungen eines kauzigen Schwaben auf die Sprünge zu kommen.

Der hohe Anteil an Äußerungen zur bildenden Kunst in diesem Roman hatte die Mörike-Forschung von jeher herausgefordert, Mörikes Kunstauffassung auf die Spur zu kommen.[8]

In den verschiedensten Beiträgen wird dem Gemälde und der Skizze zu Anfang des Romans eine zentrale bildhaft-allegorische Bedeutung für die Interpretation zugesprochen. Ich erwähne als einen von vielen die ältere Dissertation von Bernhard Seuffert, der vom bloß gegenständlichen Inhalt der Bilder ausgeht und diesen unmittelbar auf die Romanhandlung und auf seine Personen überträgt, indem er einer Vielzahl von Motiv- und Bildparalellen nachgeht und die Gleichsetzung von Allegorie und Romanfiktion nur an einer Stelle relativiert,

indem er von "ähnlichen Stimmungen" spricht.[9]
Unbestritten in der Literatur bleibt die Funktion dieser Bilder als Vorahnung, auch in Norbert Millers originellem Ansatz, Mörikes Romaneinstieg als "eigentümlichste Umbildung eines Goetheschen Verfahrens" zu deuten, welches auf das seit 1790 in Mode gekommene statische Theater zurückzuführen sei, eine durch mimische Darstellungen antiker Plastiken und anderer bedeutender Bildwerke "in Szene gesetzte Attitüde als Gesellschaftsspiel."[10] Diese "überhöhten Moment- und Ausdrucksbilder" - sogenannte "tableaux vivants",[11] die dazu führten, - Miller zitiert aus Goethes **'Wahlverwandtschaften'** - "daß man fürwahr in einer anderen Welt zu sein glaubte; nur daß die Gegenwart des Wirklichen statt des Scheins eine Art von ängstlicher Empfindung hervorbringen konnte."[12] Während Goethe in der 'Novelle' das Ausdrucksbild in den Bereich der Allegorie und des Symbols gesteigert habe,[13] gehe Mörike nur scheinbar einen Schritt hinter ihn zurück, wenn er nicht die lebendige Spiegelung des Kunstgebildes in der Attitüde als exemplarisches Motiv benutze, sondern umgekehrt der Spiegelung realer Vorfälle und Gestalten im Bild des Malers eine zeichenhafte Bedeutung für das Geschehen zuweise.[14] Wie zuvor Seuffert weist Miller diesbezüglich auf die versteckten Analogien und Motivumsetzungen hin, vor allem auf die in den Szenen vor und nach dem Tode der Agnes.[15] Die Kunst behaupte ihren divinatorischen Rang, gebe aber dem Individuum keine Sicherheit mehr, sondern entziehe sich ihrerseits ins Rätsel.[16] Auch Miller entzieht sich in seiner Formulierung ähnlich wie Benno von Wiese und Wolfgang Maier, den er zitiert, seinerseits ins Rätselhafte und Pathologische:

> "Das Arrangement und die Nuance, das schöne Bild und das in ihm schwebende, zitternde Detail sind Zeichen der unschuldsvollen, labilen und der ans krankhafte [!] grenzenden Existenz, die von unabwendbaren Kräften aufgerieben wird. - Bild und Beschreibung spiegeln das heraus. Indem solche Bilder aber nach objektiven Gesetzen der Harmonie und der Schönheit sich formieren und stilisieren, heben sie sich hinweg über die subjektiv erfahrbaren chaotischen Kräfte."[17]

Inwiefern die Thematisierung des Pathologischen im **'Maler Nolten'** , auf die sich Maier und von Wiese berufen, zurückzufüh-

ren ist auf mit dem Künstlerdasein und mit der Kunstproblematik verknüpfbare Anschauungen, bleibt selbst als Möglichkeit unerwähnt.[18]
Ebenso bezieht Miller weder Mörikes Variation desselben Themas in der skurrilen Hofratsphantasie, noch die Darstellung eines Gesellschaftsspiels mit 'Tableaux vivants' im gräflichen Hause, noch die komischen Szenen aus der Phantasmagorie in seine Überlegungen ein.
Wollte man Mörikes Allegorien tatsächlich in ihrer Bedeutung für das Romangeschehen interpretieren, müßte man bei ihrer Auslegung den Funktionswandel der Allegorie im geschichtlichen Prozeß berücksichtigen; man müßte Mörikes Bilder ansiedeln zwischen der Allegorie, die sich, nach Erich Kleinschmidt, schon in der frühen Neuzeit als "formelhaftes Instrument dichterischer Erkenntnisvermittlung" . . "auf Uneindeutigkeit bedacht" erweist und einer Traumfiktion, so daß man zumindest differenzieren müßte zwischen ihrer Funktion als der einer "ungedeutete(n) Metapher" und der eines "verstandene(n) Verweiszeichen(s)."[19]
Dies schließt eine einfache motivparallelisierende Untersuchung aus, und aus diesem Grunde soll hier der Versuch unternommen werden, Mörikes Darstellungsweise in einem ersten Schritt unter kompositionstechnischen und kunsttheoretischen Aspekten zu beleuchten und aus dieser Perspektive zu zeigen, inwiefern die vorangestellten Bilder für die Gesamtkomposition von Bedeutung sind.

2. Eine ins Visuelle versteckte Poetik des Komischen und Häßlichen

Hogarths Schönheitslinie in Mörikes 'Tableaux vivants'

Nach kurzer Einführung in die Örtlichkeit, bei deren Beschreibung die Versöhnung von hohem und niederem Stil vorweggenommen wird - die antike Dekoration harmoniert mit den gewöhnlichen Gegenständen des Gebrauchs und der Mode (III, 11/6-8) - wird der ältliche Baron Jaßfeld vorgestellt, der in der kontemplativen Haltung des Kunstkenners dem Maler Tillsen ein Gemälde und eine Skizze beschreibt und dabei die "Keckheit und Größe der Komposition von Figuren, eine Freiheit überall" (III, 12/16-18) und eine "auffallende Abweichung in der poetischen Denkungsart , in der Wahl der Gegenstände" III, 12/19-21) konstatiert.
Bei der weiteren Beschreibung des Ölgemäldes hebt er das Anmutige, die Schönheit und den Liebreiz hervor (III, 14/3-4), zu deren Gunsten die Häßlichkeit des grotesken 'Ungeheuers', der bei Mörike zur Nixe umgestalteten Nymphe (III, 13/35) und des zweiten Halbtieres, des Satyrs, in den Hintergrund tritt.[20]

> "Das Gesicht der Nymphe ist fast nur Profil, der schiefe Rücken und eine Brust ist sichtbar; unvergleichlich das nasse, blonde Haar. Bei der Senkung einer Welle zeigt sich wenig der Ansatz des geschuppten Fischkörpers, in der Nähe schlägt der thierische Schwanz aus dem grünen Wasser, aber man vergißt das Ungeheuer über der Schönheit des menschlichen Theils und der Knabe vergeht in dem Liebreiz dieses Angesichts;". . . (III, 13/35-14/5)

Die unheimliche Wirkung des Bildes, in die der Leser mit einbezogen wird (III, 14/18), wird im Topos des Erhabenen der Natur, dem Blick auf die Weite des Meeres, zum Ausdruck gebracht. In der Gesamtwirkung tritt jedoch das Unheimliche in den Hintergrund (III, 24/10-11).
Der uneingeschränkte Bezug auf übliche Motive der bildenden Kunst, der auffällige Gebrauch solcher Termini, welche den Kontrast von Schönem und Erhabenem auf der einen Seite und

Häßlichem und Komischem auf der anderen Seite bezeichnen, und die präzise Wirkungsanalyse legen es nahe, die Gemäldeschilderung zu Lessings nach wie vor bedeutsamen **'Laokoon'** in Bezug zu setzen:

> "Denn ein mißgebildeter Körper und eine schöne Seele, sind wie Oel und Eßig, die wenn man sie schon in einander schlägt, für den Geschmack doch immer getrennet bleiben." [21]

Die normalerweise zur Satyrfigur gehörenden Eigenschaften des Grobsinnlichen und des Häßlichen werden 'apollinisch' übermalt (III, 14/8) und in einer "vermischten Empfindung", der "stumme(n) Leidenschaft" (III,14/10),[22] aufgelöst.
Das zweite beschriebene Bild, eine Skizze, "Federzeichnung, mit Wasserfarbe ziemlich ausgeführt" (III, 14/28), ist seiner Bezeichnung nach "nichts als eine nächtliche Versammlung musikliebender Gespenster" (III, 14/31-32). Nach diesem einleitenden Satz vermutet man eine Nebenform der Gattung 'Nachtstück', welche Hannes Leopoldseder in seiner Untersuchung **'Groteske Welt des Nachtstücks in der Romantik'**,[23] beiläufig erwähnt:

> "Daneben wird aber auch das Nachtstück in der Bedeutung einer bildlichen oder dichterischen Darstellung eines nächtlichen Geschehens oder einer solchen Landschaft und in der Bedeutung eines nächtlich aufgeführten Musikstücks angegeben. Was die Musik betrifft, so wird der Begriff Nachtstück, frz. nocturne, ital. notturno, seit John Field und Fréderic Chopin als Bezeichnung für ein schwermütiges oder verträumtes Nachtstück verwendet." [24]

Die Beschreibung trifft auf Mörikes Skizzenkomposition zu, doch bezieht Mörike auch für das bildliche und das literarische Nachtstück typische Motive und Charakteristika ein: die Felswand (III, 14/36), der Quell (III, 15/1), Kirchhof und Kapelle etc.[25] - Bis in die Farbengebung und die Beleuchtungseffekte hinein lassen sich die typischen Charakteristika des Nachtstücks verfolgen.

> "Die wunderlichen Wesen sind meist in schleppende, zur Noth aufgeschürzte Gewande von grauer und sonst einer bescheidenen Farbe gehüllt, blasse mitunter sehr angenehme Todtengesichter, selten etwas Grasses, noch seltener das geschälte häßliche Todtenbein."
> . . . . .   (III, 15/5-9)
> . . . . .
> "Die Beleuchtung, der wundervolle Wechsel zwischen Mond- und Ker-

> zenlicht, wie dieß einst bei'm Ölgemälde, besonders in der Wirkung auf's Grün, sich zauberisch darstellen wird, ist überall bereits effektvoll angedeutet und mit großer Kenntniß behandelt."
> (III, 16/13-17) [26]

Abgesehen von dieser motiv- und kompositionsbezogenen Zuordnung zur Gattung scheinen mir Leopoldseders grundlegende Beobachtungen zur kunst- und literaturgeschichtlichen Einordnung des Nachtstücks für das von Mörike inszenierte Romangeschehen von besonderer Bedeutung zu sein.
Er spricht den Nachtstücken und Landschaftsbildern der beiden Maler Claude Lorrain und Salvator Rosa entscheidenden Einfluß auf die Landschaftsgestaltung in der Literatur zu:

> "Claude Lorrain (1600-1682) entwickelte neben Elsheimer, Carracci und Nicolas Poussin eine eigene, idyllische Form der "idealen Landschaft", . . . Wie die anderen Landschaftsdarstellungen so sind auch seine Nachtdarstellungen durch die Idyllenhaftigkeit und harmonische Ruhe gekennzeichnet.
> Mit dem Namen Lorrain verband sich aber schon damals der eines anderen Landschaftsmalers, nämlich der Name Salvator Rosa. . . .
> Salvator Rosa (1615-1673) begann schon früh, stimmungsvolle Landschaftbilder zu malen, aber die Art und Weise seiner Naturbetrachtung war jener Lorrains gerade entgegengesetzt: herrschte dort erhabene Ruhe, so herrschte hier leidenschaftliche Bewegung, in den Motiven statt Harmonie Zerrissenheit, in der Farbwahl statt den hellen klaren Tönen Lorrains schmutzig wirkende Schattentöne. Das Hell-Dunkel erreicht in seinen Nachtstücken eine dämonisch-unheimliche Kraft, die in besonderer Weise noch durch die spezifischen Motive Salvator Rosas verstärkt wird, denen ein Unterton des Unheimlichen, Grauenvollen, Grausigen und Entsetzlichen zugrundeliegt. . . .
> Die Landschaftsdarstellungen Salvator Rosas trugen entscheidend zur Landschaftsgestaltung in der englischen 'Gothic Novel' bei." [27]

In Mörikes Komposition treffen beide Entwicklungsstränge des Nachtstücks zusammen; seine Skizze scheint mir von eben dieser Zweideutigkeit zwischen Elysium und 'Gothic Novel' getragen zu sein,[28] wenn auch die Merkmale des 'locus amoenus' wie der Quell, die Betonung des Anmutigen, Edlen und Schönen überwiegen (III, 15/1; 15/ 33 ff.) und das Schaurige im Komisch-Grotesken so aufgefangen wird (III, 16/5-7), daß insgesamt die erhebend-feierliche Stimmung erhalten bleibt:

> "Bewegt und feierlich gingen die Freunde auseinander."
> (III, 24/10-11)

An späterer Stelle wird ein Teil der Skizze (III, 15/15-28) in die fiktive Romanwirklichkeit übernommen und als christlich - feierliche Variante in seiner harmonisch-idyllischen Wirkung gesteigert (III, 402/14-20).[29]
Die Steigerung der schauerlichen Wirkung behält sich Mörike für die Verschränkung von Skizzeninhalt und Romangeschehen auf: Ein Satz genügt, um dem Leser ein schauerliches Abbild aus einer der grotesken Bilderszenen (III, 15/17-25) in Erinnerung zu rufen.

> "Constanze Josephine Armond wird auch bald die Orgel mit uns spielen." (III, 70/35-36)

Das Nachtstück wird zum lebendigen Bild und tritt in die fiktive Romanrealität ein, in der Kunst und Leben variiert durcheinandergewürfelt werden.[30] Die bildende Kunst erscheint auf diese Weise nach dem Muster von Novalis' "Roman von den wunderbaren Schicksalen eines Dichters"[31] als eine unheimliche Präfiguration des Lebens.

In der beschriebenen Skizze mischt Mörike symbolische und allegorische Figuren aus Antike und Christentum.[32] Dies entspricht zwar völlig der zeitgemäßen Kunstauffassung,[33] doch scheint eine gewisse Distanz sowohl zu Lessings als auch zu Schillers Behandlung des gleichen Themas durch: Statt an einer Kiste von Zedernholz im Tempel der Juno zu Elis [34] lehnt der Gott des Schlafes christlich leidend an der Orgel der edlen Jungfrau (III, 15/25-28). Der Tod erscheint nicht als sein Bruder, sondern als Kalkant in seiner barock-christlichen Gestalt. Weder tritt ein gräßliches Gerippe vor das Bett des Sterbenden, noch nimmt ein Kuß das leichte Leben von der Lippe.[35] Entgegen der Annahme Lessings wird auch der Traum in das Bild aufgenommen.[36] Christliche Todes- und Leidensvorstellungen und eine Todesvorstellung der Antike werden in ein Bild zusammengefaßt. Gotische Dunkelheit, der Traumcharakter des Dargestellten und die Teilnahmslosigkeit der Figuren spielen ins Groteske.

Ohne den Ton zu ändern oder das Folgende vom bislang Beschriebenen syntaktisch abzusetzen, geht Mörike zu einem weiteren Bildinhalt über:

> "Unter den Gestalten im Mittelgrunde zeichnet sich namentlich eine Gruppe von Tanzenden aus, zwei kräftige Männer und eben soviel Frauen in anmuthigen und kunstvollen Bewegungen, mit hochgehaltener Handreichung, wobei zuweilen nackte Körpertheile edel und schön zum Vorschein kommen." (III, 15/30-35)

Bei diesen Tanzenden, deren klassizistische Prägung nach dem Vorbild Winckelmanns kaum zu verkennen ist, geht die eigentliche Tanzbewegung im getragenen Satzgefüge unter und weist trotz der Betonung des Kräftigen, Anmutigen und Kunstvollen seine Verwandtschaft zu den Motiven des schlummertrunkenen Jünglings und zum traurigen Ernst der wehmütigen Jungfrau auf.

Die nun folgende Passage wird zu dem antik-christlichen und dem klassizistischen Bildteil in Kontrast gesetzt: Die adversative Konjunktion 'Indessen . .' hatte bereits auf den Umschwung aufmerksam gemacht, und nun leitet ein fast ironischer Komparativ das 'vergnügtere Leben' in dem noch ausstehenden Teil der Beschreibung ein. Die zäsurähnliche Änderung des Stils verdeutlicht den Kontrast.

> "Diesen zu beiden Seiten und dann mehr gegen den Hintergrund entfaltet sich ein vergnügteres Leben, man gewahrt muntere Stellungen, endlich possenhafte und neckische Spiele." (III,16/1-3)

Die folgende komische Szene gipfelt in einer komisch-grotesken. Die eigentlich schauderhaft-unheimlichen Motive, ein Knabengerippe und eine magere Hand (III, 16/4 u. 8), kehren nicht nur den Topos von Knabe und Greis grotesk um. Das im selben Zusammenhang erwähnte Vogelnest läßt vorerst die Lesart vermuten, es handle sich nicht nur um die Parodie auf einen alten Topos, sondern um die auf ein schwäbisches Legendenmotiv,[37] demzufolge man die eigenwillige Szene als "ironische, bis zur Carricatur gehende Verhäßlichung religiöser Motive"[38] interpretieren könnte. Doch Aberglauben und Grauen steigern sich nicht zu einer schauderhaften Wirkung, denn die Art der Beschreibung und die komische Aufhellung der Todesfiguren verhindern dies zugunsten eines fast behaglichen Schauers.[39]

Sowohl gegen die als unlebendig empfundene klassizistische Staffage wie gegen exzentrisch romantische Chimären setzt sich der Dichter in seiner Variante ab, obwohl er durchaus mit poetologischen Schlüsselbegriffen der Romantik wie der Phantasie, dem Wunderbaren und dem Phantastischen operiert.
Auf was sich die Äußerung des Barons, es handle sich um eine "auffallende Abweichung in der poetischen Denkungsart, in der Wahl der Gegenstände" beziehen könnte, klärt erst eine erneute Betrachtung von Gegenstandswahl und dichterischer Behandlung, denn darauf baut Mörike seine "Umsetzung"[40] auf: Das eigentlich komische und sinnenfrohe Motiv 'Nymphe und Satyr' wird verklärt und harmonisiert, währenddessen die dem Klassizismus nachempfundene und der christlich-antiken Symbol- und Allegorienwelt entstammende Skizze eine Wendung ins Grotesk-Komische erfährt. Die Wendung ins Groteske geht jedoch nicht wie etwa bei Ludwig Tiecks Ludovico in **'Franz Sternbalds Wanderungen'** so weit, daß bloß um des Neuen willen groteske Bizarrerien entworfen werden.[41] Eher ließe sich an dieser Stelle eine Formulierung E.T.A. Hoffmanns anführen, nach welcher eine derartige Darstellungsweise als genuin romantisch begriffen wird:

> "Nur im wahrhaft Romantischen mischt sich das Komische mit dem Tragischen so gefügig, daß beides zum Totaleffekt in eins verschmilzt und das Gemüt des Zuhörers auf eine eigne wunderbare Weise ergreift." [42]

Noch Vischer wird mehr als ein halbes Jahrhundert später in seiner **'Aesthetik'** ähnlich definieren:

> "Das Groteske ist das Komische in der Form des Wunderbaren."[43]

Der bei der Federzeichnung bemerkte Kontrast zwischen Ruhendem und Lebendigem läßt sich bei einem erneuten Hinschauen auch in der Beschreibung des Ölbildes feststellen. An einer bestimmten Stelle geht die den Bildinhalt 'malende' Beschreibung in eine Handlungs- und Bewegungsdarstellung über, in die Darstellung von Affekten, die sich in der Erregung des Darstellenden, des feurigen Redners (III, 12/34) spiegelt (III, 13/12 f.; 13/33 f.).

Nicht, so Hart-Nibbrigs Annahme, der Baron verzerrt das Bild ironisch,[44] sondern Mörike den Baron. Seine ironisch-spielerische Distanz ist an etlichen Details ablesbar, beispielsweise an der kunstkennerischen Haltung des bequem gelagerten Barons (III, 11/12 f.), welche derjenigen Goethes in Tischbeins Gemälde **'Goethe in der Campagna'** nicht gerade unähnlich ist.[45] Der betonte Verstoß gegen Lessings Verdikt, der Dichter solle nicht malen,[46] und das Sich-Spiegeln der in dem Ölbild dargestellten Affekte in denen des beschreibenden Barons verwandelt diesen Contemplator Artium geradewegs in eine lustige Karikatur, die "im Zickzack durch den Saal trippelt" (III, 13/12-15). Wie die Figuren in den Darstellungen tritt auch der sie beschreibende Baron aus seiner kontemplativen Haltung heraus und wird lebendig; ihrer sich bis ins Groteske steigernden Bewegung entspricht sein Enthusiasmus, der im Karikaturesken gipfelt.

Eine Variation der beschriebenen Skizze kommt in der Darstellung des wunderlichen Hofrats zum Ausdruck, und zwar - formal konsequent - am Anfang des zweiten Teils des Romans.[47] Während bei der Beschreibung der Skizze verschiedene Einzelmotive in Kontrast zueinander gesetzt werden, scheint der Dichter in dieser Variation auf den ersten Blick lediglich ein Alltagserlebnis, eine Gelegenheitsbeobachtung an seinem Hausstaren einzukomponieren, über die er in einem Brief an Fr.Th. Vischer am 4.2. 1832 berichten wird.[48]

> "Widmen Sie doch dem Burschen da droben noch einen Blick! Bemerken Sie die philosophische Klarheit, den feinen Sarkasmus, womit dieser Schnabel in die Welt hinaussticht! Stellen wir uns etwa unter der Brunnen-Pyramide ein Monument, ein Grabmal vor, so wäre es dem elegischen Geschmack ohne Zweifel gemäßer, in den hängenden Weidezweigen sich Philomelen, die süße Sängerin der Wehmut und der Liebe, zu denken, als den gebildetsten Staaren, dessen bloße Figur schon viel zu viel vom Weltmann hat". . .
> (III, 221/17-25)

An die Stelle antiker und christlicher Allegorik und Symbolik im beschriebenen Bild und in der Skizze tritt die komisch ins Tierphysiognomische gewendete philosophische Reflexion, abzulesen auch an den verschiedenen die Reflexionstätigkeit ausdrückenden Verben.[49] Richtig zu verstehen ist diese Tierkarikatur auf den gebildeten Weltmann kaum ohne den Hintergrund von La Portas und Lavaters Physiognomielehren, in denen bestimmte Vogelphysiognomien ganz bestimmten Charaktereigenschaften historischer Größen entsprechen.[50] Zudem hatte bereits Jean Paul bemerkt, zumindest die klügeren Tiere könnten komisch werden.[51]

Da die rein sprachlichen Mittel im Dienste der Einbildungskraft offenbar nicht ausreichen, kompensiert der Hinweis auf das Visuelle, auf Hogarths Kupferstiche, diesen Mangel: Eine elegische Betrachtung des Themas durch die poetische Nachtigall Philomele scheint angemessener zu sein als philosophische Reflexion, doch kann der "tragische Hanswurst"[52] die Rolle des Mythos ebensogut ersetzen.

Der zweite Abschnitt dieser Variation, in dem dasselbe Thema 'Tod und Vergänglichkeit' nun komisch-traurig bewältigt wird, wird analog zur Beschreibung der Skizze am Romananfang mit derselben Adversativkonjunktion eingeleitet:

"Indessen, dünkt mich, wäre ein Hanswurst gedankenvoll auf einem Sarkophagen sitzend, eine so üble Vorstellung auch nicht, vielleicht ein Gegenstand für einen Hogarth. Man gäbe dem Coujon etwa ein schlafendes Kind auf den Schoos und hinter seinem Rücken würde, halb zürnend halb lächelnd, ein eisgrauer Alter am Stabe das sonderbare Selbstgespräch belauschen. Des Narren Gesicht müßte zeigen, wie er sich Mühe gibt, recht tiefsinnig und ernsthaft zu seyn; aber es geht nicht, und das bedeutendste Kopfschütteln wird jedes Mal von der Schellenkappe begleitet." (III, 221/25-222/5) [53]

Diese Szene stellt nicht, wie man meinen könnte, nur eine eigenwillig-groteske Variation des Ölgemäldes 'Nymphe und Satyr' dar, in welcher nun nicht der Satyr, sondern der Star beziehungsweise ein eisgrauer Alter als Betrachter fungiert. - Eine streng immanente Interpretationsmethode vermag zur Entschlüsselung dieser Variation wenig beizutragen, denn gerade an dieser Textstelle wird deutlich, wie das Vorurteil, Mörike sei in kunsttheoretischen Dingen völlig unbewandert, die Forschung lähmte, in der diese Variation entweder vollkommen ignoriert oder als bloßes Hirngespinst eines überspannten Romantikers eingestuft wurde, zumal man den Phantasien eines närrischen Hofrats, der sich schon durch seine altmodische Aufmachung und durch sein unangemessenes Betragen (III, 221/7 u. 17) als Vertreter einer vergangenen Zeit, der Aufklärung, erweist, keinerlei Aufmerksamkeit schuldig zu sein glaubt. Wird dieser auch als Narr und Sonderling bezeichnet, so läßt der Dichter ihn doch keineswegs zum Gegenstand einer Karikatur werden wie etwa den Kunstphilister (III, 27/21 ff.; 29/17-18), im Gegenteil, seine Kompetenz in Sachen Kunst wird ihm in keiner Weise abgesprochen; nach dem Tode Noltens stellt sich sogar heraus, daß es sich um seinen eigenen Onkel Friedrich Nolten handelt(III, 413/25-27).

Der Gegensatz zwischen eigener Phantasievorstellung, dem Staren (III, 221/17-25), und einer zweiten Vorstellung à la Hogarth entpuppt sich nach folgendem Satz als scheinbar:

> "Was meinen Sie nun? Der geflügelte Schlingel dort, welcher gestern das Unglück gehabt, ich weiß weder wo noch wie, in einen Topf mit gelber Ölfarbe zu fallen, davon er die Spuren noch trägt - gleicht er denn nicht auf's Haar so einem buntschäkigen Allerweltsspötter? Ist es nicht ein unvergleichlicher Junge?"
> (III, 222/5-10)

Einer dem englischen Kupferstecher William Hogarth (1694-1764) nachempfundenen Sichtweise entsprechen so beide Motive, der Star ebenso wie der traurige Hanswurst, in dessen Gesicht nach einer bekannten Hogarthischen Physiognomiebeschreibung komischer und tragischer Ausdruck ununterscheidbar ineinander übergehen.[54]
Im Gegensatz zum Kunstgriff der Antike, die dem Menschen unziemlichen Begierden gleichsam an die Grenzen der menschlichen Natur zu rücken, nämlich in den tierischen Charakter des Satyrs,[55] zeichnet Mörike eine tierphysiognomische Karikatur der Reflexionslastigkeit in der Kunst. Nach den Motiven aus Antike, Klassizismus, Christentum und Romantik scheint nun eine Komposition in Hogarthischer Sichtweise mit dem auf den physiognomischen Ausdruck konzentrierten Augenmerk eine weitere "Umsetzung" der lebenden Bilder darzustellen.[56] Doch, abgesehen von diesen vorerst zu allgemeinen Interpretationsaussagen, läßt gerade die Beiläufigkeit der Erwähnung "vielleicht ein Gegenstand für einen Hogarth" (III, 221/27), die sich eben nicht aufs Folgende, sondern aufs Vorhergehende bezieht und außerdem

die einzige kunsthistorisch verbindliche Namensnennung im Komplex der beschriebenen Bilder darstellt, eine genauere Betrachtung Hogarthischer Kunsttheoreme geraten erscheinen, zumal auch das Skizzenheft dafür spricht, daß sich Mörike eingehend mit Hogarth befaßt haben muß.[57]

Dessen vielumstrittene Kunsttheorie, die **'Analysis of Beauty'**, welche 1853 in London erschien und im Jahr darauf von Christlob Mylius ins Deutsche übersetzt wurde, in der zweiten Auflage mit einer Einleitung von Lessing versehen, beeinflußte nachhaltig für fast ein Jahrhundert die Kunsttheorie. Der von Mörike hochgeschätzte Lichtenberg lieferte ausführliche Kommentare zu Hogarths Kupferstichfolgen, und die zentrale These des an der Kunstpraxis orientierten Kupferstechers, die schlangenförmige Linie sei als Linie der Schönheit und des Reizes anzusehen, beschäftigte gleichermaßen Lessing, Mendelssohn, Moeser, Wieland, Lavater, Herder, Sulzer, Jean Paul, Solger und selbst noch Goethe, und später, während der Hogarth-Renaissance in den frühen dreißiger Jahren des 19. Jahrhunderts Gutzkow.[58]

Mörike übernimmt jedoch nicht nur einzelne Motive, wie es gewisse Motivähnlichkeiten nahelegen, sondern überträgt Hogarths Kompositionsmethode, mittels aufeinander bezogener beziehungsweise kontrastierender, flankierend oder symmetrisch wiedergegebener Motive [59] bestimmte Themen darzustellen.

So ist in dem zuerst beschriebenen Ölbild (III, 13/23 ff.) die Linie der Schönheit konstitutiv, die laut Hogarth nicht nur als die des Reizes aufzufassen ist, sondern als solche zugleich als die bewegliche Grenzlinie zwischen Schönem und Häßlichem, als Inbegriff alles Phantastischen und Komischen in der Kunst:[60]

> " Bei der Senkung einer Welle zeigt sich wenig der Ansatz des geschuppten Fischkörpers, in der Nähe schlägt der thierische Schwanz aus dem grünen Wasser, aber man vergißt das Ungeheuer über der Schönheit des menschlichen Theils und der Knabe vergeht in dem Liebreiz dieses Angesichts; . . . . (III, 13/36-14/5) [61]

Fast skurril nimmt sich Mörikes Hogarth-Adaption in dem ersten Teil des hofrätlichen Phantasiegebildes aus: Dem Spitzdach eines Pumpbrunnens, der Brunnenpyramide, werden als naturgemäße Schlangenlinien à la Hogarth hängende Weidezweige beigesellt: Hogarths Titelvignette zu seiner Schrift **'Analysis of Beauty'**, eine Pyramide mit einer in sie einbeschriebenen Schlangenlinie, Symbol zugleich für die Einfachheit und für die Mannigfaltigkeit in der Kunst,[62] wird bei Mörike mit einem feinen Gespür für Hogarths Art, gerade an den Gegenständen des täglichen Gebrauchs seine Kunsttheorie zu demonstrieren, und mit sehr viel Sinn für die Traurigkeit im Ausdruck der Hogarthischen Charaktere[63] ins Elegische übersetzt (III, 221/17). Der Forderung Hogarths nach Ebenbürtigkeit von Natur und Kunst, dort bildlich im Atelierambiente dargestellt,[64] wird hier, direkt umgesetzt ins Miteinander von Natur und Kunst(handwerk), Rechnung getragen.

Abgesehen von der Erkenntnis, daß das in der Vergangenheit Selbstverständlichste eben heute oft vergessen ist, was wäre durch eine Interpretation gewonnen, die den Verdacht erwecken könnte, Mörike habe am Ende der Klassik und der Romantik nur eben auf die barockfreundliche, sich gegen den aufkommenden Klassizismus richtende Option Hogarths zurückgegriffen?
Was wäre gewonnen, wenn der Kunstgriff Mörikes, die Schönheitslinie Hogarths als Grenzlinie zwischen Häßlichem und Schönem in die 'Tableaux vivants' zu integrieren, beschränkt bliebe auf diesen Komplex und sich nicht für die Gesamtkonzeption des Romans als strukturrelevant erwiese?

Doch der Faden läßt sich durchaus weiterverfolgen, denn die kunstkritische Beurteilung der Noltenbilder, welche aus der rätselhaften Symbiose der beiden Maler Nolten und Tillsen entstehen, einer Symbiose, an der die komische Figur Wispel erheblich beteiligt ist, wird wieder aufgenommen und zwar von diametral entgegengesetzten Standpunkten aus.
Der eine wird vertreten durch den wunderlichen Hofrat (III, 234/3), der andere durch einen alten Kunstphilister und durch den Vater Theobald Noltens, einen Pfarrer. Beide verlangen vom Maler die Darstellung des Einfach-Schönen und bringen ihre Angst vor Noltens hexenhaften Karikaturen zum Ausdruck.[65]

Ein Gespenst geht um in Noltens Kunst:

> "Da ist das ewige Zeichnen und Pinseln! wo man hinsieht, ärgert man sich über so ein Fratzengesicht, das er gekritzelt hat, und wär's auch nur auf einem Zinnteller. Wenn er einmal SonntagsNachmittag zur Erholung sich eine Stunde hinsezte und machte einen ordentlichen Baum, ein Haus und dergleichen nach einem braven Original, so hätt' ich nichts dagegen, aber da sind es nur immer seine eigenen Grillen, hexenhafte Karikaturen und was weiß ich." (III, 216/5-11) [66]

Ähnlich wie der Vater äußert sich der Philister, der sich, wie betont wird, fern vom Mummenschanz und vom fastnachtlichen Treiben der anderen hält (III, 31/ 11 ff.) und der in Nolten den verdorbensten und gefährlichsten Ketzer unter den Malern sieht, welche die Kunst auf den Kopf stellen (III, 27/34 ff.). Nicht nur Tiecksche Phantastik und Karikatur wird zum Gegenstand der Kritik[67] - seine Kunst wird als Darstellung des Wahnsinnigen gedeutet (III, 28/11 ff.).[68]

> "Nein! ich sage Ihnen vielmehr geradezu, dieser Nolten ist der verdorbenste und gefährlichste Ketzer unter den Malern, einer von den halsbrecherischen Seiltänzern, welche die Kunst auf den Kopf stellen, weil das ordinäre Gehen auf zwei Beinen anfängt langweilig zu werden; der widerwärtigste Phantasie-Renommiste! Was malt er denn? eine trübe Welt voll Gespenstern, Zauberern, Elfen und dergleichen Fratzen, das ist's, was er kultivirt! Er ist recht verliebt in das Abgeschmackte, in Dinge, bei denen keinem Menschen wohl wird. Die gesunde lautere Milch des Einfach-Schönen verschmäht er und braut einen Schwindeltrank auf Kreuzwegen und unter'm Galgen; Á PROPOS, mein Herr! (hier lächelte er ganz geheimnisvoll) haben Sie schon Gelegenheit gehabt, eine der köstlichen Anstalten zu sehen, worein man die armen Teufel logirt, die so, verstehn mich schon, einen krummen Docht im Lichte brennen - nun? Kam Ihnen da nicht auch schon der Gedanke, wie es wäre, wenn sich etwa der Ideendunst, der von diesen Köpfen aufsteigen muß, oben an der Decke ansezte, welche Figuren da in Fresko zum Vorschein kommen müßten? Was sagen Sie? Nolten hat sie alle kopirt, hä hä hä, hat sie sämmtlich kopirt!" (III, 27, 33-28/15)

Das Karikaturistische versteckt Mörike einerseits in eine literarische Anspielung auf Zachariaes '**Renommiste**(n)',[69] der sich, ähnlich wie Nolten, vor einer feinen Dame als Tölpel blamiert hatte, andererseits wird dieser Philister, übrigens ein pensionierter Staatsdiener von Rang (III, 27/7), im komischen Kontrast dazu selbst zum Gegenstand pathognomischer Karikatur. Die krankhaften Verzerrungen seines Gesichts, die rastlose

Geschäftigkeit seiner konvulsivisch fingernden Spielerhände (III, 27/13; 29/17-18) und die Eigenschaft, seine Antwort nur erst unter den schlaffen Lippen zurechtzukauen (III, 27/23-24), tragen - wie in einer Skizze nur durch wenige Striche angedeutet - zu der häßlichen Karikatur bei.
Leopold, ein Freund Noltens und ebenfalls ein Künstler , reagiert gelassen und korrigiert das einseitige Urteil des Philisters, indem er das Häßliche des Karikaturistischen ins Charakteristische wendet und deutlich macht, daß sich die Kritik des Philisters zu Unrecht auf die Gegenstände beschränkt, die im Urteil des Künstlers in Anbetracht der Form als irrelevant angesehen werden:

> "Sie scheinen", erwiderte Leopold gelassen, "wenn ich Sie anders recht fasse, mehr die Gegenstände zu tadeln, unter denen sich dieser Künstler, nur vielleicht etwas zu vorliebig, bewegt, als daß Sie sein Talent angreifen wollten; nun läßt sich aber ohne Zweifel auf dem angedeuteten Felde so gut als auf irgend einem das Charakteristische und das Rein-Schöne mit großem Glücke zeigen, abgeschmackte und häßliche Formen jedoch, geflissentliches Aufsuchen sinnwidriger Zusammenstellungen kann man von Nolten nicht erwarten;. . ." (III, 28/16-23)

Die Pointe in der Philisterkarikatur erreicht der Dichter dadurch, daß er den Vorwurf nachzuahmen (III, 28/14-15) durch die rein mechanische und dadurch komisch wirkende Wiederholung der letzten Worte des Philisters und durch die Beschreibung seines kindischen Verhaltens auf ihn selbst zurückfallen läßt:

> "Der alte Herr hatte diese Worte wahrscheinlich ganz überhört, denn er ging mit lautem Kichern nur wieder in den Refrain seines vorhin Gesagten über: "Hat sie sämmtlich kopirt, ja ja, zum Todtlachen! Ei das muß er täglich von mir selber hören." "(III, 28/27-30)

Gleichwohl wird das Krasse der Karikatur im Urteil Noltens relativiert:

> "Das ist ein sehr kurioser Kauz, voll griesgrämischer Eigenheiten, übrigens von viel Verstand, und mir immer ein lieber Mann. Er besizt gute Kenntnisse von Gemälden, ist aber auf diesen Punkt von den einseitigsten Theorieen eingenommen." (III, 29/23-27)

Als Gegenbild zur eingeengten Kunstauffassung des Philisters stellt Mörike den Schauspieler Larkens vor, den Künstler und Vertreter des "hohen komischen Stils".[70]

Um die Integration des Komischen in die Schönheitslinie zu verbildlichen,[71] bemüht er nochmals die von Hogarth her bekannte Schönheitslinie als kunsttheoretisches Konstrukt, ein Konstrukt, auch das ist eine nicht ganz unwichtige Anlehnung an Hogarth, das den Kennern wie den einfachen Leuten gleichermaßen verständlich ist:

> "Der Beifall der Verständigen und zulezt auch des gemeinen Volks war ihm um so gewisser, je bescheidener die strotzende Ader der komischen Kraft innerhalb der feinen Schönheitslinie blieb, die nur der ächte Künstler, vom richtigsten Takte geleitet, zwischen Begeisterung und Weisheit hin zu ziehen weiß." (III, 34/35-35/4)[72]

Takt und Maßhaltung bleiben jedoch die zentralen Kriterien (III, 35/ 3 u. 8). - Was Mörike nun genau unter dem Begriff 'bescheiden' versteht und wie er strotzende Komik auf der einen Seite und Weisheit und Maßhaltung auf der anderen in eine künstlerische Einheit bringt, wird noch zu ergründen sein. Ähnlich meisterhaft und auch mit dem Komischen in der Kunst in Zusammenhang stehend findet sich eine derartige Synthese von Klassischem und Romantischem meines Wissens nur im **'Athenäum'** der Brüder Schlegel:

> "Das Wesen der komischen Kunst aber bleibt immer der enthusiastische Geist und die klassische Form." [73]

Die drei verschiedenen Perspektiven, unter denen die Kunst Noltens beurteilt wird, die des Philisters, die des Pfarrers und schließlich die des wunderlichen Hofrats rufen eine ähnlich aufgebaute Diskussion über die Karikatur in Erinnerung, nämlich Wielands **'Unterredungen mit dem Pfarrer von *** '**. Im Laufe dieser **'Unterredungen'** wird unterschieden zwischen: wahren Karikaturen, in denen der Maler die verunstaltete Natur bloß abbildet wie er sie findet, übertriebenen, in denen er aus irgend einer besonderen Absicht die Ungestalt seines Gegenstandes zwar vermehrt, aber doch auf eine der Natur so analoge Art dabei zu Werke geht, daß das Original noch immer kenntlich bleibt, und bloß phantastischen oder eigentlichen sogenannten

Grotesken, in denen sich der Maler unbekümmert um Wahrheit und Ähnlichkeit einer wilden Einbildungskraft überläßt und durch das Übernatürliche und Widersinnige seiner Hingeburten bloß Gelächter, Ekel und Erstaunen über die Kühnheit seiner ungeheuren Schöpfungen erwecken will.[74]

Mörikes Variationen spiegeln eine ähnliche Klimax wider, nur modifiziert Mörike insofern, als er den Vertreter des Einfach-Schönen fast einer Vernichtung durch die Karikatur preisgibt. Die literarische Philisterkarikatur erhebt den Anspruch, einen höheren Grad an Wahrheit zu vermitteln als es eine naturgetreue Charakterisierung vermocht hätte. Das Original allerdings bleibt erkennbar.
Wie innerhalb des Komplexes der 'Tableaux vivants' kristallisiert sich auch bezüglich der Debatte über Noltens Kunst eine dem Roman immanente Poetik des Komischen heraus: Ähnlich wie Lessing im **'Laokoon'** zur Darstellung des Gegensatzes von Häßlichem und Schönem an Geschmacksempfindungen anknüpft, tut dies auch Mörike, um den Gegensatz zwischen dem Erhabenen und dem Komischen sinnfällig zu machen. Das Komische wird hierbei in Noltens Äußerungen zum ästhetischen Geheimbegriff schlechthin erklärt:

> "Die meisten meiner Arbeiten bezeichnen in der That eine ganz andere Gattung (als das Phantastische, R.T.). Ich vermuthe, der Mann hat irgendein geheimes Aber an meiner Person entdeckt, und ich muß ihn, ohne mir das Geringste bewußt zu seyn, mit irgend Etwas beleidigt haben, das er mir nicht vergessen kann, so gern er möchte, denn es ist auffallend, so oft er mich ansieht, sträubt sich's auf seinem Gesicht wie Sauer und Süß." (III, 29/34-30/3) [75]

So gewagt diese Folgerung auf den ersten Blick noch scheinen mag, so wird sie doch durch die erfolgte Umformulierung in der **'Nolten**-Bearbeitung' zum "halbkomischen Geheimnis" (IV, 18/29-32) bestätigt. Ebenso wird die Methode, Erhabenes und Komisches in Mimik zu transponieren, bei Mörike immer wieder bevorzugte Anwendung finden.[76]

Das Komische wird als gattungsspezifisches Merkmal der Kunst Noltens zugeordnet. Dies dürfte ohne Einschränkungen auch für Mörikes Darstellungsweise gelten.

V. Die Grenzgänger des Ästhetischen und "Gegenfüßler des Ideals"

1. Die Abweichung vom schönen Umriß und die realistische Korrektur des Ideals

Ausgegangen waren wir von Mörikes 'Tableaux vivants', und es war bei der Interpretation nicht nur die zentrale Bedeutung des Komischen für eine dem Roman immanente Poetik aufgefallen, sondern eine durch die kunstgeschichtliche Ortsbestimmung bedingte Akzentverschiebung von dem nur versöhnlichen Humor auf von der philosophischen Ästhetik nicht sanktionierte Randformen des Komischen, auf die Karikatur und die Satire.
Im Gegensatz zur vorgegebenen Theorie vermeidet Mörike jedoch die zeitspezifische Moralsatire und nimmt sich vor allem der allgemeinen kunsttheoretischen Thesen an; auf die Satire werden wir noch gesondert zu sprechen kommen.
Bei einer deutlicheren Betonung einer zeitspezifischen Satire hätte man eher Verständnis dafür haben können, daß der Mörike-Forschung diese Tatsache entgangen ist und an den betreffenden Stellen wie ähnlich bei Interpretationen von Swifts **'Gullivers Reisen'** oder von Tiecks **'Gestiefelte**(m) **Kater'** der unscharfe Begriff der Groteske genaueren Bestimmungen vorgezogen wurde.[1]

Nachdem sich für die Erschließung des Kontextes eine Betrachtung der 'Tableaux vivants' vom Standpunkt der bildenden Künste und ihrer Theoriebildung als sinnvoll erwiesen hat, scheint es zumindest nicht abwegig zu sein, diese Perspektive vorerst für jene Passagen, in denen es vornehmlich um bildende Kunst geht, beizubehalten. Hierbei wäre in Anbetracht der von Mörike neben dem Ölbild erwähnten Skizze auch an die zugehörige Technik des Skizzierens zu denken, an die Form des Umrisses,[2] oder, um es mit einem ähnlichen Begriff aus der romantischen Literaturtheorie zu benennen, an das Fragment, zumal diese Begriffe in dem Roman sehr häufig anzutreffen sind.

Am deutlichsten wird die Hervorhebung der Skizze und des Umrisses in Tillsens Worten in dem Augenblick, in dem er erkannt hat, daß die Skizzen Noltens ihn auf eine höhere Stufe des künstlerischen Schaffens gehoben haben:

> "Es ist wahr, fuhr er in Gedanken fort, die Ausführung jener Kompositionen ist mein und nicht das Schlechteste am Ganzen; sie dient, jenen Erfindungen die rechte Bedeutung zu geben; ohne mein Zuthun wären vielleicht die Skizzen des armen Zeichners gleichgültig übersehen worden. Aber nur auf der Spur **seines** Geistes stärkte, belebte sich der meinige, und nur von jenem ermuthigt konnte ich sogar auf eine Höhe des Ausdrucks kommen, bis zu welcher ich mich nie erhoben hatte. Wie arm, wie Nichts erschein' ich mir diesem unbekannten Zeichner gegenüber! Wie würf' ich mit Freuden Alles hin, was sonst an mir gerühmt wird, für die Gabe, solche Umrisse, solche Linien, solche Anordnung zu schaffen! Ein Crayon, ein dürfig Papier ist ihm genug, damit er mich über den Haufen stürze." (III, 17/11-22)[3]

Tillsen bewundert die Entwürfe "voll Geist und Leben" (III, 18/23-24), die "edelsten Umrisse zu der angegebenen Gruppe aus dem **Statius**" (III, 20/6-7), und sieht sich durch sie in seinem künstlerischen Elan beflügelt. Gerade von der Umrißzeichnung geht ein besonderer Reiz aus:

> "Wie hätt' ich gewünscht, den Umriß ihrer niedlichen Figur mit dem Bleistift für mein Portefeuille für dich wegzustehlen, . ."
> (III, 31/2-3)

Mörike scheint hierbei nicht zufällig auf noch in der Romantik allgemein verbreitetes Gedankengut zurückgegriffen zu haben - die Vielzahl der Stellen und der Kontext erlauben eine genauere Bestimmung seiner Herkunft: die für die Aufklärung wie für die Romantik gleichermaßen bedeutende Umrißtheorie des niederländischen Philosophen Hemsterhuis. Ob Mörike nun durch Goethes Bericht in seiner Schrift **'Kampagne in Frankreich'**, durch Schlegels **'Athenäum'**-Fragmente inspiriert wurde,[4] ist in unserem Zusammenhang von sekundärer Bedeutung. Eine Bemerkung in seiner eigenen Goethe-Ausgabe von 1840 läßt darauf schließen, daß ihm der philosophische Ansatz von Hemsterhuis zu diesem späteren Zeitpunkt schon bekannt gewesen sein muß.[5]

Die Vorstellung, daß uns in allen Künsten das Schöne im möglichst kürzesten Zeitraum die möglichst größte Anzahl von Ideen geben müsse,[6] scheint in einer Bemerkung des Erzählers über Nolten durch, in der die literarische Form des Fragmentarisch-Dramatischen in der Skizze ihre Entsprechung findet. Die Natur in Ansehung des Schönen zu übertreffen,[7] bedarf es einer spezifisch romantischen Vorstellung, des "holden energischen Wahnsinn(s)" (III, 242/36). Mörike gibt der Textstelle noch einen zusätzlichen Akzent, indem er das Komisch-Musikalische als Wegbereiter der aufgeregten Einbildungskraft auffaßt:

> "Indem er noch so schwindelt und schwärmt, stellt sich statt jener musikalischen Spuckerei eine andere Sucht bei ihm ein, die wenigstens keine Plage war. Seine aufgeregte Einbildungskraft führte ihm mit unbegreiflicher Schnelligkeit eine ganze Schaar malerischer Situationen zu, die er sich in fragmentarisch-dramatischer Form, von dichterischen Worten lebhaft begleitet, vorstellen und in großen Contouren hastig ausmalen mußte. Das Wunderlichste dabei war, daß diese Bilder nicht die mindeste Beziehung auf seine eigene Lage hatten, es waren vielmehr, wenn man so will, reine Vorarbeiten für den Maler, als solchen. Er glaubte niemals geistreichere Konceptionen gehabt zu haben, und noch in der Folge erinnerte er sich mit Vergnügen an diese sonderbar inspirirte Stunde." (III, 242/22-33)

Wie nahe Mörike der romantischen Um- und Weiterinterpretation des Hemsterhuis-Ansatzes steht, macht das nächste Beispiel deutlich. Wenige Seiten später, als es um den Bildhauer Raymund geht, wird eben dieses Thema nochmals aufgegriffen, nun aber am Beispiel der niederländischen Realistik erörtert, wie man es nach der Umrißtheorie nicht erwartet hätte:

> "Das Närrische dabei ist, daß er sich nicht entschließen kann, was er eigentlich machen soll. Er behauptet, wenn man eine Weile ins Blaue hinein versuche und den Zufall mitunter walten lasse, so gerathe man häufig auf die besten Ideen."
> "Er hat Recht!" sagte Theobald.
> "Er hat nicht Unrecht", versezte der Alte; "wenn mir aber solch ein Verfahren am Ende nur nicht gar zu dilettantisch würde! So fängt er neulich einen Amor in Thon zu formen an, wozu er das Muster auf der Gasse unter den Betteljungen aufgriff, wirklich ein delikates Füllen, schmutzig, jedoch zum Küssen die Gestalt. . ."
> (III, 251/2-11)

Das Versuchen ins Blaue hinein ermöglicht dem Maler das Übertreffen der Naturnachahmung, was Mörike allerdings aus zwei

Perspektiven beleuchtet: dicht neben der Tür zur geistreichsten Konzeption öffnet sich die zum Dilettantismus. Doch ändert das nichts an dem den Gegensatz von Erhabenem und Komischem variierenden Grundkonzept: Keckheit und Größe (III, 12/17).

Der Bildhauer Raymund wird uns geschildert als ein "wilder Eber", "furios in seiner Kunst wie im Leben" (III, 250/15 ff.), der zu seiner Keckheit steht. Als habe Mörike die Beschreibungen von Tizians **'Venus von Urbino'** und Raffaels **'Velata'** zusammengefügt, verwandelt er den Straßenjungen zum klassischen Amor und die Tochter des Gefängniswärters in eine römische Venus.[8] Erhabenes und Niedriges finden sich in eine harmonische Einheit,wie es Mörike an vielen Stellen inszeniert, so auch in folgender. Der Berg in der Ferne, Paradebeispiel für das furchtbare und übermächtige Erhabene, gerät in der erotisch angeheiterten Phantasie des Bildhauers zum groteskkomischen Anthropromorphismus:

> " . . Wie dort der Mollkopf glotzt und prahlt, recht dreist die Fäuste in die Wampen preßt, daß er so breit sey!" (III, 305/21-22)

Hatte nicht J. Engel in seinen **'Ideen zu einer Mimik'** (1785) mit dem Blick auf die Schauspielkunst noch gemeint, ein nachzuahmender Berg und der nachahmende menschliche Körper seien einander zu unähnlich, es seien nur sehr entfernte, sehr abstrakte Merkmale, worin sie zusammenträfen?[9] Ohne unbedingt darauf spekulieren zu wollen, daß sich Mörike hier einen deftigen Spaß auf Engels Abgrenzungsbemühungen zwischen Mimik und Komik erlaubt haben könnte, spielen in dieser Szene die optische und die affektische Entgrenzung auffallend ineinander, der Blick durch das Fernrohr[10] setzt den erotischen Affekt frei, den Raymund sich vom Leibe lachen wird (III, 305/23-24), was Nolten in ähnlichen Situationen fast nie gelingt.

In einer weiteren, nicht weniger eigentümlichen Art und Weise vermischt Mörike die oben dargestellte Vorstellung von Keckheit und Größe mit der Variation eines dem Thema der 'Tableaux vivants' gewidmeten Gesellschaftsspiels (III, 71/22 ff.):

"Vorzüglich willkommen war es Theobalden, als man endlich auf den Wunsch des Herzogs selbst Anstalt machte, ein gewisses Spiel vorzunehmen, das auf eine sinnreiche Art drei verschiedene Künste in Verbindung brachte, den Tanz, die Malerei oder Zeichnung und untergeordneterweise die Musik."(III, 71/28-32) [11]

Während des Tanzes werden mit Kreide Kompositionen, über die man sich im allgemeinen vorher verständigt hat, deren Einzelheiten aber "der augenblicklichen Eingebung eines Jeden überlassen" sind (III, 72/8-9), auf einer Tafel entworfen. Dabei korreliert die treffliche mimische Heftigkeit der Malenden der Ausdruckskraft des Skizzierten. Hervorgehoben wird die Bedeutung des ersten entscheidenden Strichs,[12] bevor man die Umrisse eines lieblichen Knabenkopfes erkennen kann (III, 73/4 f.). Mit einigen "derben Strichen" wird der Stegreifproduktion noch etwas nachgeholfen; die Dramenszene aus Shakespeares **'König Johann'** (IV,1), Paradebeispiel für das Ausdruckshafte in der damaligen Theaterkunst,[13] wird im gesteigerten Affekt auf die Tafel gebracht und durch ein betont keck-burleskes Moment zur vollen Ausdruckskraft gesteigert.

Mörike faßt den Tanz, das literarische Motiv und das Skizzieren zu einer Wirkungseinheit zusammen, und vergleichen wir die scheinbar merkwürdig mörikehafte Szenerie der 'Tablaux vivants' mit den in diesem Roman in Szene gesetzten Gegenbildern: der Tanzgruppe in der Skizze (III, 15/31 f.) und der anläßlich der Fastnachtsmummerei beschriebenen, auf den Künstler Nolten gleichgültig und teilnahmslos wirkenden Tanzgesellschaft, so führen die begrifflich genau benannten Gegensätze von der Unlebendigkeit der "tausend Drahtpuppen" einerseits (III, 32/4 ff.) und der Grazie und Anmut Konstanzes andererseits unmittelbar zu Hogarths kunsttheoretischem Ansatz zurück, den er auf der Tafel II zur **'Analysis of Beauty'** thematisiert und kommentiert, und in dem gerade am Tanz die Anmut der körperlichen Bewegung, die Sicherheit und Freiheit der Gestik gezeigt wird: Gegen das Unbewegliche wird in dem Miteinander von Tanz und Zeichnung das sich Verändernde in Szene gesetzt, da, so Hogarth, "die ganze Schönheit auf ein beständiges Verändern" ankomme.[14]

Des weiteren legt diese Szene beredtes Zeugnis für Mörikes Einschätzung der Gelegenheitskunst ab (III, 73/31 f.), deren begrenzte Möglichkeiten durchaus realistisch gesehen werden. Das künstlerische Gelegenheitswerk und sein Gegenstand, diese Thematik wird nochmals im Zusammenhang mit Raymunds Bildhauertätigkeit aufgegriffen (III, 251/ 2 ff.). Vorausgesetzt, der Künstler hat "plastischen Sinn genug in Aug' und Fingern sitzen" (III, 251/32-33), darf er die Wahl des Gegenstandes beruhigt dem metaphysischen Übel Zufall überlassen und sich sogar seine Modelle auf der Gasse aussuchen. Der Einwand des Dilettantismus wird übrigens später vom Dichter selbst in H^2 gestrichen.(III, 251/8; V, 120/28 f.)

Nicht nur für die Bildhauerei und für die bildende Kunst kommt der Phantastik und Realistik des niederländischen Genrebildes eine Vorbildfunktion zu; dieses fungiert auch als Vorbild für das Literarische und für die Wahl des sprachlichen Ausdrucks, indem 'Sprachburlesken' sich mit der gehobenen Sprache mischen:[15]

> " . . , es muß mir doch erlaubt seyn, mitunter so zu **sprechen**, wie die Niederländer **malen** durften." (III, 252/8)

Eben das niederländische Genrebild wählt Mörike auch an anderer Stelle als Maßstab, um die Verknüpfung von mimischem und körperlichem Ausdruckstalent, hier des Schauspielers Larkens, plastisch werden zu lassen:

> "Kein Flamänder malt diesen Ausdruck mit solcher Wahrheit."
> (III, 342/20)

Raymund in seiner naiven Komik und Larkens in seiner bewußten stellen, die Einheit von Kunst und Leben verkörpernd, den absoluten Gegensatz zu Nolten dar, indem sie die Grenzen der Kunst in puncto Sinnlichkeit und deftiger Realistik gegen Konvention und Schicklichkeit überschreiten, dabei jedoch nicht gegen die kanonischen Existenzrechte überlieferter Kunstobjekte verstoßen, währenddessen Nolten, so die Worte des Schauspielers, den Zaun so knapp wie möglich um sein Häuschen zieht (III, 228/35-36). Dies wird ihm von Larkens auch vorgehalten, indem er in eben diesem Zusammenhang die Frage nach der Grenze dessen, was Thema der Kunst sein dürfe, beantwortet:

> " . . Wie? du, ein Maler, willst eine Welt hinstellen mit all ihrer tausendfachen Wonne und Pein, und steckst dir vorsichtig die Grenzen aus, wie weit du wollest dich mit freun und leiden? Ich sage dir, das heißt die See befahren und sein Schiff nicht wollen vom Wasser netzen lassen!" (III, 232/3-6)

Die Frage nach der Grenze der Kunst wird wiederholt in einer Rückblendung nach dem Tod des Schauspielers aus der Perspektive der Schauspielkunst beleuchtet (III, 338/20 ff.). Larkens, der bezeichnenderweise seine Ausbildung nicht am deutschen Nationaltheater,[16] sondern in der Heimat Shakespeares, Hogarths, Sternes und Swifts erhalten hat, hält sich mit Bemerkungen und Reflexionen zur Schauspielkunst auffallend zurück.[17] In Ludwig Tiecks mit überschwänglichen Worten angepriesenem Theaterstück **'Die verkehrte Welt'** wird in der Schilderung durch einen Dritten, den Präsidenten, von Tieck abweichend, nicht das wechselseitige Gegeneinander von Ernstem und Komischem zur Sprache gebracht, sondern entgegen Tiecks Einschränkung, das Schauspiel dürfe nicht in Possen ausarten,[18] ufert Mörikes Variante in einen regelrechten Theaterrummel aus.
Am Rande wird die Reaktion des alterierten Publikums aufs Korn genommen (III, 341/13 ff.).
Ein zentrales Motiv aus der **'Verkehrte**(n) **Welt'**, das fingierte Wechselgespräch zwischen Zuschauer, Schauspieler und dem Poeten, wird von Larkens weitergesponnen. Er, von dem keiner weiß, ob er zum Ensemble oder zum Publikum gehört (III, 341/ 9 ff.), parodiert einen zerstreuten "Praeceptor der lateinischen Sprache" (III, 340/30), den die verkehrte Welt seinen lateinischen Vokabelschatz vergessen macht, worüber er das Bewußtsein seiner selbst zu verlieren und fast wahnsinnig zu werden droht:

> " . . allein seit einer halben Stunde, bei dem verfluchten Zeug da - ich weiß nicht - mein Gedächtnis - die gemeinsten Wörter - ich mache von Minute zu Minute eine Probe mit mir, EXAMINO MEMORIAM MEAM - es ist mir,als wenn mein Schulsack ein Löchlein, RIMULAM, bekommen hätte, zuerst nur ein ganz geringes, aber es wird immer größer, ich kann schon mit der Faust - o entsetzlich! es rinnt mir schockweise Alles bei den Stiefeln hinaus, PRAECEPS PERTUR OMNIS ERUDITIO, QUASI ein Nachlaß der Natur - o himmelschreiend, in einer halben Stunde bin ich rein ausgebeutelt, bin meinem schlechtesten Trivialschüler gleich - Lassen Sie mich hin-

aus, hinaus! ich sprenge die Verzäunung -" (III, 340/32-341/6)[19]

Zum Gegenstand der Satire wird der philiströse Pädagoge als bloßer Verwalter formalen Bildungsguts. Auch wird seine Angst verspottet, wegen ein paar für eine Stunde genossener Possen auf der ganzen Linie in die Trivialität abzugleiten.
Das vorher von Larkens verwendete Bild, Nolten ziehe seinen Zaun zu eng um sein Haus, wird in dem neuen Zusammenhang geradezu auf den Kopf gestellt - angesichts der Vielfalt der Formen und Eindrücke im Potpourri des Schauspielangebots droht der Philister 'die Verzäunung zu sprengen', droht genau das zu tun, wovor er sich eigentlich tödlich fürchtet. Bei einer näheren Betrachtung macht sich eine feine Ironie auf die philosophieästhetischen Bemühungen um Abgrenzungen im Reich des Schönen in diesen Metaphern bemerkbar; unter Verzicht auf jegliche theoretische Begrifflichkeit hinsichtlich des Idealen in der Kunst erhalten Bilder, Metaphern und Charaktere verweisfunktionen und machen auf wesentliche Themen aufmerksam, so auch auf die Frage nach den Formen und Grenzen der Kunst, eine Frage, die unter anderem auch in der Charakterisierung der Frauenrollen zum Ausdruck kommt.[20]
Wie die Charaktere Nolten, Konstanze und Larkens einer aus Wielands und Jean Pauls Romanen bekannten Konstellation entsprechen - dem uneigentlichen Helden steht die erhabene Dame und der satirische Gegenpart entgegen[21] - so scheinen mir die verschiedenen Charaktere, auch die der Randfiguren, verschiedenen künstlerischen Ausdrucksformen zugeordnet zu sein, denn in diesen Charakteren werden Formen künstlerischen Ausdrucks verbildlicht, etwa die des Naiven und Wunderbaren in Agnes und die des Erhabenen beziehungsweise Vornehmen in Konstanze,[22] wobei die Möglichkeit angedeutet wird, daß erst das Zusammenziehen von Gegensätzlichem das Trefflichste hervorzubringen im Stande sei (III, 282/11 ff.).

In Noltens Vorstellungswelt beispielsweise werden die beiden Frauen Agnes und Konstanze völlig ins Ideale erhoben, was seinem Hang zum Narzißmus eigentümlich entspricht.[23] Keineswegs ist Nolten bereit, von seinen idealistischen Vorstellungen abzuweichen (III, 42/5 ff.), Vorstellungen von der gesellschaftlichen Rolle der Frau, welcher Nolten die alltäglich-menschlichen Unvollkommenheiten nicht einzugestehen bereit ist.[24]

Sowohl in der Stellungnahme des Schauspielers wie auch durch die realistische Kritik Konstanzes werden Noltens "Prätensionen" (III,232/25) herabgestimmt und mit einem Ausdruck ironisiert, der verdeutlicht, wie nahe das Erhabene dem Lächerlichen ist: "erhabene Grillen" (III, 79/33).

Demnach erscheint Nolten als ein Mensch, der mit Gewalt Einseitigkeit erzwingt (III, 79/29; 231/16-17) und der sich als barocken Romanhelden wähnt, dem auf diese Weise seiner Ansicht nach Prüfungen des Schicksals auferlegt werden (III, 227/35-228/3).

Er begreift seine Kunst einzig als Kompensation des Idealverlusts und wehrt sich ängstlich gegen ein bloßes Zusammenstükkeln dieses gebrochenen Ideals; das über die Ehe allgemein Gesagte ließe sich sinngemäß ebenso auf das Verhältnis von Kunst und Künstler übertragen (vgl. III, 188/1-3):

> "Muß demnach Sehnsucht nun einmal das Element des Künstlers seyn, warum bin ich zu tadeln, wenn ich drauf denke, mir dieß Gefühl so ungetrübt und jung als möglich zu bewahren, indem ich **freiwillig** verzichte, eh' ich verliere, eh' ich's zum zweiten oder dritten Male dahin kommen lasse, daß die gemeine Erfahrung mein blühend Ideal zerpflückt, daß ich, ersättigt und enttäuscht am Gegenstand meiner Liebe, zuletzt dastehe - arm - mit welkem Herzen?"
> (III, 232/14-21)

Dieses ängstliche Sich-Eingrenzen und sich der Welt Versagen gibt dem Künstler einerseits Sicherheit, macht ihn jedoch andererseits um so empfänglicher für die Dinge, die ihm und seiner Kunst jenseits dieser eng gezogenen Grenzen drohen, Dinge, die zur Überschreitung der Grenzen nur um so mehr reizen - der Begriff 'Peregrina' macht dies deutlich.[25] Jetzt erst recht vermag das Zufällig-Komische, den bei Don Quixotte in Dingen der Kunst bestehenden Widerspruch zwischen Ideal und Wirklichkeit aufzudecken. Unter dieser Perspektive bekommt die folgende von der Kritik gerügte Textstelle erst ihren adäquaten Sinn:[26]

"Auf einmal fragt Nolten, den Kopf aufrichtend und horchend: "Wer ist so musikalisch in der Küche? wer pfeift denn?" "Sie thut's, die Agnes"; antwortet der Alte gleichgültig, indem er die Thür einen Augenblick öffnet, und fährt gelassen in seiner Rede fort. Man hört das Mädchen mit der Magd verhandeln, Geschirre hin und her stellen und dazwischen wohlgemuth, wie unter Gedanken, trillern und pfeifen. Unwillkürlich mußte Nolten laut auflachen: die unbedeutendste Sache von der Welt hat ihn überrascht. Es gibt unschuldige Kleinigkeiten, die mit unserem Begriffe von einer Person, wenn er nur einigermaßen etwas Idealisches hat, schlechterdings zu streiten scheinen, ja ihn beinahe verletzen. Sogleich ward Nolten von dieser Empfindung berührt, von einer unangenehmen, wenn man will, und sogleich fühlte er dieselbe in eine ganz entgegengesezte, oder vielmehr in eine gemischte, umschlagen, wobei ein pikanter Reiz unwiderstehlich war. Er hätte aufspringen mögen, die gespizten Lippen zu küssen und zu beißen, doch verharrte er auf seinem Sitz, bis das Kind unbefangen hereintrat, da er denn nicht umhin konnte, ihr den Mund tüchtig zu zerdrücken, ohne jedoch (er wußte nicht, was es ihm verbot) den närrischen Grund seiner verliebten Laune zu verrathen." (III, 271/34-272/19)

Man könnte den kurzen Passus fast als eigenständige, immanente Leseanleitung zu Mörikes Stilkunst, zur Rechtfertigung der Vermischung des Zufällig-Komischen mit dem Pikanten lesen.[27] Erst das Komisch-Zufällige vermag Nolten die Furcht "vor dem Schmerz der Leidenschaft sowie dem Überschwänglichen in ihren Freuden" (III, 231/36-232/1) für einen Augenblick zu nehmen. Der inhaltliche Bezug zur Künstlerkritik des Schauspielers hätte kaum wirkungsvoller angedeutet werden können.

Mit dem Versuch, des Schauspielers "Heimathlosigkeit des Geistes" (III, 334/21), seine "zerrissene Vergangenheit" (III, 331/19-20) und die Tatsache, daß Nolten "die Bedeutung des Ganzen" "verloren" hat (III, 43/8), in Verbindung zu bringen mit dem epochal bedeutsamen, bei Schelling am deutlichsten spürbaren Zweifeln an einer vernünftig erklärbaren Welt oder mit Vischers Angst, für das Ideal des absolut Schönen kein zu Hause mehr zu finden,[28] griffe man vielleicht etwas zu weit, doch ließe sich dieses Verhältnis in Anbetracht der Ängstlichkeit, die Mörike gegenüber eindeutigeren Formulierungen an den Tag legt,[29] vorsichtig so auddrücken: Wo Kunst als Kompensation für den Verlust des Ideals verstanden wird, wo die gemeine Wirklichkeit das Ideal zu zerstören droht (III, 232/19), wo das Zusammenstükkeln der verbliebenen Einzelschönheiten nicht als Lösung angesehen werden kann (III, 66/14 ff.) und wo das Ganze seine Bedeutung zu verlieren droht (III, 43/8), gewinnen das Flüchtige, das Alltägliche, die gewöhnlichsten Gegenstände (III, 279/21 ff.) und wegen seiner höheren Ausdruckskraft eben auch das Fragmentarische und Skizzenhafte an Bedeutung und werden dem Ideal der Alten ebenbürtig:

> "Damit wir nun aber nicht unversehens in den unfruchtbarsten aller Dispute hineingerathen, denn wir sind auf dem Wege, was nämlich stärkender sey, jonische Luft einzuathmen, oder den süßesten Himmel, wo er den Umriß einer Madonna-Wange berührt, so entlassen Sie mich, damit ich meinen gewohnten Marsch antrete. ." (III, 283/3-8)

30

In die gleiche Richtung weisen das elegisch-liedartige Gelegenheitsgedicht, das den Maler "im Innersten der Seele" "traf" (III, 182/29), die Karikaturen Noltens oder ein kleiner schlechter, mit ein paar frommen Versen versehener Kupferstich, der es vermag, Noltens "Innerstes auf Einmal" aufzubrechen (III, 245/11). Insbesondere dem kräftigen physiognomischen Ausdruck dieser Gegenstände ist diese Wirkungsmacht zuzuschreiben (III, 279/21-28), wenn, begünstigt durch die besondere Sensibilität des Betrachtenden, diese Gegenstände mit einer beruhigend-milden (III, 283/6 f.) oder gar aufwühlend-zerstörerischen Kraft den Betrachter affizieren.

Zur Beschreibung steht fast ausnahmslos die Technik der physiognomischen Skizze zur Verfügung, was an der Beschreibung der Physiognomie Elisabeths besonders auffällt:

> "Ich kam fast von Sinnen beim Anblick dieser Physiognomie, denn - doch zuvor muß ich fragen - Sie erinnern sich wohl des tollen Gemäldes von Nolten?" (III, 184/14-16)
>
> . . . .
>
> " . . "und vor meinem innern Sinne blieb jenes Gesicht mit bestimmter Zeichnung wie eine feste Maske hingebannt, . " .
> (III, 205/28-29)

Auf diese Technik der Zeichnung werden wir in Kapitel VI., 2. mit einer erweiterten Fragestellung zurückkommen.

2. Der Grenzgänger des Komischen und Phantastischen: Liebmund Maria Wispel

Was diesen ausgeprägt komischen Typus des niederen Stils betrifft, betont die Sekundärliteratur, insofern sie überhaupt auf diese Figur und den Kompagnon, den (B)Uchdrucker, eingeht, in erster Linie ihre Existenz außerhalb der Geschehnisse und den Fremdcharakter der komischen Szenen, welche man als zufällige Absurditäten oder als Relikte Shakespearscher Rüpelszenen einstuft.[31] Hermann Meyer spricht Wispel Trägerfunktion für das Seelisch-Wertlose und Negative zu,[32] doch unbestritten bleibt die Wispel verliehene szenisch-mimische Ausdruckskraft.

Selten jedoch wird diese Figur, ihr Charakter und ihr Handeln auf den übrigen Inhalt bezogen, ausgenommen bei L. B. Jennings.[33]

Ein ähnliches Bild bieten die Rezensionen der Zeit; lediglich Vischer geht auf die Wispel-Gestalt näher ein:

> " . . , den eigentlichen Humor, der nicht ein einzelnes Bild oder ein Witz, sondern eine Weltanschauung ist, hat er (Mörike, R.T.) sich für das epische Feld vorbehalten, wie denn der Roman Maler Nolten in Larkens und dem Barbier Wispel zwei treffliche humoristische Figuren, jene im hohen, diese im niedrigeren Style, aufzuweisen hat, . " . . [34]

Gustav Schwab versucht, das Komische dem Charakteristischen einzuverleiben,[35] Menzel ignoriert es vollkommen,[36] was Vischer in einem Brief an Mörike postwendend rügt:

> "Vom komischen Elemente hat er nichts gesagt, und ich wünsche ihm dafür ein Dutzend lange Visiten von Wispel an den Hals."[37]

Die Bedeutung des Komischen in Mörikes Roman verbietet eine derartige Mißachtung der Wispelfigur von vornherein, und aus diesem Grunde greife ich in einem ersten Schritt ausnahmsweise auf eine sich an der Charakterrolle orientierende Interpretation zurück.

Wolfgang Martens hat in seinem Beitrag zur Motivgeschichte der

Barbiersfigur die Geschwätzigkeit und die hagere Gestalt als allgemeines Charakteristikum herausgestellt, ferner seine Fähigkeiten in Verschönerungskünsten und seine Pseudowissenschaftlichkeit,[38] was alles auf Wispel zutrifft, den aufdringlichen Schwätzer mit der spindeldürren Schneidersfigur (III, 18/18; 18/13), der seine Toilette rangiert und embelliert (III, 125/2-3) und ein "praktisches Kollegium über Nautik und höhere Schwimmkunst" vorzutragen gedenkt (III, 127/19-21). Einiges könnte dafür sprechen, Wispel in die Verwandtschaft des - allerdings kleinen - Belcampo zu rücken, zum Beispiel die ihnen gemeinsame Feigheit und der Bezug beider Dichter, Mörikes und E.T.A. Hoffmanns, zur italienischen Gestalt des Dottore oder Buffone.[39]
Die Liste der Barbiersgestalten aus der komischen Literatur, welche Martens zusammengestellt hat, ließe sich zudem fast unbegrenzt ergänzen,[40] doch führt eine Verfolgung der Motivgeschichte im vorliegenden Fall sehr schnell an ihre Grenzen. Etwas interessanter verspricht ein Vergleich auf die Unterschiede hin zu werden, weshalb ich eine kurze Charakterisierung voranstelle.

Wispel, die "Figur" (III, 320/4), vereinigt fast sämtliche literarische Berufstraditionen und Charakteristika des Barbiers in einer Person. Er ist nicht nur der aufdringliche Schwätzer und Hasenfuß, die spindeldürre Schneidersfigur, Barbier seiner Profession, sondern es wird ihm ebenso badermäßiger Hochmut und bornierte Eitelkeit nachgesagt (III, 18/8 f.; 23/3-4) und auch als abgefeimter Bursche und Schurke wird er bezeichnet (III, 23/27-28). Des weiteren charakterisiert ihn seine windige Art, seine süßlich wispernde Sprache, sein Hüsteln und Blinzeln sowie das stutzerhafte und affektierte Betragen (III, 19/6-7; 88/9; 19/12).
Zum detaillierten Vergleich zitiere ich den entsprechenden Passus aus E.T.A. Hoffmanns Roman **'Die Elixiere des Teufels'**:

> "Kaum war ich allein, als es klopfte und ein Gesicht zur Türe hereinsah, das einer komischen Maske glich, wie ich sie wohl ehemals gesehen. Eine spitze rote Nase, ein paar kleine funkelnde Augen, ein langes Kinn und dazu ein aufgetürmtes gepudertes Toupet, das,

> wie ich nachher wahrnahm, ganz unvermuteterweise hinten in einen Titus ausging, ein großes Jabot, ein brennend rotes Gilet, unter dem zwei starke Uhrenketten hervorhingen, Pantalons, ein Frack, der manchmal zu enge, dann aber auch wieder zu weit war, kurz mit Konsequenz überall nicht paßte! - So schritt die Figur in der Krümmung des Bücklings, der in der Türe begonnen, herein, Hut, Schere und Kamm in der Hand, sprechend: "Ich bin der Friseur des Hauses und biete meine Dienste, meine unmaßgeblichen Dienste gehorsamst an." Die kleine windeldürre Figur hatte so etwas Possierliches, daß ich das Lachen kaum unterdrücken konnte." [41]

Schon bei Hoffmann wird die Physiognomie zur stereotypen Maske stilisiert; eine spitze rote Nase, kleine funkelnde Augen und ein langes Kinn zeichnen eine Vielzahl der komischen Hoffmann-Fratzen aus.

Läßt sich auch eine ganze Anzahl an Ähnlichkeiten mit Mörikes Figur aufzählen, so fällt doch auf, daß bei Wispel eine wenn auch nur karikatureske Beschreibung der Physiognomie zugunsten des rein Körperlich-Häßlichen entfällt. Hier sprengt Mörike jeglichen Rahmen, der in der Tradition der Barbiersfigur vorgegeben ist: Wispel wird bezeichnet als Häring (III, 122/32), er hat an Händen und Füßen, besonders zwischen den Zehen, wirkliche Schwimmhäute und außerdem eiskalte Fingerspitzen (III, 320/26-27; 321/11); er erscheint als schwächliche Gestalt mit kränklichem Aussehen (III, 18/12-13). Die Charakterisierung des Fischartigen weist ihn als das groteske Pendant zum 'Ungeheuer', zur Nixennymphe, aus. Während dort die Schönheit des menschlichen Teils die Häßlichkeit vergessen ließ, erscheint hier ein fast "swiftisches Halbtier", [42] das nicht mehr ein angenehmes Grausen erregt, sondern schlichtweg Ekel:

> "Eine Menge kurioser Angewohnheiten, eine unermüdliche Sorgfalt, seine Milbenhaut zu reiben und zu hätscheln, seine röthlichen Haare mit allerlei gemeinem Fette zu beträufeln, seine Nägel bis auf's Blut zu schneiden und zu schaben - ich bekomme Gichter beim bloßen Gedanken." (III, 320/15-19)

Eigenschaften des moralisch Häßlichen, die dem Satyr eigen sind, finden sich bei Wispel in gesteigerter Form und zwar als ausgesprochene Erscheinungen der Decadence. Von Mißhandlung und Lüsternheit ist die Rede (III, 131/16; 128/27) und bei Wispels 'süßlicher Art', "sich mit tausend Liebkosungen und Gesten

anzuschmiegen" (III, 320/21-22), mag man von "weinerlicher Sentimentalität" und "Verbrüderungsschwärmerei"[43] kaum mehr reden. Verwunderlich ist, daß die herabsetzende Aussage Friedrich Gundolfs, Mörike sei mit "Leib und Seele tief verwandt den sogenannten Dekadenten . . ., ein europäischer Gesell der Baudelaire und Poe",[44] seither niemanden zum Nachdenken angeregt hat. - Wispels körperlicher Verfallszustand fordert den Vergleich mit den in den Bildern entworfenen Vergänglichkeitsszenen geradezu heraus. Die These von L.B. Jennings, in diesen Zügen verkörpere sich ein ästhetischer Nihilismus,[45] reicht meiner Ansicht nach nicht hin, um seine Rolle vollständig zu erfassen, zumal diese Figur zwei Seiten hat: In der Szene, in der er als verkleideter italienischer Künstler auftritt (III, 76/12-19), bietet er ein Bild sprühender Lebensfreude, spricht vom Kitzel, das heiße Blut des Südens an sich zu bewundern (III, 88/13-14) und legt ausgesprochenen Wert auf Äußeres und Eleganz (III, 324/4). Eher könnte man sich an den Titel einer Karikatur Rowlandsons erinnern: **'Italian affectation'**.[46]
Angesichts dieser Ambivalenz scheint es mir einleuchtender als die These von Jennings, in Wispel gegenüber der antiken und der christlich-romantischen Figuration das moderne, ins Komisch-Groteske gesteigerte Pendant zu den in den Bildern entworfenen Allegorien des Häßlichen zu sehen; sein komisch-weinerliches Betragen weist ihn als lebendige Variation des tragischen Hanswurst aus der Hofrats-Hogarth-Phantasie aus.

Doch wird ihm für die Romanhandlung eine große Bedeutung zugesprochen, denn auf seltsame Weise steht er mit den schicksalhaften Vorgängen in Verbindung: In der Altstadtszene erscheint er genau in dem Augenblick, in dem Lörmer, der Büchsenmacher, mit seinem Holzfuß dreimal gegen den Tisch schlägt (III, 324/1 ff.)[47]
Als personifizierter Zufall und scheinbare Randfigur fungiert er zwischen Nolten und Larkens als wichtige Kontaktperson, die den Maler Tillsen auf eine höhere Stufe seines künstlerischen Schaffens hebt, wie dieser dem Hofrat erklärt:

"Er schien mein Mißtrauen zu bemerken und lächelte beleidigt, wäh-

> rend er die Papiere wieder zusammenrollte. Sein Blick fiel inzwischen auf eine von mir angefangene Tafel, die an der Wand lehnte, und wenn kurz vorher einige seiner Urtheile so abgeschmackt und lächerlich als möglich klangen, so ward ich jezt durch einige bedeutungsvolle Worte aus seinem Munde überrascht, welche mir ewig unvergeßlich bleiben werden, denn sie bezeichneten auf die treffenste Weise das Charakteristische meiner Manier und lös'ten mir das Geheimniß eines Fehlers, den ich bisher nur dunkel empfunden hatte." (III, 18/27-35) [48]

Wo allerdings das Komische selbst wieder der Manier verfällt, zieht Mörike eine eindeutige Grenze zwischen dem Komischen und dem Lächerlichen:

> "Theobald, . . ., ... , . würde sich bei seiner Unterhaltung hinlänglich interessiert gefunden haben, wäre das Bestreben des Fremden, immer nur recht paradox zu seyn und das Ernsthafte ins Lächerliche zu ziehen, nicht allzu widrig aufgefallen."
> (III, 76/19; 76/21-24)

Im Spektrum der Gesamtkonzeption des Romans wird das Komisch-Karikaturistische aufs engste mit dem Dunklen und Unheimlichen in Verbindung gebracht. Ist nicht auch diese vom Dichter gestiftete Verbindung der "ängstliche Ausdruck einer gränzenlosen Vorliebe"? (Vgl. III, 216/17-18)

Die komische Figur Wispel erscheint in diesem Zusammenhang als eine Konsequenz aus den Nachtseiten des Charakteristischen und Karikaturistischen. [49]
Ein Abrutschen in das mit dem Schönen nicht mehr Versöhnbare, das heißt in das 'absolut Häßliche', wird nicht zum Thema gemacht, denn die Einbeziehung komischer und häßlicher Elemente zielt nicht auf eine Verabschiedung, sondern auf die Korrektur eines im idealen Sinne kritisierten Schönen. Der antiästhetische Gegenpart, der das Komische gefährden könnte, wird in der Manier gesehen, und mit ähnlichen Worten wie bei Goethe wird der Vorbehalt ihr gegenüber zum Ausdruck gebracht. [50]
Das Widrige und Verachtenswerte der Wispelfigur wird jedoch nicht nur durch diese Momente deutlich relativiert, sondern zudem durch das des Mitleids, welches noch Flögel ausdrücklich aus dem Bereich des Komischen ausgeschlossen hatte, um die Wirkung des Lächerlichen nicht zu schmälern. [51] Mörike stellt dar, wie Wispel durchaus des Mitleids seiner Mitmenschen wür-

dig ist, und er nimmt neben dem Erhabenen und Komischen das Rührende auf, indem er dem Barbier gewisse Züge verleiht, welche bei dem Leser nicht zuletzt Erinnerungen an Märchenhaftes, beispielsweise an das Märchen **'La Belle et la Bête'** von Jeanne-Marie Leprince erweckt.[52]

> "Mit all diesem erregte er meine aufrichtige Theilnahme."
> (III, 19/20-21)
>
> . . . . .
>
> "Die Fragen, welche sie (Konstanze, R.T.) etwa an ihn that, bildeten durch ihre wahrhaft naive Delikatesse einen fast komisch-rührenden Kontrast zwischen der edlen Frau und der verächtlichen Kreatur." (III, 88/32-34)

Bei der karikaturenähnlichen Beschreibung, die Wispel selbst von dem den eben verstorbenen Schauspieler behandelnden Arzt gibt, dem kaltblütigen, vornehmen und hochweisen Perückenkopf, der unchristliche Reden führt (III, 329/ 1 ff.), schlägt die mitleidige Saite in Wispel an und dieser plötzlich sehr humane Charakterzug des vermeintlich Verächtlichen steigert nur die Wahrheit seiner eigenen Karikatur: Die denkbar häßlichste Phantasiekarikatur kann allemal nicht so häßlich sein wie die in der Gesellschaft real vorfindbaren.

Als eine weitere Variation aus dem genannten Themenkreis kann die Szene mit Lörmer, dem Büchsenmacher, und dem wurmdurchfressenen Holzbein angesehen werden (III, 317/24 ff.), in der sich im Bereich des naiv Komischen und des Burlesken nochmals die komisch-groteske Thematisierung von 'Tod und Vergänglichkeit' wiederholt, wobei der schwarze Humor nicht zu kurz kommt (III, 323/19 ff.).[53]
Vischer hat in seiner Rezension die Szene im Kapuzinerkeller des Brauerei-Gebäudes (III, 317/16 ff.) und vor allem die Episode, welche sich im Zimmer des toten Larkens abspielt (III, 330/17 ff.), wegen des Kontrastes von Feierlichkeit und Derb-Groteskem besonders hervorgehoben (V, 77/1-12), ist aber auf den Inhalt nicht weiter eingegangen.[54]
In mancher wissenschaftlichen Arbeit gilt das Beispiel für Mörikes skurrilen Humor. Wie hoch die Bedeutung der Szene tatsächlich einzuschätzen ist, wird jedoch erst dann verständ-

lich, wenn man sich vor Augen hält, daß in ihr ein Teil der ursprünglichen Idee zu Mörikes Roman steckt, denn Mörike entnahm den Namen 'Nolten' einer fast beiläufigen, anekdotischen Bemerkung Georg Christoph Lichtenbergs in dessen **'Vermischten Schriften'**. Dort heißt es im Kapitel "Zum Andenken von Verstorbenen':

> Den 12.9. 1769 starb in Göttingen Hr. Nolten, ein Büchsenmacher und ein sehr ehrlicher Mann. Er hatt es in seiner Kunst sehr weit gebracht und war zugleich ein trefflicher Schütze." [55]

Addiert man der von Lichtenberg genannten Jahreszahl die im 'Phantasmagorischen Zwischenspiel' genannten sechzig Jahre hinzu, gelangt man genau in die Entstehungszeit des **'Maler Nolten'** (III, 99/17).

Doch wesentlich interessanter scheint mir die Tatsache zu sein, daß Mörike die beiden Bereiche Kunst und Handwerk nur scheinbar auseinanderreißt und uns einerseits den Künstler Nolten, andererseits den Büchsenmacher Lörmer präsentiert und diese Gegensätze nicht nur in der Kunst Noltens selbst und in der Entscheidung des Schauspielers Larkens für das Handwerkliche wieder zu verbinden trachtet,[56] sondern das sich wechselseitig befruchtende Gegeneinander von Hohem und Niedrigem in der Literatur auf den Begriff bringt: Nachdem sich Nolten recht erhaben-überheblich zur neuen Umgebung des Schauspielers geäußert hat, verweist ihn sein ehemaliges zweites Ich deutlich in die Schranken:

> " . . Und wenn auf meiner Stirn die Jammerfrage stand, warum mein Larkens doch so tief gefallen sey, gerechter Gott! war's nicht natürlich? konnt' ich mit lachendem Gesicht, mit offnen Armen, als wäre nichts geschehen, ihn begrüßen? konnt' ich gefaßt seyn auf ein solches Wiedersehen? Und doch, war ich es denn nicht längst gewohnt, das Unerhörte für bekannt anzunehmen, wenn Er es that? das Unerlaubte zu entschuldigen, wenn es von Ihm ausging? Es hat mich überrascht, auf Augenblicke stieg ein arger Zweifel in mir auf, und in der nächsten Minute straft' ich mich selber Lügen: gewiß, mein Larkens ist sich selber treu und gleich geblieben, sein großes Herz, der tief verborgne edle Demant seines Wesens blieb unberührt vom Schlamme, worein der Arme sich verlor!"
>
> Schon zu Anfang dieser heftigen Selbstanklage hatte sich sachte die Thüre geöffnet, kleinmüthig und mit stummem Gruße, einen gesiegelten Brief in der Hand, war der Büchsenmacher eingetreten, ohne daß der Maler ihn wahrgenommen hätte. Starr vor sich hinschauend stand der Stelzfuß an der Seite des Ofens und Jedermann

> fiel es auf, wie er bei den lezten Worten Theobalds zuweilen die buschigen Augenbrauen finster bewegte und zornglühende Funken nach dem Manne hinüberschickte, der mitten im Jammer beinahe ehrenrührig von dem Verstorbenen und dessen gewohnter Umgebung zu sprechen schien.
> Kaum hatte Nolten geendigt, so trat der Büchsenmacher gelassen hervor mit den Worten:"Lieber Herr! es ist für uns Beide recht gut, daß Sie gerade selber aufhören, denn ich stand auf heißen Kohlen im Winkel dort, weil's fast aussehen konnte, als wollt' ich horchen; das ist aber meine Sache nicht, sonderlich wenn es mein eigenes oder meiner Kameraden Lob und Schande gilt, und davon war just eben die Rede. Ihre Worte in Ehren, Herr, Sie müssen ein genauer Freund von meinem wackern Joseph gewesen seyn, also sey's Ihnen zu gut gehalten. Werden späterhin wohl selbsten inne werden, daß Sie dato nicht so ganz recht berichtet sind, was für eine Bewandtniß es mit dem Joseph und seiner Genossenschaft habe. Ich sollte meinen, er hatte sich seiner Leute nicht eben zu schämen.".
> (III, 329/33-330/29)

Nolten spiegelt sich damit in zwei 'Doppelgängern', in der niedrig-komischen Gestalt des Büchsenmachers Lörmer, und in der des hohen komischen Typus, dem Schauspieler Larkens, seinem 'andern' Ich (III, 48/11).
Plötzlich vermeint man, hinter dem den Roman durchziehenden Relikt der Armbrust einen Sinn entdecken zu können, plötzlich glaubt man die Tatsache zu begreifen, daß Nolten im Schlosse des Präsidenten einen Gewehrschrank mit besonderem Gefallen inspiziert:

> "Auch hatten die Mädchen bereits ihren Scherz mit ihm, indem Margot behauptete: es könne wohl nicht leicht ein Maler die schönste Galerie der seltensten Kunstwerke mit größerem Interesse durchlaufen, als er die Gewehrkammer ihres Vaters, worin er wirklich stundenlang verweilte. Gewiß aber war auch weit und breit eine solche Sammlung nicht anzutreffen. Gewehre aller Art, vom ersten Anfang dieser Erfindung bis zu den neuesten Formen des englischen und französischen Kunstfleißes, konnte man hier auf's Schönste geordnet in fünf hohen Glaskästen sehen. Die Freunde bemerkten mit Lächeln, wie Nolten jedes Mal eine andere Flinte für sich aussuchte, denn mit jeder hoffte er glücklicher zu seyn, und endlich griff er gar nach einem alten türkischen Geschoß, welches zwar prächtig und gut, doch für den Zweck nicht passend und deßhalb vom schlechtesten Erfolg begleitet war." (III, 354/11-24)

Schönheit und Zweck haben sich im Lauf der Geschichte so auseinanderbewegt, daß der ehemalige Büchsenmacher Künstler wird, ja, sollte gar aus dem "trefflichen Schützen" und Büchsenmacher Nolten ein "guter Schütze mit Bley", ein Karikaturist, werden? [57]

Die frappierende Sprachmetaphorik und die Bedeutung des Karikaturesken in Noltens Kunst könnte diese Vermutung nahelegen, wenn auch an dieser Stelle jegliche Kunst der Interpretation ins Grenzland der Spekulation gerät.

VI. Das Phantastisch-Groteske - Verstecktes Grenzland der schönen Kunst

1. Eine leicht ironische Distanz und die Bedeutung des Wunderbaren

Wenn wir in diesem Kapitel dem Grotesken als einem der Grenzgänger der schönen Kunst und als besonderer Spielart des Komischen unsere Aufmerksamkeit widmen, bedeutet das nicht ein Ausweichen ins Ungewisse, wo Groteske nichts weiter besagt als das schlechthin nicht Verstehbare. Dieser Auffassung von Groteske, mit der man es sich leicht macht, indem man dem Text von vornherein die Nicht-Verstehbarkeit unterschiebt, um ihn entweder als bizarr beiseite schieben zu dürfen oder um ihn ungestraft psychoanalytisch, strukturalistisch oder auf andere Art und Weise ausbeuten zu können, möchte ich z u n ä c h s t durch die Einbeziehung des literarischen Kontexts begegnen, zumal sich bei der Interpretation der 'Tableaux vivants' erwiesen hat, daß das scheinbar Groteske auf diese Weise wenigstens teilweise entschlüsselt werden kann, so daß ich diese Methode für weitere groteske Passagen in dem Roman anwende, ist doch die Gefahr mit dem Kontext zu spekulieren sicher geringer als ohne ihn.

Was jedoch zuvor einer näheren Begründung bedarf, ist der Unterschied zur Fachliteratur insofern, als man sich weitgehend einig ist über den unermeßlichen Abgrund des Schicksals und über das blinde Walten der Schicksalmächte im **'Maler Nolten'**, darüber, daß Mörike dem Fatalistischen im Sinne des Schicksalsromans verpflichtet bleibt, wenn dies auch teilweise dahingehend eingeschränkt wird, dem Dichter die Aura des biedermeierlich-behaglichen Schauers zu wahren, während ich das Komische, Phantastische und Wunderbare in den Vordergrund rükke.[1]

Einige wenige Autoren gehen andererseits so weit, dem Roman grundlegend Parodie- und Satirefunktion zu bescheinigen, wie etwa Prawer, welcher ihn geradezu zum Anti-**'Meister'** erklärt; seine Bemerkung, der **'Maler Nolten'** beginne da, wo der **'Wilhelm Meister'** aufgehört hätte, mit dem Eintritt des Helden in einen aristokratischen Kreis und seiner Liebe zu einer Dame von höherer Geburt als der seinen, ist jedoch weitere Überlegungen wert.[2]

Helen Bronner meint dazu, die Ironie und die Psychologisierung höben das Dämonische auf.[3] Nichtsdestoweniger besteht Sengle auf seiner Auffassung, am Glauben an hintergründige Schicksalsmächte habe Mörike sein Leben lang festgehalten, und auch von Graevenitz zielt, trotz seiner eingehenden Untersuchung des Komischen in den Jahren nach 1837 aufs Zerstörerische des Schicksals, das in der Nolten-Katastrophe kulminiere.[4]

So widersinnig es demnach wäre, im **'Maler Nolten'** die Schicksalsthematik in Frage zu stellen, und so wenig an Noltens hybrid-proteischem Aufstieg und an seiner Katastrophe gedeutelt werden kann,[5] ergibt sich angesichts der prekären Thesenlage zumindest die Notwendigkeit, die Frage zu stellen, inwiefern sich der Dichter vom Dämonischen nicht doch distanziert.

So werden beispielsweise die sich auf Agnesens und Noltens Aberglauben beziehenden Äußerungen durchgängig als deren subjektive Eindrücke durch entsprechende Formulierungen kenntlich gemacht:

> "Meinst Du", fuhr Nolten fort, "es sey mir nicht schon fatal gewesen, . . . " (III, 43/16 ff.)
>
> " . . . ; sie glaubte einer fremden, entsetzlichen Macht anzugehören, . . . " (III, 53/10)
>
> ". . , das arme Kind war schon geneigt, einen höheren Wink in jenem Auftritte zu erblicken." (III, 54/15-16)
>
> " . . , wo man geneigt ist, den gewöhnlichsten Gegenständen ein fremdes, oft unheimliches Gepräge aufzudrücken und ein Geheimnis damit zu verbinden, nur damit sie der Phantasie etwas bedeuten, "
> (III, 279/21-24)

Gleichwohl die Gefährlichkeit solcher Neigungen von Nolten selbst erkannt wird (III, 279/29 f.), ergibt auch er sich zusehends dem Hang zum Aberglauben und gibt damit den Gespinsten seiner Phantasie Macht über sich. Um diesen seinen Aberglauben mit Hilfe höchster historischer Kompetenz zu rechtfertigen, führt er gar Napoleon Bonaparte an und wirft damit ein Licht auf seine eigene Schwäche (III, 281/33 ff.), den Narzismus.[6] - Interessant dabei ist nur, daß Narzismus, "Anbetung seiner selbst" (III, 281/36), und Schicksal semantisch fast gleichgesetzt werden.

> "Er war nüchtern überall, nur nicht in dem tiefsten Schachte seines Busens. Nehmen Sie ihm nicht vollends die einzige Religion, die er hatte, die Anbetung seiner selbst oder des Schicksals, das mit göttlicher Hand ihm einen Spiegel vorzuhalten schien, worin er sich und die Notwendigkeit seiner Thaten erblickte."
> (III, 281/34-282/2)

Gegenüber der Vergleichsperson wirkt die notorische Passivität des uneigentlichen Helden Nolten als reine Don Quixotterie. Billigen wir auch dem Dichter eine durch die verschiedenen Perspektiven bedingte leichte Ironie zu, so sind die Distanzierungselemente, zumindest was die bisher genannten Beispiele betrifft, allemal so vage, daß es der Phantasie des Lesers überlassen bleibt, ob er sie dem Ernst oder dem Komischen zuschlagen solle. Ebenso bleibt in der Schwebe, inwiefern Noltens Hang zum Aberglauben durch Veranlagung, Krankheit oder Kindheitserlebnisse bedingt sein könnte.
Ob etwa die Sprechweise der Zigeunerin als affektiert-theatralisch und damit als Parodie auf die Gattung des Schicksalsromans aufzufassen sei,[7] muß angesichts der hymnisch-emphatisch gespannten Sprache[8] sehr fraglich bleiben; eher ist anzunehmen, daß Mörike hierdurch der Szene den Flair des Unwirklich-Unglaublichen verleihen wollte und sich zur Steigerung des Schauereffekts an den Gestus der Zaubersprüche anzulehnen sucht.

Deutlicher wird der Schauspieler Larkens, indem er klare Stellung gegenüber dem Dämonisch-Schrecklichen einnimmt; für ihn, der als eine Art auf den Kopf gestellter Mephistopheles stets das Gute will und das Böse nicht verhindern kann, sind gespensterhafte Märchen und Geschichten "wahre Leckerbissen" (III, 35/28 f.), und es wird darauf hingewiesen, daß er ursprünglich vorgehabt habe, die Geschichte mit der Zigeunerin für sich zu erweitern und ins 'Fabelhafte' hinüber zu spielen (III, 361/15 ff.). Selbst von Nolten wird erwähnt, daß er sich an der schauerlichen Fiktion als solcher ergötzen könne (III, 361/24), phantastische Stoffe für seine Musterkärtchen sammle (III, 35/29 f) und sich im Erzählen von "teils schauerlichen, teils lieblichen Mährchen" "aus dem Stegreife" ganz unerschöpflich zeige (III, 307/19 ff.).

Um diese letzerwähnte, sich auf die Schauerliteratur beziehende Passage angemessen in die Interpretation einbeziehen zu können, bedarf es eines kurzen Exkurses.

G. von Graevenitz, der die **'Feuerreiter'**-Ballade auf dem Hintergrund von Waiblingers **'Phaeton'** untersucht, nimmt, ausgehend von den verschiedensten thematischen Parallelen und von dem Umstand, daß im Roman Waiblingers das Vater-Problem thematisiert sei,[9] versuchsweise diese psychologische Perspektive auch für verschiedene Mörike-Texte in Anspruch[10] und kann plausibel machen, daß es sich bei der **'Feuerreiter'**-Ballade und den beiden Einlagen **'Marmetin'** und **'Jung Volker'** um eine ebenfalls auf die Phaeton-Thematik bezogene Sequenz handelt, wobei das Phaeton-Thema umgedreht und einschließlich der gesamten Sünde- und Sinnlichkeitsproblematik verschieden variiert wird.[11] Er kommt, über diese Interpretation einer nicht offiziellen, dem Kreis der Mörike-Freunde vorbehaltenen Lesart, zu dem Schluß, die Ballade enthalte den Schicksalsplan des Romans in nuce:[12]

> "Der mit den Fackeln spielende Raymund wird zur Verkörperung eines literarischen Genres gemacht, er scheint das "Hurre hurre hopp hopp hopp" der Bürgerschen "Lenore" eindrucksvol aufgesagt zu haben. Man beachte dabei Mörikes bewußte Technik. Er arrangiert nicht nur einzelne Motive, er zerlegt vielmehr einen Begriff, macht ihn in seinen Bestandteilen anschaulich und setzt ihn in Handlung um: "Feuerreiterballade" ist wörtlich übertragen in Raymunds fackelschwingendes und balladensingendes Reiten um die Kutsche. Kein Wunder, daß die Kutsche direkt in die Katastrophe fährt."[13]

Ganz davon abgesehen, daß diese Interpretation an den Titel der deutschen Hogarth-Übersetzung **'Zergliederung der Schönheit .** " erinnert, scheinen den Literaturpsychologen am Schauer vor allem die Aspekte der Angst, Mörikes "Feuerpein der Angst" (III, 309/29) und das katastrophale Ende zu interessieren;[14] die Existenz der vom Dichter kontrastierend eingefügten Einlagen und Verweise auf das Anmutig-Liebliche und Übermütig-Komische wird ausnahmsweise ohne jedes Feingefühl für das Komische in der ästhetischen Konzeption übergangen, obwohl hier die demgemäß erweiterte Sichtweise des Psychologen zu einer weitergehenden Interpretation hätte reizen müssen.

Die gesamte Szene (III, 307/9 ff.) dient zugleich der Parodierung des selbst ins Feld geführten Schauerlichen, wozu Mörike alles auftischt, was in diesem Zusammenhang greifbar ist:

Nach gehöriger Anregung der Phantasie nicht nur durch keckliche Mengen Alkohols zur Erhitzung aller Arten von Einbildungskräften geschieht mit den hiesigen Personen genau das Umgekehrte wie etwa mit E.T.A. Hoffmanns Anselmus in ähnlichen Situationen.[15] Das Schaurige wird in frohem Übermut und liebenswürdiger Laune ins Lächerlich-Komische gezogen und ausgelassen werden Bürgers **'Lenore'**-Motive parodiert. An den wunderlichen Schatten, sonst Grund zur äußersten Beklemmung, ergötzt man sich nun 'höchlich' (III, 307/13 f.). Die Überhöhung ins Komisch-Parodistische dient dazu, das sich im Hintergrund zusammenbrauende, durch Nacht und Unwetter angekündigte Unheil einerseits abzuwehren und andererseits aus der komischen und zugleich schauerästhetischen Distanz zu genießen. Zwei Sorten Medizin für dieselbe Wirkung, und die Nacht wird zur traulichen Dunkelheit (III, 307/33). Um so drastischer wirkt der Sprung von der Parodierung durch eine literarische Fiktion in die fiktionale Wirklichkeit des Romans, nachdem der Leser durch die verschiedensten Distanzierungs- und Kontrastmomente mit retardierender Funktion, darunter auch liebliche Märchen und die **'Marmetin'**-Einlage mit gutem Ausgang als fiktiver zweiter Möglichkeit, abgelenkt worden ist. - Doch nicht nur die Fallhöhe zu der nun folgenden Katastrophe, sondern zugleich die fiktionale Distanz werden durch das Komische gewahrt. Dieses 'Zugleich' des Komischen wird sich Mörike später in seiner eigenen Ausgabe der Vischerschen **'Aesthetik'** besonders anmerken.[16]

Am prononciertesten wird die Schicksalsgläubigkeit Noltens allerdings in einer Entgegnung des Schauspielers kritisiert, der nicht nur das unbedingt Dämonische ironisiert,[17] sondern zugleich die Weltsicht Noltens relativiert. Dieser sieht sich als barocken Romanhelden zwischen "proteischem Erleben und verborgener Notwendigkeit"[18] und glaubt angesichts der ihm auferlegten Prüfungen und Schicksalsschläge an eine "neue Epoche" seiner Kunst (III, 227/19 ff.).

> "Die Macht, welche mich nöthigt, steht nicht als eigensinniger Treiber unsichtbar hinter mir, sie schwebt **vor** mir, **in** mir ist sie, mir däucht, als hätt' ich von Ewigkeit her mich mit ihr darüber verständigt, wohin wir zusammen gehen wollen, als wäre mir dieser Plan nur durch die endliche Beschränkung meines Daseyns weit aus dem Gedächtniß gerückt worden, und nur zuweilen käme mir mit tiefem Staunen die dunkle wunderbare Erinnerung daran zurück. Der Mensch rollt seinen Wagen, wohin es ihm beliebt, aber unter den Rädern dreht sich unmerklich die Kugel, die er befährt." (III, 226/28-227/1)

Darauf erwidert Larkens:

> " - Vor der Hand finde ich deinen Irrthum verzeihlich; das Unglück macht den Menschen einsam und hypochondrisch, er zieht den Zaun dann gern so knapp wie möglich um sein Häuschen. Ich selber könnte wohl einmal in diesen Fall gerathen, nur wär' es dann ein Kasus - wahrhaftig ganz verschieden von dem deinen. Der Herr führt seine heiligen wunderlich. Unstreitig hat dein Leben viel Bedeutung, allein du nimmst seine Lehren in einem viel zu engen Sinn: du legst ihm eine Art dämonischen Charakter bei, oder, ich weiß nicht was? - glaubst dich gegängelt von einem wunderlichen SPIRITUS FAMILIARIS, der in deines Vaters Rumpelkammer spuckt." (III, 228/34-229/7) [19]

Die den Maler bedrohende fremde Macht des Schauerrequisits, des Portraits oder des Madaillons mit den Bildnissen von Elisabeth und ihrer Mutter Loskine, welche Noltens Einbildungskraft anfeuern, setzt Larkens ein Schauerrequisit rein literarischer Herkunft entgegen, den 'Spiritus familiaris' aus der Schublade der burlesken Schwankliteratur des 17. Jahrhunderts, aus Christoph von Grimmelshausens **'Lebensbeschreibung der Erzbetrügerin und Landstörzerin Courasche** (1670).[20] Ohne übergehen zu wollen, daß es mit diesem Begriff auch im Briefwechsel mit Vischer seine ganz eigene Bewandtnis hat,[21] hat er eine erwähnenswerte Vorgeschichte.
Im näheren literarischen Umfeld hatten ihn die Brüder Grimm

in ihren **'Deutsche**(n) **Sagen'** (1816) unter Nennung der eigentlichen Quelle und der genauen Kapitelangaben eingewoben.[22] Selbst wenn man mangels eines biographischen Hinweises in den Prosa- und Brieftexten Mörikes von einem vermittelten Begriffsgebrauch ausgehen müßte, so hatten doch die Brüder Grimm den mit diesem Geist zusammenhängenden Aberglauben getreu überliefert.

Mörikes Interesse an der Semantik und an der Etymologie ausgefallener Einzelbegriffe, das ihn so weit führte, daß er sich später für eine Mitarbeit am **'Grimmschen Wörterbuch'** genaue Aufzeichnungen machte, läßt eine reine Zufallsanwendung unwahrscheinlich erscheinen. Der Geist, den sich Courasche und Nolten e i n g e h a n d e l t haben,[23] hat vor allem die unangenehme Eigenschaft, dem Eigentümer Hölle und Verdammnis zu sichern. Einerseits werden mit diesem Begriff die schauerliterarischen Motive des Erbfluchs und der Wahlverwandtschaft aufs Korn genommen, andererseits blendet sich dem jenseits der Grimmschen Sagentexte kundigen Leser streiflichtartig die simplizianische Burleske einer Zigeunerin, bei Mörike "Landfährerin" (III, 200/4), ein. Dabei dürfte es müßig sein, konkreteren Bedeutungszusammenhängen nachgehen zu wollen; man muß sich wohl darauf beschränken, auf den Verweischarakter des literarischen Symbols im Sinne einer hintergründigen Kontrastierung des Erhaben-Schauerlichen mit dem Burlesk-Komischen aufmerksam zu machen.

Gegen weitergehende Kongruenzbemühungen und gegen eine auf absolute Entschlüsselung der Motivverschränkungen eingegrenzte Interpretation sperrt sich der Text, denn wir haben es - dies wird der folgende Abschnitt noch deutlicher machen - weniger mit einer einfachen Traditionenadaption zu tun als mit der Verschränkung traditioneller Gattungen und Gattungsmerkmale zu einem neuen Gefüge; wir stehen vor einem ähnlichen Problem wie bei den 'Tableux vivants', nämlich daß Verweise und bloße Ähnlichkeiten zu Analogieschlüssen verleiten - und bei dieser Lektüre wird sich kein Interpret dieser Verführung ganz entziehen können.

Auf weitere Distanzierungsmomente scheint der Dichter zu ver-

zichten, doch erinnert man an die Hinweise auf gespensterhafte Märchen und Geschichten (III, 25/28 ff.) und an die Absicht des Schauspielers, die Geschichte mit der Zigeunerin für sich zu erweitern und ins 'Fabelhafte' hinüberzuspielen, wird schnell klar, welchen Weg Mörike einschlägt: Gerade die Aura des Wunderbaren und des Märchenhaften ermöglicht es, Anmutig-Liebliches und Unheimlich-Schauriges in einer eigentümlichen Schwebe zu halten, deren Faszination sich der Leser zwar nicht entziehen kann, die ihm aber zugleich einen gewissen Eindruck des Unwirklichen bewahrt. Weil Nolten geneigt ist, den gewöhnlichsten Gegenständen ein fremdes, oft unheimliches Gepräge aufzudrücken und ein Geheimnis damit zu verbinden, damit sie der Phantasie etwas bedeuten (III, 279/21-24), erhält die märchenhafte Phantasie Macht über ihn.
Diese untergründige Bedeutung des Märchenhaften wird auch aus einer früheren Stelle im Roman deutlich, in einigen Aufzeichnungen mit dem Titel 'Ein Tag aus Noltens Jugendleben'. In ihnen geht Mörike besonders auf die Zusammenhänge von Märchenrezeption und Kindheitserlebnissen ein.

> "Es beruhte dieß zarte Einverständniß (zwischen Nolten und seiner älteren Schwester Adelheid, R.T.) vornämlich auf einer gleichartigen Phantasie, welche in den Tagen der Kindheit unter dem Einfluß eines mährchenreichen, fast abergläubischen Dorfes und einer merkwürdigen Gegend die erste Nahrung empfangen und sich nach und nach auf eine eigenthümliche und sehr gereinigte Weise ihren bestimmten Kreis gezogen hatte." (III, 189/33-190/5)

Märchengläubigkeit, Aberglaube und die Neigung, der phantastischen Einbildungskraft freien Lauf zu lassen, führen jedoch bald dazu, diesen Kreis auf weniger gereinigte Weise zu überschreiten, und diese Neigung zeichnet gleichermaßen den Charakter Noltens wie den seines Oheims aus; in eben diesem Sinne lassen sich die Worte des Schauspielers deuten, er sehe in des Onkels Leben die "prototypische Erklärung" der Geschichte Noltens (III, 187/14).
Angesichts der Heraushebung des Märchenhaften und des Aberglaubens müßte neben dem Künstler- und dem Entwicklungsroman eine weitere Stilrichtung des europäischen Romans in Erwägung

gezogen werden, nämlich die aufklärerisch-ironische Kritik am Märchenglauben etwa in Christoph Martin Wielands Feenmärchenparodie **'Der Sieg der Natur über die Schwärmerei oder die Abenteuer des Don Sylvio von Rosalva** (1764).[24] Doch die schon bei Wieland nicht mehr vernünftige Natur erweist sich bei Mörike als unerbittlich; der Vorstellung Diderots einer sich beständig selbst zerstörenden Natur scheint er nicht allzu fern zu stehen.
Daß letzten Endes alle Personen untergehen müssen, wird der Dichter gattungstheoretisch zu begründen versuchen, doch läßt sich der Verdacht nicht ganz von der Hand weisen, Mörike habe den Ansatz des Hemsterhuis, dem Leser im möglichst kürzesten Zeitraum möglichst viele Ideen zu geben,[25] ausufern lassen, und, da es ihm bei der besonderen Berücksichtigung der Kontraste von Komischem und Erhabenem und der ästhetischen Grenzziehungen in erster Linie um die Darstellungstechnik und die Ausdruckskraft ging, sei die anfängliche Skizze, die erst eine Novelle werden sollte, zum Roman ausgeartet,[26] was den Dichter aus purer Hilflosigkeit zum vereinfachten Ende zwang. Doch eine solche selbst wiederum zu vereinfachte Sehweise täuschte darüber hinweg, daß gerade dem Märchenhaften im Roman nicht nur eine darstellungsästhetische, sondern nicht zuletzt auch strukturbildende Bedeutung zukommt.

Um der Verwobenheit dieser Problemstellung nicht zu erliegen, stelle ich als Leitlinie des Dichters eigenen Hinweis voran, in dem das Märchen als literarische Gattung des Mannigfaltigen zum literarischen Maßstab der im Roman erzählten Begebenheiten erhoben wird, nämlich in den Worten der Frau von Niethelm, einer Freundin Konstanzes (III, 252/32), welcher sich Nolten als Mittelsperson bedient, um die Gräfin von seiner Unschuld zu überzeugen:

> "Man meint doch wahrlich ein Mährchen zu hören, so bunt ist Alles hier gewoben!" (III, 256/1-2)

2. Die Linie der Schönheit im märchenhaften Spiel der Farben

Die in dem eben zitierten Satz erwähnte Bezeichnung 'bunt' bezieht sich nicht nur auf die Mannigfaltigkeit des Märchenhaften; es geht in Mörikes Bildlichkeit auch um die poetische Verknüpfung von Farbeindrücken und märchenhafter Aura, welche in folgendem Passus, in dem Nolten aus seiner Kindheit erzählt, besonders gut sichtbar wird:

> "Mit welchem unaussprechlichem Vergnügen konnte ich, wenn die Andern im Hofe sich tummelten, oben an einer Dachlücke sitzen, mein Vesperbrod verzehren, eine neue Zeichnung ohne Musterblatt vornehmen! Dort nämlich ist ein Verschlag von Brettern, schmal und niedrig, wo mir die Sonne immer einen besondern Glanz, überhaupt ein ganz ander Wesen zu haben schien, auch konnte ich völlig Nacht machen, und (dieß war die höchste Lust), während außen heller Tag, eine Kerze anzünden, die ich mir heimlich zu verschaffen und wohl zu verstecken wußte. . . .
> . . . Jüngere Kinder, darunter auch Agnes, hörten des Abends gern meine Mährchen von dienstbaren Geistern, die mir mit Hülfe und Schrecken jederzeit zu Gebot standen. Sie durften dabei an einer hölzernen Treppenwand zwei Astlöcher sehen, wo jene zarten Gesellen eingesperrt waren; das Eine, vor das ich ein dunkles Läppchen genagelt hatte, verwahrte die bösen, ein anderes (oder das vielmehr keines war, denn der runde Knoten stack noch natürlich in's Holz geschlossen) die freundlichen Geister; wenn nun zu gewissen Tageszeiten eben die Sonne dahinter schien, so war der Pfropf vom schönsten Purpur brennend roth erleuchtet; diesen Eingang, so lange die Rundung noch glühend durchsichtig schien, konnten die luftigen Wesen gar leicht aus und ein durchschweben; . . . , und Jedes glaubte in der schönen Gluth die wunderbarsten Dinge zu entdecken; natürlich! ich hab's doch beinah selbst geglaubt!-"
> (III, 278/7-15; 20-31; 278/36-279/1)

Einerseits würden an dieser Stelle, so führt G. von Graevenitz aus, die Variationen der Motive aus dem Gedicht **'Erinnerung'** erkennbar; die Purpurfarbe der Geisterbehausung entspreche dem 'Rot' des 'Feenstübchens' unterm Regenschirm, und die Ableitung der Fabelwesen und der Fabellandschaft aus den Farben entspreche der allegorisierenden Ableitung von Farb-Qualitäten im Gedicht.[27]

Der Interpretationsansatz wirkt wegen des zumindest ähnlichen Kontextes überzeugend, doch bleibt trotzdem befremdend, daß gerade bei Mörikes dichterischem Umgang mit den verschiedenen Farbwerten, vor allem mit Rot und Golden-Grün sowohl rein immanente wie auch den Symbolbegriff hypostasierende Verfahren zu den gewagtesten Interpretationsaussagen führen. Neuestes und prägnantestes Beispiel hierfür ist Labayes **'Le symbolisme de Mörike'**.[28] Selbst G. Von Graevenitz ordnet nach der Erhebung der **'Feuerreiter'**-Ballade zum Schlüssel für die Schicksalskonzeption des Romans das Auftreten des feurigen aufgeregten Elements kurzschlüssig dem Feuerreiter zu, obwohl er die Farbenmetaphorik einige Seiten zuvor angemessen zurückhaltend interpretiert hatte:

> "Nolten ist in sein unabwendbares Schicksal schon ergeben, es hätte dieser erneuten Drohung des Feuerreiters vielleicht nicht mehr bedurft."[29]

Mit einem Großteil der vorliegenden Versuche zu ihrer Deutung kommen wir aus einem hermeneutischen Kreisverkehr kaum heraus und der Rettungsanker der psychoanalytischen Interpretation, den von Graevenitz auswirft, scheint mir eher einem Deutungsnotstand zu entsprechen als einer hermeneutischen Notwendigkeit.

Ohne hierbei die Verdienste jener Arbeiten, die der Einflußphilologie und der Motivforschung verpflichtet sind, in irgend einer Weise zu überschätzen, müßte die Fragestellung bezüglich der Farbenmetaphorik wesentlich erweitert werden, damit wenigstens ansatzweise geklärt werden kann, worauf sie die Antwort sein könnte, etwa auf eine dem Dichter bekannte Vorlage, auf zeitgenössische Farbenlehren, auf eine in Vergessenheit geratene literarische Überlieferung oder gar auf Theoreme der philosophischen Ästhetik, auf Postulate und Verdikte der Poetologie.

Daß Farben auch durch Erlebnisse einen besonderen Empfindungswert hinterlassen können, der immer wieder hervortritt und mit literarisch überlieferten Bedeutungen verschmelzen kann, liegt auf der Hand, und es läßt sich für ein derartiges 'Erlebnis' folgende Briefstelle Ernst Friedrich Kaufmanns aus dem Jahre 1826 anführen, in der er die Erlebnisse in der Lohbauerschen

Gartenlaube seiner Braut Marie Lohbauer schildert:

> "Durch einzelne Ritzen, und wenn der Wind die Blätter bewegt, sieht man draussen, oft nur wie einen schnellen Gedanken einen Berg, und manchmal verirrt ein goldner Strahl der Sonne sich in dem grünen Dunkel. Dort fand ich ihn - er freute sich über mein Erscheinen, holte seine Guitarre, ich setzte ihm schnell die Begleitung, und nun sassen wir friedlich beisammen, und ich war beschäftigt, ihn die alten wunderherrlichen Weisen zu lehren. Es war finster geworden - ein herbeigebrachtes Licht hatte schnell die Laube in ein Feenschloss verwandelt. Die Blätter waren zu grünen Flämmchen geworden, die von leichtem Windhauche bewegt, auf allen Zweigen herumhüpften. Dicht an der Laube huschte die Ammer vorbei. Wir hörten das Plätschern der Najaden - und aus den Lüften herab erschallte eine muntere Symphonie, von tausend wunderbaren Vogelstimmen ausgeführt. Da fingen plötzlich in unserer Brust an, tiefe, längst verstummte, aber nicht verklungene Saiten zu ertönen. Unsere Herzen schlossen sich auf, es war ein seeliger Augenblick."[30]

Man sollte kaum glauben, daß die 'groteske' Vision der kranken Agnes vom "grünen Flämmchen" (III, 287/33) auf eine solch innige und empfindsame Schilderung zurückzuführen sein könnte.

Auf einen interessanten literarischen Zusammenhang weist Renate von Heydebrand in den Anmerkungen ihres Buches **'Eduard Mörikes Gedichtwerk'** in Anbetracht des Mörike-Gedichts **'Im Frühling'** hin; sie nennt E.T.A. Hoffmanns Erzählung **'Der goldene Topf'** und Joseph von Eichendorffs Novelle **'Das Marmorbild'**, um den Assoziationsraum des seltsamen Motivs der 'goldengrünen Schlange' im phantasmagorischen Zwischenspiel des **'Nolten'**romans anzudeuten.[31] Auf Goethes **'Märchen'** in seinen **'Unterhaltungen deutscher Ausgewanderter'** gehe ich nicht näher ein, da der Kontext ähnlich wie in Eichendorffs Novelle einen Vergleich kaum zuläßt und Goethes Abqualifizierung der Feenmärchen eher eine Oppositionshaltung Mörikes vermuten liesse, zumal sich in seiner eigenen Goethe-Ausgabe kaum eine Beschäftigung mit diesem Text ausweisen läßt.[32]

K ö n i g (für sich)

> "Wie hass' ich sie! und doch wie schön ist sie!
> Hinweg! Mir wird auf Einmal angst und bange
> bei dieser kleinen golden-grünen Schlange." (III, 116/19-21)

An Renate von Heydebrands Hinweis anknüpfend, zitiere ich ausführlich die betreffende Passage aus E.T.A. Hoffmanns Erzählung **'Der goldene Topf'**. Folgendes erlebt Anselmus unter dem Holunderbusch an der Elbe:

> " - Aber in dem Augenblicke ertönte es über seinem Haupte wie ein Dreiklang heller Kristallglocken; er schaute hinauf und erblickte drei in grünem Gold erglänzende Schlänglein, die sich um die Zweige gewickelt hatten und die Köpfchen der Abendsonne entgegenstreckten. Da flüsterte es und lispelte es von neuem in jenen Worten, und die Schlänglein schlüpften und kos'ten auf und nieder durch die Blätter und Zweige, und wie sie sich so schnell rührten, da war es, als streue der Holunderbusch tausend funkelnde Smaragde durch seine dunklen Blätter. "Das ist die Abendsonne, die so im Holunderbusch spielt", dachte der Student Anselmus, aber da ertönten die Glocken wieder, und Anselmus sah, wie eine Schlange ihr Köpfchen nach ihm herabstreckte. Durch alle Glieder fuhr es ihm wie ein elektrischer Schlag, er erbebte im Innersten - . . ."
> . . . "Die Sonnenstrahlen brachen durch das Gewölk, und der Schein brannte wie in Worten:"Ich umgoß dich mit glühendem Gold, aber du verstandest mich nicht; Glut ist meine Sprache, wenn sie die Liebe entzündet."
> Und immer inniger und inniger versunken in den Blick des herrlichen Augepaares wurde heißer die Sehnsucht, glühender das Verlangen." [33]

Nicht nur die Tatsache, daß in der Umarbeitung des **'Maler Nolten'** der junge Nolten das Bekenntnis seiner Liebe zur Zigeunerin gegenüber der Schwester justament unter einem Holunderbusch ablegt (IV, 193/34), spricht dafür, daß sich Mörike die Szene aus dem "Märchen aus der neuen Zeit"[34] als Muster genommen hat, sondern auch der Umstand, daß er sich zur Wirkungsverstärkung des Blitzes beziehungsweise des galvanischen Elementes bedient (III, 205/24 ff.) und daß er die bei Hoffmann getrennten Farbwerte Grün-Golden und Rot, die der Schlänglein und die des Sinnlich-Betörenden, in eine Art Chiffre der Faszination zusammenschmilzt, ist doch bei Mörike vom Gebanntsein in "grünflammender Umgebung" die Rede (III, 205/29-30). Wo während Konstanzes und Noltens Annäherung in der Grotte "liebliche Bilder in flammendem Rosenschein, wechselnd mit drohenden, grünaugigen Larven" in Konstanzes Vorstellungswelt eindringen (III, 82/33 f.), schlägt das Anmutige ins Bedrohliche um, doch findet sich die ungetrübte, um einen elegischen Ton bereicherte Anmut, die an den Brief Kaufmanns erinnert, im Gedicht **'Im Frühling'**.

"Was webst du für Erinnerung
In goldengrüner Zweige Dämmerung?
Alte unnennbare Tage!" [35]

R. von Heydebrand konstatiert nur eine "komplexe Undeutlichkeit des Zustands" in diesem Gedicht, die sich in dem ungenauen Gegensatzpaar Lust-Klage spiegle, und sie hebt die Mehrdeutigkeit der "geheimnisvoll zwischen Anschauung und Metapher hin- und herspielende(n) Chiffre" hervor. "Eine Chiffre für eine höchst ambivalente Sache?" - wie sie schließlich die Frage stellt.[36]

Es bei dieser Undeutlichkeit zu belassen oder gar Mörike als Hoffmann-Epigonen auszugeben, würde jedoch der artifiziellen Komposition wenig gerecht. Die deutlichen Verweise auf das 'Feenstübchen' und auf das 'Feenschloß' erinnern nicht einfach an oberflächliche Märchenmerkmale, sondern an eine dem zeitgenössischen Publikum sehr wohl bekannte triviale Gattung der Literatur, auf die eben dieser Trivialität wegen weder Rezensenten noch Mörike-Amateure je eingegangen sind, an die sogenannten **'Contes des Fées'**, welche in zahlreichen deutschen Übersetzungen zum Beispiel als **'Die Blaue Bibliothek'** erschienen.[37]
Daß Mörike gerade dem Feenmärchen eine sehr hohe, der Trivialität der Gattung gegenläufige Bedeutung beimaß, könnte schließlich ein Vermächtnis Lichtenbergs sein. - In seiner Lichtenberg-Ausgabe vermerkt er sich dessen ausdrückliche Wertschätzung der arabischen Märchensammlung **'Tausendundeine Nacht'** und der **'Blaue(n) Bibliothek'** ganz besonders mit den Worten "Kunst des Schriftstellers".[38]
Abgesehen von motivgeschichtlichen Parallelen läßt sich für den **'Maler Nolten'** feststellen, daß die besonderen Gattungs- und Strukturmerkmale des Feenmärchens auf die Struktur des Romans einen nicht unerheblichen Einfluß haben.[39]
So wird in der am Anfang dieses Kapitels zitierten Passage (III, 278/7-279/1) ein wesentliches Strukturelement des Feenmärchens verbildlicht, die Teilung des Märchenreichs in eines der guten und eines der bösen Feen, auch zu lesen als einer der vielen Hinweise für das Romangeschehen, bleibt doch das Reich der bösen Geister unverschlossen, während das der freundlichen durch einen natürlichen Propfen verschlossen ist.

Eben diese Dualität wird Noltens Onkel in seinem Brief an Nolten am Ende des Romans nochmals aufgreifen, indem er sich die entgegengesetzten Reiche der Feen, jetzt Göttern, utopisierend in eine harmonische Einheit wünscht und diese sogleich wieder abwehrt:

> "Sehn Sie, wir gehören ja recht füreinander, als Zwillingsbrüder des Geschicks! Mit dreifachen ehernen Banden haben freundlich-feindselige Götter dieß Paar zusammengeschmiedet - ein seltenes Schauspiel für die Welt, wenn man's ihr gönnen möchte; doch das sey ferne; . . ." (III, 413/14-18)

Diese Gegensätze lassen sich jedoch nur jenseits des Lebens versöhnen und diese Versöhnung spiegelt sich im Zauberreich der Märchenphantasien jenseits von Gut und Böse wider:

> "Er dachte weiter nach und mußte finden, daß eben jene dunkle Klippe, woran Agnesens sonst so gleichgewiegtes Leben zum Erstenmal sich brach, dieselbe sey, nach der auch sein Magnet von früh an unablässig strebte, ja daß (man gönne uns immer das Gleichniß) die schlimme Zauberblume, worin des Mädchens Geist zuerst mit unheilvollen Ahnungen sich berauschte, nur auf dem Grund und Boden seines eignen Schicksals aufgeschossen war. Nothwendig daher und auf Ewig ist er mit ihr verbunden, Böses und Gutes kann für sie beide nur in einer Schaale gewogen seyn.
> Seine Gedanken verschwammen nach und nach in einer grundlosen Tiefe, doch ohne Ängstlichkeit; . . . " (III, 313/9-19) [40]

Abgesehen von dieser die Konzeption betreffenden Bedeutung läßt sich an Mörikes Motivkompositionen darlegen, daß er die mit der "Querelle des Anciens et des Modernes" und dem Märchen in Zusammenhang stehenden ästhetischen Streitfragen aufgreift, denn in eben dieser von der Literaturgeschichte weitgehend mißachteten Sammlung sogenannter Feenmärchen findet sich unter anderen ein Modell, nämlich das Märchen Don Fernandos von Toledo **'Der grüne Serpentin'**:[41] Ein in eine häßliches 'Ungeheuer', nämlich in eine grüne Schlange verwandelter Prinz gewinnt die Zuneigung einer ebenfalls ungenügender Schönheit wegen vom Hof entfernten Prinzessin und sieht sich - vergleichbar dem Muster **'La Belle et la Bête'** von Jeanne-Marie Leprince de Beaumont, einer Übersetzung der **'Histoire de la Bête'** von Mme. Villeneuve[42] - alsbald in den schönsten Prinzen zurückverwandelt.
Während E.T.A. Hoffmann noch den Märchenton und die akusti-

schen Klangfarben der verwandelten Insel in den **'Goldene**(n) **Topf'** als Grundmotiv aufnimmt, verkürzt Mörike diese Bildwelt fast zur Chiffre und bringt in erster Linie den ästhetisch bedeutsamen Gehalt des Märchens zum Ausdruck, indem er die wechselseitige Verwandlung des Schönen ins Häßliche weiterspinnt, Gegensätze, denen die des moralisch Schönen und Häßlichen entsprechen und die in der Haßliebe zwischen Thereile und Ulmon und später analog zwischen Nolten und Elisabeth faßbar werden (III, 116/ 3 ff.; 116/13 ff; 373/31 ff.).
In diesem Sinne sind beispielsweise die Worte der kranken Agnes nur als verunheimlichte Märchenphantasien zu deuten:

> " - Der Lügner wird hingehn, mich zu beschimpfen bei meinem Geliebten, als wär' ich kein ehrliches Mädchen, als hätt' ich mit Wissen und Willen dieß Scheusal geküßt - O Theobald!wärest du hier, daß ich dir Alles sagte! Du weiß't nicht, wie's die Schlangen machten! und daß man mir den Kopf verrückte, mir, deinem unerfahrnen, armen, verlassenen Kind!" (III, 398/12-17)

Die naive Agnes wird schließlich irre, weil ihr die Möglichkeit des Urteilens zwischen Häßlich und Schön verloren gegangen ist:

> "o ihr habt einander flugs im Arm, wenn Niemand um den Weg ist! Ich bitte dich, sag' mir, wie küßt sich's denn mit ihm?ist er recht häßlich süß? . . . ." (III, 388/1 ff.)

Mit Hilfe derartiger 'Märchenarabesken' greift Mörike neben der Karikatur das zweite aus der kunsttheoretischen Auseinandersetzung der Aufklärung bekannte Beispiel, nämlich das Arabeske auf, um nochmals aus geänderter Perspektive die Grenzen zwischen Häßlichem und Schönem dem Leser vor Augen zu führen und zugleich zu verwischen.[43]

Mörikes Farben- und Märchenmetaphorik ist jedoch nicht allein aus diesem Zusammenhang heraus zu erklären. - Eine weitere kontextuelle Beziehung gilt es zu bedenkem: die Athmosphäre magnetischer Einflüsse auf die Charaktere Noltens und Agnesens.
Zu erwähnen wären die zeitgenössischen, spekulativen Ansätze des Mesmerismus, Brownismus und Schuberts **'Symbolik des Traums'**,

nicht zuletzt Kerners Berichte zu seinen Erfahrungen mit dem Magnetismus.[44] Mörikes sich auf die Wirkungen und Vorstellungen des Magnetismus beziehenden Äußerungen im **'Maler Nolten'** sind jedoch recht allgemeiner Art, so daß eine genauere Zuordnung zu bestimmten Theorien schwierig ist, doch wäre an eine Vorstellung zu erinnern, welche sich in den **'Fragmenten'** Johann W. Ritters findet und derzufolge eine Analogie der magnetischen Anziehungs- und Abstoßungskräfte zu den Wirkungen der Farben angenommen wird, wobei dem galvanischen Schlag, den Wirkungen elektrischer Entladungen bei Blitzen und Funken auf die somnambulen Zustände der Menschen zentrale Bedeutung beigemessen werden, ja die "wahre Gestalt des Magnets" gar symbolisch als Schlange definiert wird.[45]
Wenn sich mangels eindeutigerer philologischer Nachweise dieser Interpretationsversuch nicht ganz des Verdachts erwehren kann, selbst zur Spekulation zu geraten, gebe ich doch zu bedenken, daß nur auf diese Weise plausibel gemacht werden kann, inwiefern Mörikes Rückgriff auf Hogarths Schlangenlinie und der detaillierten Beschreibung somnambuler Zustände ein gemeinsamer Vorstellungshorizont zugrunde zu legen wäre, ließe sich hinter Agnesens naiv-kindlicher Vision ein gewisser Sinn entdecken, denn die Andeutung des Dichters, aus der dunkelblauen Tiefe ihrer Augen leuchte "mit Kindesblick die Ahnung jedes höchsten Gedankens" (III, 39/34 ff.), ließe sich auf andere Weise kaum deuten.

Die magisch-magnetische Wirkung des Funkens bedeutet als das aus dem Schatz des Wunderbaren herrührende "grüne Flämmchen" hier das Umschlagen vom Wunderbaren ins Unheimliche, wo für die Somnambule das Unbewußte zum Bewußten wird, und wo die Nachtseite des Alptraums als Wirklichkeit erkannt werden muß (III, 382/26 ff.):

> "Fräulein, du kannst ja Lateinisch", sagte sie Einmal zu Margot, "was heißt der Funke auf Lateinisch?" "SCINTILLA", war die gutmüthige Antwort. "So so; das ist ein musterhaftes Wort, es gibt ordentlich Funken; aber du wirst es nur geschwind erdacht haben? Thut auch nichts, desto besser vielmehr: ich will künftig, wenn ich dir etwas über die Augen des Bewußten (Noltens, R.T.) zu sagen

> habe, in seiner Gegenwart nur bloß SCINTILLA sagen, dann merk auf's grüne Flämmchen, - . . . " (III, 387/27-33)

Doch über diese Thematik einer wechselseitigen Verschränkung von Wirklichkeit und Traum, über alle Wahlverwandtschaft, allen Aberglauben und Fatalismus hinaus weist der Dichter darauf hin, daß Noltens Schicksal zugleich ein Problem der Kunst ist:

> "Die Spitze des Ganzen besteht aber in der Art und Weise, wie unser Freund als Knabe zur innigsten Vermählung mit der Kunst geleitet worden, . .". (III, 188/1-3)

In den Tagebuchaufzeichnungen des Onkels, deren Bedeutung für Noltens Geschichte eigens betont wird, findet sich schließlich folgende Passage, in der nun die Metapher des Feuers und des roten Scheins der Flamme bemüht wird, um - abgesehen von der im Hoffmann-Zitat erwähnten Bedeutung dieser Farbe als der des Erotischen, der Sehnsucht und des Verlangens - die Faszination durch das Neue und Fremdartige zum Ausdruck zu bringen,[46] eine Faszination, die zur Beängstigung wie zur mutigen Fröhlichkeit (III, 365/32 ff.) Anlaß geben kann:

> "Mit solchen Bildern beschäftigt, bemerkte ich jezt in einiger Entfernung durch das Gezweige hindurch den Glanz eines Feuers. Meine ganze Einbildungskraft entzündete sich in diesem Anblick unter tausend mehr oder weniger angenehmen Vermuthungen; aber bald entschloß ich mich zu einer genauern Untersuchung."(III, 204/20-25)

Der Schein der Flamme wirkt trotz der optischen Hilfe dem physiognomischen wie dem ästhetischen Urteil entgegen:

> "Mein kleiner Tubus trug in keinem Fall etwas dazu bei, denn bei einer physiognomischen Untersuchung der vom rothen Schein der Flamme beleuchteten Köpfe hätte mein Urtheil unentschieden bleiben müssen, trotz der frappantesten Deutlichkeit, womit jeder Zug sich vor mein Auge stellte. " (III, 204/36-205/4)

Spätestens bei diesem Zusammenhang zwischen bestimmter Zeichnung und der Auflösung in die Undeutlichkeit durch die Einflüsse der Farbe in Verbindung mit der Urteilskraft wird die Tatsache in Erinnerung gerufen, daß Immanuel Kant an einem ähnlichen Beispiel versucht hatte, Kunst und Affekt gegeneinander abzugrenzen.[47] Wie Kant ausführt, mache die Zeichnung als die Form das Wesentliche und deshalb das Geschmacksurteil aus, während der neben den Zieraten abgehandelten Farbe nur die sekundäre Bedeutung des Reizes zugesprochen wird, denn sie könne den Gegenstand nicht anschauungswürdig und schön machen.[48]

Mörike verwischt diese Grenze zugunsten einer lebendigen und affektisch bestimmten Einbildungskraft und zieht das Gezeichnete in eine Aura der Undeutlichkeit, verschränkt die "bestimmte Zeichnung" (III, 205/28 f.) mit einer durch den Affekt bedingten Unschärfe: Trotz der frappantesten Deutlichkeit muß das Urteil Friedrichs bei der physiognomischen Untersuchung der vom roten Schein der Flamme beleuchteten Köpfe unentschieden bleiben. Die höchste Steigerung der Farbwirkung jedoch vermag die Konturen des Gesichts zur größten Eindruckskraft und zur bestimmten Zeichnung eines magischen Impressionismus zu erheben:

> " . . . "Aber noch stand ich geblendet wie in einem Meere von Feuer und vor meinem innern Sinne blieb jenes Gesicht mit bestimmter Zeichnung wie eine feste Maske hingebannt, in grünflammender Umgebung des nassen glänzenden Gezweigs." (III, 205/27-30)

Die Hierarchie von Zeichnung und Wirkunsästhetik der Farbe, wie sie Kant bestimmt hat, wird von der Romantik geradezu herumgedreht, und wenn sich auch in Goethes Erläuterungen zur **'Farbenlehre'** hierzu keinerlei Anhaltspunkte finden lassen,[49] so dürfte doch Goethes Diktum, daß "die Farbe, als ein Element der Kunst betrachtet, zu den höchsten ästhetischen Zwecken mitwirkend genutzt werden" könne,[50] aus der Interpretation nicht ganz ausgeschlossen werden.

Wenige Seiten später wird sich das "Spiel einer Gestalt"[51], der der Zigeunerin Loskine zum bezauberndsten Farbenspiel der "anmuthigsten Kontraste" steigern:

> "Äußerungen eines feinen Verstandes und einer kindlichen Unschuld, trockner Ernst und plötzliche Anwandlung ausgelassener Munterkeit wechseln in einem durchaus ungesuchten und höchst anmuthigen Kontraste einander ab und machen das bezauberndste Farbenspiel."
> (III, 207/1-5)

Erinnern wir uns nochmals an den Rückgriff Mörikes auf Hogarths Bestimmung der schlangenförmigen Schönheitslinie als Linie des Reizes, an seine Vorstellung von einer ständig beweglichen, sich abwandelnden Grenzlinie zwischen Schönem und Häßlichem, die hier als Flamme symbolisiert erscheint, dann möchte man vermuten, daß sich Mörikes ganze Bilderwelt so deuten läßt. Die Aura der Flamme, des roten Feuerscheins, symbolisiert eine Aura der Grenzverwischung, ein ästhetisches Grenzland der bewußten Unschärferelationen, in dem sich die Gegensätze ständig ineinander verwandeln und vermischen,[52] das Schöne ins Häßliche, das moralisch Schöne, das heißt Gute, ins moralisch Häßliche, das Sündige, das Pikante ins Schockante,[53] das Rationale ins Irrationale,[54] das märchenhaft Wunderbare ins Komische, Unheimliche, Karikaturistische, Groteske und Katastrophische. - Durch die von G. von Graevenitz herausgestellte Sündenproblematik wird nur ein wenn auch aus theologischer und tiefenpsychologischer Sicht wichtiger Grenzbereich der schönen Kunst erschlossen, doch entspricht diese Verengung keinesfalls dem Spektrum der ästhetischen Gegensätze.

Die Bewegung des Schönen steigert sich schließlich zum "flüchtigen Nu" (III, 205/32).

Auf diese Weise wird das scheinbar unverständlich Groteske, in Wirklichkeit wunderbar-unheimlich Groteske aufgrund einer "wunderbare(n) Erinnerung" (III, 226/35) zum ästhetischen Grenzland des Schönen.
Dies gilt nicht nur für Mörikes Art und Weise der Darstellung, sondern auch für Theobald Nolten, der sich trotz seiner Zurückgezogenheit mit besonderer Vorliebe in diesem Grenzland aufzuhalten scheint, denn auch für ihn verwendet Mörike einen scheinbar grotesken Begriff, den er Agnes in den Mund legt, den "Heideläufer" (III, 382/16). Wie aus den **'Erläuterungen'** der historisch-kritischen Ausgabe ersichtlich ist, bezeichnet dieser Begriff "Forstknechte, die häufig entlegene Bezirke zu begehen hatten" (V, 234/30-33).

Seine offene Geringschätzung der schulphilosophischen Bemühungen um die ästhetischen Grenzziehungen bringt Theobalds Onkel so ganz nebenbei spöttisch zum Ausdruck:

"Ich bin seither der freiwillige Begleiter dieser streifenden Gesellschaft. Ja das bin ich und ich erröthe keineswegs über diesen Einfall, den mir auch kein PROFESSOR ORDINARIUS der schönen Künste beachselzucken soll, weil ich ihn einem PROFESSORI ORDINARIO sicherlich nicht erzählen werde." (III, 206/12-16)

Aus welchem Faden Mörikes ästhetische Possen, die wunderbar-unheimlichen Phantasien, gewoben sind, läßt folgender bildlicher Vergleich nochmals unschwer erkennen:

"Ich weiß nicht, wie wir auf allerlei Mährchen und wunderbare Dinge zu sprechen kamen, woran sie bei weitem reicher war als ich. Unter anderem wußte sie von der spinnenden Waldfrau zu sagen, die im Frühen, wenn der herbstliche Wald von der Morgenröthe glühet, unter den Bäumen hergehe und das Laub, wie vom Rocken, in grün und goldnen Fäden abspinne, indeß die Spindel neben ihr hertanze." (III, 208/13-19) [55]

Die zentrale Bedeutung der wunderbar-phantastischen Feenmärchen für die Konzeption des Romans, in dem Mörike die Gattungen Entwicklungs-, Künstler- und Schauerroman mit der des Märchens verwebt, gibt nicht zuletzt Aufschluß darüber, daß er sich nach dem **'Maler Nolten'** vorwiegend märchenartigen Stoffen widmete, in denen die feenmärchenhafte Struktur weiterhin Hintergrundsfolie für das Erzählte bleibt, vor allem im **'Schatz'**, in **'Der Bauer und sein Sohn'** und im **'Stuttgarter Hutzelmännlein'**.[56]

Sogar noch in dem Gedicht **'Auf eine Lampe'** (1846) findet sich die bekannte Bildlichkeit wieder:

"Auf deiner weißen Marmorschale, deren Rand
Der Efeukranz von goldengrünem Erz umflicht,
Schlingt fröhlich eine Kinderschar den Ringelreihn."

Wie Leo Spitzer dazu bemerkt hat, hat Mörike hier die Synthese des Schönen und Reizenden im Auge, die "bewegte Schönheit".[58] Doch selbst wenn man sich seiner Interpretation des 'scheinen' im Sinne von 'prangen' anschließt,[59] so leuchtet doch aus der wohlbekannten Bildlichkeit das faszinierend Wunderbare zwischen Ernst und Lachen noch heraus.[60]

VII. Eine allgemeine und reizend gemischte Wahrheit

Sowohl im Urteil der Freunde Mörikes, als auch - oder infolgedessen auch - in der Fachliteratur hat sich das Bild vom historisch desinteressierten, dem versöhnlichen Humor ergebenen Dichter tradiert. Lediglich die Satire des Schauspielers Larkens auf das Burschenschaftswesen und auf die Motive der politischen Geheimverbindung lassen es demgemäß zu, den in diesen Szenen vorhandenen Spielarten des Komischen und Grotesken eine gesellschaftskritische Bedeutung zuzubilligen.
Daß auch in dieser Arbeit das Komisch-Satirische erst in diesem späten Kapitel ausdrücklicher Gegenstand der Untersuchung wird, hat mehrere Gründe: erstens hat der Dichter die Prioritäten selbst in diesem Sinne gesetzt, wenn er beispielsweise angesichts des öffentliches Ärgernis erregenden phantasmagorischen Zwischenspiels auf den Hintergrund "schöne(r) philosophische(r) Studien" verweist (III, 177/21) und diese Formulierung in **H^1** sogar noch verdeutlicht in "fast ausschließlich ästhetische Studien" (V, 105/27-28), zum zweiten wurde in der philosophischen Ästhetik - selbst noch in Vischers **'Aesthetik'** - das Satirische, nicht aber der Witz und die Karikatur, als anhängende Kunst behandelt.[1]
Freilich bietet sich in Vischers Gelegenheitsschriften ein ganz anderes Bild und auch Mörikes Vorbehalte gegenüber der Moralität in der Kunst[2] besagen nicht, daß man einer Untersuchung der ins Satirische und Ironische reichenden Formen des Komischen ausweichen müsse. Vorbehalte dieser Art sind eher einem in der Sekundärliteratur festgefügten Mörike-Bild zuzuschreiben, an dem seine einseitig auf dramatisch-historische Stoffe drängenden Freunde in aestheticis nicht ganz unbeteiligt waren.
Wie Hermann Kurz bemängeln auch Vischer und Strauß das Fehlen jeglicher historischer Perspektive:

> "Du bist nicht historisch wie die Larkensschen Prozesse und auch unsere letrzten Händel zeigen."[3]

Mörike scheint sich selbst dieser Einsicht von Hermann Kurz im Laufe der Zeit nur zu gerne gefügt zu haben,[4] wie verschiedene Briefstellen bezeugen.
- Der einzige historisch-dramatische Versuch, **'Enzio'**, ist verloren gegangen.[5]

Selbst die neueste der vorliegenden Interpretationen, die **'Kunst der Sünde'** Von Gerhard von Graevenitz, bringt diesbezüglich kaum neue Ergebnisse. Er bemüht um die Interpretation des phantasmagorischen Zwischenspiels im Kapitel "Mörike und Orplid" den Roman **'Die Insel'** von Friedrich Leopold Graf zu Stolberg und konstatiert eine Akzentverschiebung der zentralen Motive. Bei Mörike rücke im Gegensatz zur Gründung einer Gelehrtenrepublik die Erlösung Ulmons von seiner verhaßten Liebe und seiner tausendjährigen Unsterblichkeit in den Vordergrund.[6] Er meint, der Orplid-Mythos ließe sich, historisch gesehen, in zwei Zeitabschnitte aufteilen, in das Goldene Zeitalter und in das gegenwärtige des Niedergangs. Obwohl er einräumt, daß Mörike ein Pasquill auf die Wachsamkeit der staatstragenden Gesellschaft im Sinne gehabt haben könnte und obwohl er dem Roman mehr historische Realität zuspricht, als sein Schicksalsapparat vermuten läßt,[7] bezieht er die komische Szene des phantasmagorischen Zwischenspiels überhaupt nicht in seine Interpretationsüberlegungen ein und kommt zu folgendem Schluß:

> "Im Orplid-Text des **Maler Nolten** ist nur eine Geschichtschiffre zu entdecken, die mehr als zum vagen, allerdings auch überstrapazierten Spätzeit-Topos keinen Anlaß gibt, allenfalls zu der Feststellung, daß dieser Spätzeit-Topos auf die Geschichte der Gruppe bezogen ist." [8]

Hier hielt es der Autor nicht für der Mühe wert, die zwei Textebenen, die für die Freunde und die für die Öffentlichkeit, auseinanderzuhalten. Der zwar naheliegende, weil im Text selbst angeschnittene Spätzeit-Topos (III, 96/10 ff.) trifft Mörikes Insel-Variation dagegen nur am Rande, denn Orplid, der Augapfel der Himmlischen als Schauplatz einer Goldenen Zeit,

ist in die entfernteste Vorzeit verlagert, elegische Töne der Sehnsucht fehlen gänzlich und noch weniger wird die Phase des Niedergangs in irgend einer Weise ausführlicher als durch den allgemeinen Hinweis veranschaulicht, denn auch sie ist bereits entfernte Vergangengenheit: "der Himmel habe über der Stadt gelegen wie eine graue Augbraun über einem erstarrten und todten Auge" (III, 100/22-24).[9]
Die Erschließung der Insel durch Bürger, "meist aus der niedern Volksklasse" (III, 96/22-23), entspricht wie der Verzicht auf den der **'Insel Felsenburg'** adäquaten väterlichen Herrscher eher der frühen Kolonialrealität als frühbürgerlichen Phantasieentwürfen wie der Schnabels.[10]
Doch damit, daß derartige Ansätze vage bleiben müssen, hat von Graevenitz allemal recht, und wenn man auch nicht sagen kann, das Zwischenspiel stehe nicht in greifbarer Beziehung zum Roman,[11] so müssen wir es bei der Feststellung belassen, das Zwischenspiel sei vor allem deshalb in Szene gesetzt worden, um die Wirkungsmächtigkeit des Mythisch-Märchenhaften für die fiktionale Gegenwart anschaulich zu machen.
Frappant bleibt trotzdem in allen Interpretationsbemühungen die sonderbare Korrelation von widersprüchlich oder überhaupt nicht interpretierten Szenen, hier besonders der meist als 'komische Rüpelszene' eingestuften achten Szene des phantasmagorischen Zwischenspiels.[12]
Aus der auf das Komische gerichteten Perspektive läßt sich diese in der offiziellen Germanistik nichtige Szene nicht so einfach ausgrenzen.[13] Um sie jedoch nicht vom übrigen Text zu isolieren, gilt es, die mit ihr im weitesten Sinne zusammenhängenden Inhalte in die Interpretation einzubeziehen, wobei wir bei der Charakterisierung des Schauspielers, der sich für die Szenerie verantwortlich zeigt, beginnen können:

> "Ohne die treuherzige Miene und die große Neugierde, womit auch Larkens die Sache aufnahm, hätte leicht der Verdacht der Mystification auf ihn fallen können, denn sein Humor war bekannt genug, er hatte ihn mit Unrecht in den Ruf eines bösartigen Spötters und Intriganten gebracht, wozu mitunter auch sein Äußeres beitrug, so wenig eben eine gelbe Hautfarbe und ein paar schwarze blitzende Augen häßlich, oder das lauernde Lächeln um den Mund gefährlich war." (III, 34/17-23)[14]

Dieses Zitat spricht nicht nur für eine Ausweitung des Humorbegriffs auf das Satirische; nach der chinesisch-gefährlichen Physiognomie würde man in der Literatur vergeblich suchen und Ähnliches erst wieder in Fontanes **'Effie Briest'** lesen. Die physiognomische Anregung ließe sich eher in Mörikes Skizzenheft finden, in dem die von Le Brun vorgegebenen Affekte für das 'Lachen' sämtlich kopiert sind und hinsichtlich eines dieser physiognomischen Audrucksbilder eine frappante Ähnlichkeit zu bemerken ist.[15]

Je nach der Perspektive des Lesers liegen Satire und Humor eng beieinander, je nachdem, in welchem Maße ein Betrachter durch die Vorurteile und pseudokriminologischen Klassifizierungen der tribunalisierenden, zeitgenössischen Physiognomielehren beeinflußt ist,[16] wird er durch eine scheinbar antithetische Formulierung und eine wahre Steckbriefphysiognomik verunsichert, glaubt er einen Widerspruch in dieser Satzkonstruktion entdecken zu müssen, der, logisch gesehen, nicht vorhanden ist. Eben mit diesem Widerspruch im Komischen selbst, dem scheinbaren Widerspruch von Humor und Satire, haben wir es in verschiedenen Szenen des Romans zu tun, und daß der Humor des Schauspielers trotz alledem so harmlos nicht ist, wird an späterer Stelle eingeräumt (III, 334/16).
Es taucht die Frage auf, w i e bescheiden die strotzende Kraft des Komischen innerhalb der feinen Schönheitslinie (III, 35/1-2) bleiben könne?

Dem frühen Humor des Dichters, von dem Friedrich Sengle bemerkt, er stehe anfangs dem satirischen Humor gar nicht so fern, wie man zunächst denken sollte,[17] verdankt der **'Maler Nolten'** folgende Satire auf das patriotisch-freiheitliche Pathos der Burschenschaften:

> "Ein Riese in altdeutscher Tracht, ohne Zweifel einen Studenten vorstellend, geht mit langen Sporen und der Tabakspfeife schwerfällig auf und ab; endlich, da er in einer Ecke stehen bleibt, eilt ein winziges Kerlchen herbei, ein kleiner Schornsteinfeger in einer Art Hanswurststracht, schwarz und weiß gewürfelten Beinkleidern und Wämschen, bindet den Riesen, legt das schwarze Leiterchen an den breiten Rücken des Mannes an, klettert flink mit Scharrei-

sen und Besen hinauf, hebt ihm vorsichtig den Scheitel wie einen Deckel ab, und fängt nach allerlei bedenklichen Grimassen an, den Kopf recht wacker auszufegen, indem er einen ganzen Plunder symbolischer Ingredienzien herauszieht, z.B. einen täuschend nachgemachten Wurm von erstaunlicher Länge, ein seltsam gezeichnetes Kärtchen von Deutschland, eine ganze und dann mehrere zerbrochene Kronen, kleine Dolche, Biergläser, Bänder und dergleichen. Dagegen wurden andere Sächelchen hineingelegt, worunter man ein griechisches ABC'Buch zu erkennen glaubte; der Kopf wurde geschlossen, dann bekam der ganze Mann ein wenig Streiche und nach einer Weile kroch ein ganz vergnügtes, bescheidenes, rundes Pfäfflein aus der prahlerischen Hülle hervor." (III, 32/33-33/15)

Die Kritik an den Burschenschaftlern, die später als brave Pfäfflein enden, stellt einen symbolischen Rest ehemals deftigerer Burschenschaftskritik aus der Tübinger Zeit dar, in der das dramatische Fragment **'Die umworbene Musa'** entstand. In diesem Fragment, das thematisch in engem Bezug zum Fragment **'Spillner'** steht,[18] werden außer dem burschenschaftlichen Bier-Säbel-Pulver-Freiheit-Pathos[19] hintergründig politische Motive für die geplante Verlegung der Universität von Tübingen nach Stuttgart in die Satire einbezogen,[20] indem das monarchistische Ideal vom Herrscher als Vaterfigur auf den Minister übertragen wird und die polizeistaatlichen Maßnahmen gegenüber den mündigen Bürgern, hier Kindern, das heißt Studenten, pädagogisch begründet werden; der Nebengrund, die Kostenersparnis, wird an erster Stelle und das entscheidende Motiv, die Zusammenlegung von Militärgewalt und Universität an einen Ort zur besseren Überwachung, inmitten weiterer Nebengründe genannt:

"Ihr Vormund, der Minister tut gescheute,
. . .
. . . usw.
Wenn er nach eignem Sinne und Verstand
Die Sache will mit mehr Ersparnis führen;
Deswegen soll sie in die Stadt,
Wo er die Kinder auch mehr unter Aufsicht hat;
. . . usw.
. . . Dann der Einfluß der Sitten, der gebildeten Gesellschaft, des Theaters, Unterdrückung des schädlichen Gemeingeistes, die unmittelbare Nähe des Militärs, weil die Kinder doch manchmal unartig sind . . ."[21]

Gemessen an diesem frühen Fragment wirkt die ins Komisch-Humorvolle gewendete Szene im **'Maler Nolten'** harmlos; die deftigen

Exklamationen und pathetischen Reden werden ins Symbolische zurückgenommen. Was an zeitkritischer Aktualität entfällt, bleibt in der Andeutung und im Symbol als historisches Faktum erhalten: Die Tracht des Riesen symbolisiert die Orientierung der Burschenschaften am Altdeutschen. Sein Auftreten als erhabene Figur erweist sich durch den Kontrast mit der Schwerfälligkeit eines tumben Riesen und mit dem winzigen Hanswurst, welcher seine 'geistige Hohlheit' aufdeckt, in jeder Hinsicht als falscher Schein. Die Kontrastierung von erhabenem Anspruch und Kleinheit lassen sich bis in die Diminuitivformen der Substantiva zeigen.

Um den Preis einer höheren Auslegungsbedürftigkeit und einer geringeren Brisanz dienen die traditionellen Figuren, Riese und Hanswurst, als Symbolträger für das Dargestellte; diese in der Karikatur üblich gewordene und hier ins Literarische übertragene Technik löst die Orientierung am satirischen Versgedicht ab. Im Blick auf die Gesamtkonzeption dient die Maske der rhetorischen Steigerung zur unheimlichen Romanfiktion, denn anschließend erfährt der Leser von der 'wirklichen' Maske der schicksalsträchtigen Zigeunerin (III, 33/22-23). Objektive und subjektive Positionen werden ironischerweise vertauscht, indem das objektiv, aus gesellschaftlicher Sicht Bedenkliche als 'Lüge' und das lediglich in Noltens Einbildungskraft subjektiv Bedrohliche als wirklich bezeichnet wird.

In welchem Maße Mörike hinsichtlich der Burschenschaftskritik in Andeutungen ausweicht, läßt schließlich die briefliche Fassung desselben Themas unschwer erkennen:

> "Ich dachte, es wäre nicht übel, wenn ein Gesetz der Natur wäre, daß sich in der Vacanz Stühle und Bänke besaufften, statt der Studios und COMMERCElieder sängen, hohe patriotische Reden und Ehrensachen im Munde führten usw. Ich bin überzeugt, Teutschland würde sich zwar um nichts besser, aber auch um kein Haar schlimmer befinden, wenn dies das ganze Jahr hindurch der Fall wäre; ja, wer weiß, wenn es den 100 Stühlen, worauf die wildesten Burschenschäftler fluchten und tranken, einmal einfiele, nach beendetem Türkenkrieg nun auch den teutschen Fürsten die Köpfe zurechtzusetzen, ob nicht mehr dabei herauskäme, als wenn 5 Universitäten ihre Sande ausschickten." 22

Ansonsten scheint eine Auseinandersetzung satirischer Art mit den politischen Realitäten auf den ersten Blick nur in einem subtilen Spiel mit dem Satireverdacht zum Ausdruck zu kommen, als das harmlos romantisches Intermezzo - **'Der lezte König von Orplid'** - in den Verdacht gerät, noch außerdem Satire zu sein (III, 99 ff.).

> "Endlich konnten die Bedenklichen sich doch der bescheidenen Frage nicht enthalten, ob nicht irgend etwas Politisches, Satyrisches, Persönliches dem Stücke zu Grund liege? irgend ein versteckter Sinn? denn für das, was es nur obenhin an Poesie prätendire, könne man es doch nicht einzig nehmen." (III, 149/14-19)

Die 'bescheidene' Frage schaukelt sich im satirewitternden Publikum bis zur denunziatorischen Verdächtigung auf:

> "Allerdings! allerdings! nun? ist das aber nicht ein ungeziemender Spaß? ist es nicht impertinent von diesem Larkens? aber ich hielt ihn von jeher für einen malitiösen Menschen." (III, 149/36-150/2)

Die Darstellung des angeekelt naserümpfenden, tuschelnden und französisierenden Publikums, welches sich durch dieses Benehmen dem Wispelschen Air sehr verwandt zeigt, könnte kaum überzeugender getroffen sein, obwohl die karikaturistische Überzeichnung ins Physiognomisch-Fratzenhafte und ins Pathognomische nicht fehlt:

> "Spott!Spott! lauter infame Ironie! ich will mich lebendig verbrennen lassen, wenn es was anders ist." "Und wie gemein mitunter", lispelte die bleichsüchtige Tochter Vesten's, hinzutretend, "wie pöbelhaft". (III, 150/22-25)

Wo Ludwig Tieck anläßlich einer ähnlichen Thematik in die deskriptive Übertreibung ausweicht,[23] zeichnet Mörike Sprachkarikaturen rein in ihrer lächerlichen Diktion, nur durch wenige Striche des Gesprochenen. Die einzige Person, die in diesem Fratzenensemble einigermaßen ungeschoren davonkommt, ist Konstanze, deren Verhalten nach wie vor versöhnlich und frei von Vorurteilen bleibt (III, 149/11 ff.; 150/31 ff.) in ihrer Absicht, sich "im Gegensatz zu adeligen Fratzen so menschlich wie möglich zu gebärden".[24]

Nach dem unliebsamen Zwischenfall schiebt der Dichter eine lange Erklärung an den Leser ein, in der jeglicher Verdacht auf eine satirische Anspielung so übertrieben gründlich von der Hand gewiesen wird, daß sie schon fast wieder unwahrhaftig wird (III, 152/9-153/15; 153/10-15). Doch noch vor dem hyperbolischen Dementi wird die Karikierung der sagenumwobenen Gestalt des König Nikolaus durchaus als Möglichkeit ins Auge gefaßt, so daß die ganze Angelegenheit trotz allem in der Schwebe bleibt.

> "Zumal", unterbrach der Andere (Nolten, R.T.) ihn (Larkens,R.T.) mit Gelächter, "zumal, wenn es wahr seyn sollte, daß dir selbst der Teufel auch einige Mal in den Pinsel gefahren ist, weil du, wie du sagtest, den herrlichen Kopf des Alten auf dem Portrait über meinem Schreibtisch länger als räthlich war, ins Auge gefaßt!" (III, 151/19-23)

Erinnert man sich an die Einführung, mit der das phantasmagorische Zwischenspiel als "ganz neues Genre seiner Kunst" (III, 94/33) und als "dramatisierte Fabel" (III, 95/11-12) angekündigt wurde, fragt es sich hier, ob der Begriff der Fabel nicht hintergründig das 'docere' einschließen könne? Wesentlicher jedoch scheint mir der Appell an den Leser und Zuhörer zu sein:

> " . . , wenn sie für die willkürliche Ökonomie meines Stückes einen freundschaftlichen Maßstab mitbringen und sich mehr nur an den Charakter, an das Pathologische der Sache halten." (III, 96/35-97/2)

Das Pathologische und die Nähe zur dichterischen Willkür herauszustreichen, verleiht dem Künstler von vornherein einen amphibischen Status der Unangreifbarkeit[25] und war durchaus üblich, um handfest Kritisches zu kaschieren, wie wir auch aus einem Brief Vischers an Mörike vom 28.1. 1831 ersehen können:

> "Dann wollte ich weiter sagen, könntest Du ja durch ein kleines Wort Dich sicher stellen, worin Du sagst, daß Du diese Arbeit (Vischers **'Traum'**,R.T.) nur als etwas pathologisch Interessantes, als einen kranken Faktor gesunder und heilsamer Ideen betrachtest und deswegen wagest, ihn mitzuteilen auf die dringende Anfrage des Verfassers." [26]

Doch dies sind keineswegs alle der irreleitenden Schwenker, die dem Leser geboten werden; noch einige Seiten später gewinnt der Satireverdacht im Munde der Freunde nochmals an

Wahrscheinlichkeit (III, 167/12-20), und man fragt sich, wozu Mörike einen solchen Aufwand mit immer wieder neu gesetzten und zurückgenommenen Positionen und Negationen treibe, bliebe die Kritik am sogenannten gebildeten Zirkel, am schöngeistigen Klub (III, 151/32)[27] wegen seiner Reaktion auf die vermeintliche Satire als einziger Fixpunkt im System der komischen Anspielungen erhalten.

Ein Vergleich dieser Darstellung mit ähnlichen Motiven aus der Literatur der Zeit, die von der Thematik her mit dem **'Nolten'**-roman verwandt sind, könnte auf Unterschiede aufmerksam machen: Entsteht in Kerners **'Reiseschatten'** der Unmut des Publikums aus der Diskrepanz zwischen phantastisch-irrationalem, romantischem Bühnenstück und scheinbar nüchternem Aufklärerbewußtsein des 'gebildeten Publikums'[28], beschwört in Ludwig Tiecks **'Der junge Tischlermeister'** lediglich eine obszöne Sprachwendung das Ärgernis im Parterre noble herauf,[29] so ist es bei Mörike der vermeintlich satirische Inhalt, der für die Betroffenen nicht nur Verdächtigungen, sondern die entsprechend unangenehmen Folgen nach sich zieht. Ohne die Tatsache zu ignorieren, daß eigentlich eine Jalousie Konstanzes diese Angelegenheit erst ins Rollen bringen wird - ironischerweise just jener Person, die an den billigen Verdächtigungen die geringste Schuld trifft - so sieht eine Zusammenfassung der kriminologischen Fakten folgendermaßen aus: Den denunziatorischen Äußerungen folgen die in der Zeit des Wiener Kongresses üblichen Verfahren gegen vermeintliche Staatsfeinde: Verhaftung (III, 174/13 f.), Beschlagnahme von Manuskripten und persönlichen Papieren und die Haftzeit, während der Larkens mit der Wiederaufnahme von vor längerer Zeit anhängigen Verdachtsmomenten wegen Teilnahme an liberalen Geheimverbindungen zu rechnen hat. Schließlich entscheidet er sich, ins Ausland zu emigrieren (III, 233/10-16).

Mörikes Spiel mit dem Verdacht geht über dieser Darstellung nicht verloren, und für die weitere Interpretation läßt sich der rezeptionsästhetische Ansatz, den Renate von Heydebrand ihren Gedichtanalysen der Mörikeinterpretation unterlegt hat, auch für diesen Roman fruchtbar machen.

Versetzen wir uns in die Situation eines zeitgenössischen Lesers und erinnern uns an Mörikes Art und Weise, Gegenstände dem Leser fremd und zugleich bekannt zu machen, dann fällt auf, daß die erste Zeile des eingefügten Dementis entgegen dem sonst fast märchenhaften Inhalt einen recht lebendig-wirklichen Namen, nämlich den des Königs 'Nikolaus' enthält (III, 152/9). Man kann sich den Leser, dem bei dieser Anspielung nicht die reale, historische Parallelfigur, Nikolaus Pawlowitsch I. (1796-1855), in den Sinn kommt, schlechterdings nicht vorstellen, zumal wenn man berücksichtigt, daß aufgrund der Polenereignisse und der Emigration oppositioneller Polen vor allem ins Württembergische dieser Thematik die besondere Aufmerksamkeit galt. Ein Blick in die von Lohbauer redigierte oppositionelle Zeitschrift **"Der Hochwächter'** orientiert umfassend darüber, daß in Württemberg über diese Ereignisse ausführlicher berichtet wird als über jene der Julirevolution in Frankreich.[30] Als weitere ganz wesentliche Informationsquelle kommt das Kernerhaus in Weinsberg in Betracht.[31]

Die Nennung eines Namens genügt, um die Tatsache ins Blickfeld zu rücken, daß man in Rußland in der Zeit der Heiligen Allianz und der Großen Allianz die Bestimmungen der Karlsbader Beschlüsse vom September 1819 bei weitem zu überbieten pflegte. Inwiefern Mörike von diesen Zuständen wissen konnte, braucht in Anbetracht der lebendigen Diskussion dieses Themas gar nicht erörtert zu werden, denn daß er zumindest die in Zeitungen veröffentlichten offiziellen Dekrete kannte, gibt er über hundert Seiten später - so ganz nebenbei und bescheiden - in einer weiteren Anspielung zu erkennen:

> "Gebt mal Acht, Kinder!" hub der Vater an: "Das ist ein Einfall vom russischen Kaiser! superb, ganz excellent! Da hört nur." Und nun wird ein langer Artikel vorgelesen, wobei der Alte seine Wölkchen heftiger vom Munde abstieß." (III, 274/24-27) [32]

In dem eingefügten Dementi läßt sich allerdings außer einer erfundenen Affäre ganz und gar nichts finden, nicht einmal Ähnlichkeiten mit politischen Tatsachen ließen sich herausspekulieren, denn Mörike zieht sich um einen Schritt weiter zurück als die uns bekannten Kritiker der Aufklärung und der Romantik: Ist es seit Montesquieus **'Lettres Persanes'** literarischer Usus, kritikwürdige Zustände ins Ausland zu verlegen, lassen sich Beispiele für ihre Verlegung ins Märchen besonders bei Wieland und in der Romantik genügend anführen, versteckt sie Mörike so, daß sie fast unauffindbar, nur dem engagierten Leser präsent, über bedeutungshaltige Symbole und Begriffe ins Bewußtsein dringen.

Offiziell weist der Verdacht zurück auf das phantasmagorische Zwischenspiel, genauer gesagt, auf den romantischen Teil dieses Zwischenspiels. Doch weist **'Der lezte König von Orplid'** keinerlei anstößige Themata auf. Bleibt man bei dieser Feststellung stehen, fällt man unweigerlich in eine Falle, die - spielerisch oder ernst, das mag vorerst dahingestellt sein - dem Zensor zugedacht ist. Ein zensurgeübter Leser sollte seine Blicke dorthin eben gerade nicht richten und besser den subtilen Hinweis in der Ankündigung des Zwischenspiels beachtet haben:

> " . . . ; dagegen gab es Veranlassung, zwei moderne, aus dem Leben gegriffene Nebenfiguren lustig einzuflechten . . ." (III, 97/6-11) [33]

Tatsächlich steht diese vermeintliche 'Rüpelszene', wie sie sich zwischen dem (B)Uchdrucker und Wispel abspielt, in bester Shakespeare-Tradition: Eine alte Chronik, welche für die Erlösung und Befreiung des alten Königs von Orplid eine wichtige Rolle spielen wird,[34] soll an den Boten Kollmer verschachert werden. Der kaum anders als brutal zu benennende Buchdrucker neidet dem einfältigen Wispel von Anfang an "Profit und Ehre" (III, 124/14-15; 124/22) und versucht, ihn von dem Handel fernzuhalten (III, 124/19-20; 125/28-29). Wispel indessen räsoniert, wie er den Käufer in Gespräche verwickeln könne (III, 127/18-128/3). Seine scheinbar wirren Reflexionen bewegen sich auf einer wirtschaftshistorischen Linie vom Tauschhandel bis zum Wucher (III, 127/23-32; 128/2). Erst nach längerem Zaudern kommt ihm eine 'geniale Fantaisie' von einem anderen Gesetz der Natur,[35] man könnte sagen, Wispels metonymische Fassung eines Aufrufs zum Umsturz, die dem Appell aus Georg Büchners Schrift **'Der Hessische Landbote'** nicht unähnlich sieht, in Frageform:

> "Ja nun eben stößt mir's auf, ich hab' es: - nemlich in der Natur, wie sie einmal vor uns liegt, scheint mir Alles belebt, obgleich in scheinbarer Ruhe schlummernd und fantatisirend; so PAR EXEMPLE, wenn sich einmal die Straßensteine zu einem Aufruhr gegen die stolzen Gebäude verschwüren, sich zusammenrotteten, die Häuser stürzten, um selbst Häuser zu bilden? Wie? heißt das nicht eine geniale FANTAISIE? COMMENT?" (III, 128/7-14) [36]

Abgesehen von Wispels Barrikadensprache stürzt man nicht Häuser, um neue Häuser zu bilden, sondern bestenfalls Regenten und Regierungen, um neue Regierungen oder ein Parlament zu bilden.
Wispels revolutionär-anarchische Idee des Umsturzes und der Güterverteilung erntet stante pede Gewaltandrohung (III, 128/16-18, 21), woraufhin er einlenkt:

> "Ä hä hä hä!ja das wäre meine Idee etwas zu weit ausgeführt, Bester.- Aber was treibst du-? CIEL!Deine Haare werden ja so starr wie ein Seil!Dein Haupt ist ja wie eine Blechhaube! Du leertest ja die Hälfte des Topfes aus!" (III, 128/20-24)

Nachdem des Buchdruckers Starrköpfigkeit in einer besonders bildlichen Ausprägung von 'Versteifungskomik'[37] zum Ausdruck gekommen ist, wird Wispel mißhandelt.
Die Anspielungen auf die ideellen Ziele der Französischen Revolution, auf liberté, égalité und fraternité, beziehungsweise die Thematisierung ihrer Gegensätze, Formen des Starrsinns und der Gewalt, sind nicht so versteckt, daß man sie übersehen müßte.[38] Wispels Idee der Gleichheit bleibt ebenso ungehört wie die flehentlichen Beschwörungen der Brüderlichkeit. Daß Wispel eben auf dieses Ideal so pocht wie auf kein anderes, dürfte weniger verwundern, wenn man in Erwägung zieht, daß dieses Ideal das einzige war, welches in die Gründungsurkunde der Heiligen Allianz von 1815 explizit aufgenommen worden war.[39]
Am Ende wird Wispel geknebelt und gebunden (III, 132/6-7), und ohne Bruch lassen sich seine utopischen Träume - Seifenblasen -[40] in das Interpretationsbild einfügen. Die kleine Szene

wird durch einen für Mörike typischen perspektivischen Trick, den der Leser mitvollziehen kann, optisch vergrößert, durch den Blick durchs Schlüsselloch (III, 132/10 f.). - Wispel wird sich damit begnügen müssen, weiterhin in scheinbarer Ruhe zu schlummern und zu 'fantatisiren'.

Ob es dem Dichter damit gelungen sei, nach dem mißglückten **'Enzio'** mit dieser komisch-satirischen Einlage etwas allgemein Ansprechendes zur Welt gebracht zu haben,[41] läßt sich angesichts der Reaktionen in Rezensionen und der diesbezüglich sehr dürftigen Interpretationsansätze in der Fachliteratur nach dem Verlauf von über hundertfünfzig Jahren kaum bejahen. Doch wenn man der Biedermeierdichtung einerseits ein Abdämpfen ins Harmlos-Beschauliche vorhält, so darf auf der anderen Seite eine durch die Praktiken der Zensur geweckte Sensibilität der engagierten Leser nicht ganz übergangen werden. Hinzu kommt die besondere gefährdete und wirtschaftlich prekäre Situation Mörikes.
Unter der Oberfläche einer scheinbar rein zwischenmenschlichen Auseinandersetzung thematisiert er in der Maske des Komischen für einen Moment die fragwürdige Wirklichkeit.[42]
Wäre der Inhalt der achten Szene in Gedichtform erschienen, wäre er der Zensur wohl ein Verbot wert gewesen, denn schon gegen Begriffe wie 'Befreiung' und gegen literarische Requisiten wie Knebel und Maulkörbe war man äußerst allergisch.[43]
Auch wenn die Veröffentlichung des **'Maler Nolten'** in eine Periode weniger streng gehandhabter Zensur fällt,[44] gilt es Mörikes besondere Situation zu bedenken. Der Name Mörike war durch die Verhaftung des jüngeren Bruders Karl wegen revolutionärer Umtriebe in Verruf geraten und für Mörike stand zu dieser Zeit die Übernahme in das Pfarramt auf dem Spiel, denn das Konsistorium, welches über seine Einstellung zu befinden hatte, war direkt dem Ministerium unterstellt.[45]
Aus eben diesem Grunde lehnt Mörike die Veröffentlichung von Vischers **'Traum'** unter seinem Namen ab.
In einem Brief an den jüngeren Bruder ins Gefängnis kommt die begründete Angst in bezug auf die Mystifikation nochmals zum

Ausdruck:

> "Grade zu der Zeit, als Du etwa im November v.J. die ersten demagogischen Mystifikationen im stillen angelegt haben magst und ich noch keine Ahnung von solchem Spuk hatte, war ich daran, ein Motiv zur Gefangensetzung des in der Novelle vorkommenden Schauspielers Larkens zu erfinden." [46]

Nur Dummheit, Pedanterie oder Ängstlichkeit könnten Ähnlichkeiten entdecken wollen, schreibt Mörike weiter. - Doch gerade damit hatte man es ja zu tun - ein Grund mehr für den Dichter, "anfangs leise und quasi versteckt" aufzutreten.[47] Daß er sich in diesem Versteck nach und nach häuslich eingerichtet hat, steht auf einem anderen Blatt.

Perfekt wird Mörikes 'infam-ironisches' Verwirrspiel jedoch erst aus der Distanz:

> "Am artigsten wär's, sezte er scherzend hinzu, man sezte ein Gericht nieder, bestehend aus einem Archäologen, einem Professor der Ästhetik und einem Advokaten, die sich über das Manuscript und die Bilder hermachen sollten. Nicht wahr, meine Schönste?"
> (III, 167/3-7) [48]

Diese scherzhafte Bemerkung des Herzogs wirkt zwar oberflächlich gesehen lustig-humoristisch, doch auf dem Hintergrund der tatsächlichen Ereignisse erweist sie sich als makaberster schwarzer Humor.
Innerhalb eines Satzes spielen Humor und Schreckliches, Heiterkeit und Ernst ineinander, ähnlich wie Mörike das bei der Beschreibung des sichern Manns in einer identisch aufgebauten Satzfigur zur Sprache bringt, wobei die verfremdende Wirkung sich dem Leser als rhetorische Grundform für die Klimax im letztgenannten Beispiel präsentiert:

> "Bewahre, er spielt nur mit ihnen (den Kindern, R.T.), er knetet sie unter seiner Sohle auf dem Boden herum und lacht und grunzt so artig dabei und schmunzelt so gütig." (III, 118/1-3)

Der zugleich gütig-väterliche, kindermißhandelnde und feenmordende Riese gerät hierbei fast zum schwäbisch-grotesken Pantagruel. Der Wende von der Güte zur Willkür im romantischen Teil des Zwischenspiels, analog zur real in der Gesellschaft erfahrenen, entspricht die vom Schönen und Anmutigen zum Grausam-Häßlichen, kontrastiert doch in beiden der zitierten Beispiele diesem Häßlichen der Begriff des 'Artigen', welchen Breitinger in seiner **'Critische**(n) **Dichtkunst'** für das Ideal von Anmut und Grazie verwendet hatte.[49]

Doch trotz alledem ist dies eine "graziöse Ironie" und die "fröhliche Kritik" eines Dichters, der, weil er das Kritikwürdige nicht ändern kann, schmunzeln und lachen läßt,[50] ja, er läßt den Lesern bewußt mehrere Interpretationsmöglichkeiten, indem er die Angelegenheit in der Schwebe hält, denn der Schlußstrich des Schauspielers ist noch keiner:

> "Mögen sie sich doch, rief er dem Maler zu, die Zähne ausbeißen an diesen armseligen verklexten Gläsern! und dem ersten Schöpsen, der die Nase in mein argloses Machwerk stecken wird, schlage der Geist des alten Nikolaus nur tüchtig hinters Ohr, zur Erleichterung des kritischen Verständnisses!" (III, 172/10-14)

Mit Tücke und Doppeldeutigkeit treibt Mörike die Sache auf die Spitze: Zugleich werden sowohl der Widersinn von Regierungsmaßnahmen als auch die Erwartungen des kritisch-engagierten Lesers auf Tendenzliteratur im Komischen mit den Widersprüchen in der Kunst konfrontiert.

Die echte Komik läßt nichts fix und absolut werden und das 'rechte Lachen ist dialektisch'. Es gehöre zum Komischen dazu, mit wichtigtuender Ausführlichkeit eine Begebenheit zu untersuchen, um dann mit der Bemerkung zu schließen, es sei ohnehin kein Wort daran wahr, wird Vischer in seiner Habilitationsschrift frei nach Laurence Sterne formulieren.[51]
Mit Mörike nennt sich eine solche Ambivalenz bescheiden eine "reizend gemischte Wahrheit".[52]
Der kontemplative, wie Vischer differenziert, "bloß ästhetische Leser" braucht sich dessenthalben keineswegs brüskiert zu fühlen und schmunzelt eh weiterhin über Mörikes gutmütigen Humor und seinen märchenhaften Nikolaus, dem "denkende(n)"[53] und engagierten Leser, der seine Lektüre einer intensiven "Witzarbeit" unterzieht,[54] entfaltet sich für Augenblicke die ganze Schrecklichkeit des Wirklichen, und dem konzilianten und lite-

rarischen Leser wird dieses Ensemble der Widersprüche erst recht die Lust am Text erhöhen, denn, wo er die traurige Wirklichkeit nicht ändern kann, wird er etwas stattdessen tun: lachen.[55]

Wo für Mörike die Grenze zwischen Kunst und Nichtkunst liegt, schätzt Vischer in seiner Rezension von Mörikes Gedichten sehr genau ein:

> "Nun soll sich freilich die Brust des Dichters niemals der Gegenwart und ihren bewegenden Ideen verschließen, aber es fragt sich, ob diese Ideen reif sind zur poetischen Gestaltung, und darum kümmerte man sich nicht, man übersah, daß es sich nicht darum handelt, o b der Dichter die Zeitfragen, sondern w i e , ober er sie auf poetische Weise in sein Werk aufgenommen, ob er sie in einen ästhetischen Körper gewandelt hat. Produkte, denen man die didaktische Tendenz, die Absicht, modern zu sein, an der Stirne ansah, wurden um des bloßen Stoffes willen als Gedichte gerühmt." 56

Einer differenzierten Betrachtungsweise entspricht zudem, daß Mörike das letzten Endes zum Emigrationsentschluß führende Handeln des Schauspielers nicht ausschließlich politisch motiviert. In einer in die Haftzeit eingeschobenen Erinnerung erfährt der Leser, wie Larkens der Schauspieler des komischen Faches geworden ist (III, 177/18 ff.). Der Gedanke an eine zerissene Vergangenheit (III, 331/19-20) gründet sich außer auf die tragische Schuld gegenüber dem Freund Nolten auf einen weiter zurückliegenden Konflikt. Zu einem Zeitpunkt, als er sich seines Talents noch nicht sicher ist, ob es im Komischen oder im Tragischen liege - einem "sonderbaren Naturzwang zufolge" hätte er sich für das Tragische entschieden (III, 177/29) - zwingt ihn die Gunst des Publikums in die komische Rolle. Zudem bringt die Diskrepanz zwischen künstlerisch-produktiver, dichterischer und existenznotwendiger, schauspielerischer Arbeit einen widrigen Konflikt hervor (III, 177/32-178/5), welcher ihn in die traditionellen Künstlerkrankheiten Melancholie und Hypochondrie stürzt. Diese produktionsästhetischen Zwänge tragen zu dem tragischen Schicksal bei, und so wird auch hier die grundsätzliche Konvertibilität von Tragischem und Komischem offenbar. - Nur die Künstlerfreundschaft mit Nolten bewahrt ihn vor dem physisch-moralischen Schiffbruch. Wo noch

Zwänge auftauchen, wird nun dem Künstler das Komische zum Pharmakon, Melancholie und Resignation zu überwinden:

> "Das Bischen, was noch aus mir glänzt und flimmt, ist nur ein desperates Vexir-Lichtchen, durch optischen Betrug in euren Augen vergrößert und verschönert, weil sich's im trüben Hexendunste meiner Katzen-Melancholieen bricht." (III, 178/33-36)

In dem Augenblick in dem auch das nicht mehr hilft, flieht der Künstler ins Tischlerhandwerk, ohne sich über die Härte der Arbeit und diese völlig andere Welt, die des rein Ökonomischen, Illusionen zu machen (III, 343/9 ff.); er flieht, sozialgeschichtlich gesehen, in den Beruf, der sich bis heute als ein Dasein zwischen Kunst, Handwerk und Natur für Entfremdete und 'Aussteiger' als attraktiv erweist.[57]

Das Dilemma seiner kritischen, satirisch-ironischen Weltsicht sieht er konsequent nüchtern:

> " . . , es ist alle Schönheit von mir gewichen; die dürre nackte Wahrheit blieb mir allein, **sie** und - die Reue." (III, 239/27-28)

Versucht man, das Spektrum des Humors in Mörikes Erstfassung des **'Maler Nolten'** zu überblicken, ist nachträglich einer Begriffsundeutlichkeit entgegenzutreten, der ich mich selber nicht konsequent genug entzogen habe. Es ist der von Wolfgang Preisendanz für die Bestimmung des Humors eingeführte Begriff der Ambivalenz,[58] der lediglich auf eine Zweiwertigkeit und nicht zwingend auf eine Mehrdeutigkeit hinweist und damit über das Komische in seiner Vielgestalt vom Scherz über das Burleske, gutmütig Humoristische, Launige und Lustige, Satirische, Ironische, Polemische und Makabre und die Berührungspunkte mit dem Tragischen zu wenig aussagt, vor allem nicht über das ständige Sich-Verwandeln der verschiedenen literarischen Töne, und ich greife aus diesem Grunde auf einen Begriff zurück, der einer nicht exakt bestimmbaren Grenze zwischen den Spielarten des Komischen und des Humors, wie sie die Definition des Schönen durch die Schönheitslinie nahelegt, eher entsprechen könnte, auf den Begriff des Oszillierens, den Erwin Rotermund für die Bestimmung des Ironiebegriffs verwendet hat.[59]

Auch in Mörikes 'Humor' handelt es sich um das Oszillieren aller möglichen literarischen Töne vom oberflächlichen Scherz bis zur bissigen Satire, und wenn diese auch keineswegs vorherrscht, so spielen diese Gegensätze doch fortwährend ineinander;wie das Häßliche und Schöne im Schein der Flamme sind sie für den Betrachter nicht immer so genau auseinanderzuhalten.

Daß wir mit dieser Sicht der Selbsteinschätzung des Dichters sehr nahe kommen, beweist nicht zuletzt die folgende Selbstpersiflage, notwendiges Ingrediens dieses vielfältigen Humors:[60]

> "Der Pfarrer nämlich, ein Mann von den widersprechendsten Launen, wohlwollend und tückisch, menschenscheu, hypochondrisch, und dabei oft ein beliebter Gesellschafter, hatte neben manchen höchst widrigen Eigenschaften den Fehler der Trägheit in einem fast abscheulichen Grade und sie verleitete ihn zu den abgeschmacktesten Liebhabereien. Konnte es ihm gefallen, mit gesundem Leibe ganze Tage im Bett zuzubringen und über Ein und dasselbe Zeitungsblatt hinzugähnen, so machte dieses wenigstens Niemanden unglücklich."
> (III, 199/9-17) [61]

VIII. Das romantisch-klassische Grundkonzept und die Bau-Form des Romans [1]

Als sich der Roman **'Maler Nolten'** schon seit Monaten im Druck befindet, reflektiert Mörike über eine literarische Gattung neben Roman und Novelle. Seine Gedanken lassen sich vielleicht auch auf das damals schon fertiggestellte Werk beziehen.

> "Und überdies wäre die Frage, ob man nicht berechtigt wäre, neben dem eigentlichen Roman und der Novelle, ein besonder Genre aufzustellen, das, ohne auf höchste Notwendigkeit im innern Organischen Anspruch zu erheben, doch in der Stellung und Ausdehnung der sinnlichen Teile sich einiger Symmetrie befleißend, eine anspruchslose, für sich interessierende Geschichte als den Träger einiger gleichfalls für sich interessierenden, durch schwächere Motive mit der Fabel verknüpften Ideen gebrauchte." [2]

Auch im Roman wiederholen sich variiert Motive der 'Tableaux vivants', der Balladenszenen, der Legenden, des phantasmagorischen Zwischenspiels und der lyrischen Einlagen als anspruchslose Träger von Ideen, die mit der Fabel verknüpft sind, in symmetrischer Anordnung, das heißt in ähnlicher Bedeutung und in ähnlichem Kontext: An dieser dichterischen Methode gedenkt der Dichter offenbar festzuhalten.

Je rationaler der Leser jedoch versucht, die "in loser und schwebender Verknüpfung" (III, 361/19-20) angeordneten Szenen in eine semantische Analogie zu zwingen, desto eher verliert er jegliche Orientierung. So sehr der Roman dazu einlädt, einen Sinn aufzuspüren, wenn man beispielsweise feststellt, daß die Försterstochter Agnes, nachdem sie vom narzistisch veranlagten Nolten verlassen wurde, wie die antike Echo ein Echolied singt,[3] wenn sich Ulmons Lebensüberdruß in dem Noltens zu wiederholen scheint (III, 133/28 ff.; 405/13-14) und sich dem Geiste beider gleichermaßen ein Buch des Schicksals präsentiert, wenn im Erzählbericht von Konstanzes Verzweiflung über Noltens vermeintlichen Betrug einige Verse aus dem Part der zornrasenden Thereile zitiert werden,[4] könnte man geneigt sein, dem Mythisch-Märchenhaften eine Bedeutung für das ganze Romangeschehen beizumessen, etwa die Schicksalschläge Ulmons in "Vergangenheit, Gegenwart und Zukunft" (III, 103/20) auf Noltens Situation zu übertragen (III, 406/10 ff.). Vermeint man einen Sinn darin zu entdecken, wenn der Star, die komische Tierphysiognomie der Hofratsphantasie, in schwarzgelbem Kostüm dargestellt wird, nachdem man sich daran erinnert haben könnte, daß schon die bekannte Physiognomie des Schauspielers Larkens in eben dieser Farbzusammenstellung geschildert wurde, so führt doch die naive Parallelisierung, dieser Star s e i Larkens, zum blanken Unsinn.[5] - Versucht man über die Ähnlichkeiten hinaus konkrete Analogien zu suchen, kommt meist die eigene Phantasie mehr zu Wort als der Text und führt in die tollsten Irritationen. Auf eben diese Darstellungsweise scheint Mörike hinweisen zu wollen, wenn er in einem der eingefügten Kunstgespräche auf Novalis verweist (III, 282/21). Wie Herbert Meyer in den Erläuterungen zum Roman vermutet, bezieht sich diese Äußerung auf folgendes Novalis-Fragment:

> "Die Kunst, auf eine angenehme Art zu befremden, einen Gegenstand fremd zu machen und doch bekannt und anziehend, das ist romantische Poetik." [6]

Ähnlich wie bei Mörikes Anspielung auf Hogarths Kunsttheoreme genügt ein subtiler Hinweis auf den theoretischen Hintergrund die im Roman enthaltenen Kunstdiskussionen und die Formen der literarischen Darstellung sind eng aufeinander bezogen. Wir haben es hier mit einer in erster Linie darstellungsästhetischen Frage zu tun, w i e der Dichter auf eine angenehme Art befremdet oder einen Gegenstand bekannt und anziehend macht. Inwiefern der poetologische Ansatz des Novalis für die Konzeption des Romans von Bedeutung sein könnte, soll in den folgenden Abschnitten exemplarisch herausgearbeitet werden, um den Kreis der Interpretation allmählich enger zu schließen.

Knüpfen wir dazu nochmals an Mörikes Metapher der Flamme und des Feuers und an seine Bedeutungsvielfalt an,[7] sofern sie noch nicht erwähnt worden ist. Dem Leser sind aus dem Kontext die Bedeutungen meist erschließbar, doch wird gerade durch beiläufige Randbemerkungen der Grad ihrer Unbedingtheit relativiert, erfährt das eben Dargestellte eine schwache ironische Brechung.

Dürfen wir es Larkens als Verdienst anrechnen, Noltens Liebeskalamitäten im Rahmen halten zu wollen oder dürfen wir es als Gegengewicht zur ausufernden Phantasie deuten, wenn der Schauspieler bei sich sagt, er sei bei der Hand, falls "Feuer im Dach auskommen sollte" (III, 47/6-7)? - Naiver Volksaberglaube, die Angst vor der Gefahr, die Schauerstimmung der Feuerreiterballade und die ironische Anspielung auf die phantastische Einbildungskraft Noltens sind gleichermaßen auf diesen Satz beziehbar oder mischen sich doch zumindest in die Phantasie des Lesers. Ebenso läßt sich des Försters Angst "Herr Gott, du namenlose Güte!" . ."hätt' ich und meine selige Frau damals gewußt, was für ein gefährlich Feuerspiel" - (III, 278/15-17), das in erster Linie auf das Zündeln der Kinder zu beziehen ist, assoziativ auf die eben beschriebenen Sinnbereiche ausdehnen, was im Kontrast zum naiven Sinn nicht nur eine je nachdem komische oder schauerliche Wirkung erzielt, sondern auch wörtlich genommen werden kann, wird doch dem jungen Nolten durch diese 'Güte' und in diesen Momenten der Genius der Kunst zuteil.

Geht man verschiedenen Motivketten und Parallelmotiven nach, erinnert man sich etwa an die zu Anfang beschriebene Skizze (III, 16/7 ff.), wenn man liest, daß Agnes kurz vor ihrem Ableben nach einem alten Vogelnest verlangt, oder verfolgt man die Armbrust, mittels welcher Ulmon duch Feenhand von seinen Liebesleiden erlöst wird und die sich unvermutet als Schnitzware in Loskines Händen wiederfindet, später Noltens Oheim Fridrich den Weg zur Flucht weist und schließlich als modernes Schießgerät während der Gewehrschrankinspektion Noltens wieder auftaucht,[8] stellen sich zwangsläufig Assoziationen ein, welche die Empfindung des Unheimlichen bei sich führen.

Es bedarf zur Steigerung des Unheimlichen keines einzelnen Schauerrequisits, etwa eines Messers, das dem Helden in seiner Imagination wegweisend voranschwebt, der Dichter braucht nicht wie der triviale Schauerromancier eine Ahnenfigur aus dem Bild hervortreten zu lassen; ähnliche Charakterzüge bei Thereile,

Loskine und Elisabeth genügen, und das übrige besorgt die Leserphantasie, die mehr oder weniger u n b e w u ß t Motive und Begriffe in Verbindung bringt.
Auf diese Weise verliert sich jegliche Zeitorientierung, es entsteht der Schein, die mythisch-märchenhafte Vorvergangenheit biete ein Erklärungsmuster und habe noch Wirkungsmacht für die fiktionale Vergangenheit und Gegenwart der Romanfiguren.
Durch das der Arabeske eigene Verweben der Motive entsteht eine "Unerschöpflichkeit durch das Gefühl, daß uns mehr geboten wird, als unser Auge erfassen kann."[9]

Mörike wählt als Metapher für alle diesen hintergründigen Zusammenhänge das aus der manieristischen Architektur stammende noch in der Barockzeit beliebte Labyrinth:[10]

> "So heißen bekanntlich in der alt-französischen Gartenkunst gewisse planmäßig, aber scheinbar willkürlich ineinander geschlungene Laubengänge, mit einem einzigen Eingang, welcher sich schwer wieder finden läßt, wenn man erst eine Strecke weit in's Innere gedrungen ist, weil die grünen, meist spiralförmig um einander laufenden und durch unzählige Zugänge unter sich verbundenen Gemächer fast alle einander gleichen." (III, 359/29-35) [11]

Trotzdem gelangt der Besucher des Labyrinths, hier Nolten, nicht anders als der Leser des Romans, wenn er eine bestimmte Richtung verfolgt (III, 360/5), ins Zentrum. - In welch engem Zusammenhang dabei die von Mörike dargestellten Architekturformen mit der 'Bau-Form' des Romans zu sehen sind, werden wir noch an anderen Beispielen sehen.
Die Vermischung des Mythisch-Wunderbaren mit der Wirklichkeit des Romangeschehens wird so zu einer Angelegenheit des Erinnerungsvermögens des Lesers und je nach dem Grade der Befremdung und des Wiedererkennens fällt das Umschlagen vom Wunderbaren ins Unheimliche des katastrophalen Schlusses ins Gewicht.[12]
Das Wunderbare und das Unheimliche, im Romanverlauf kaum irgendwann eindeutig voneinander zu trennen, sie brechen am Schluß des Romans auseinander: Der Wind, Reminiszenz an das Jung-Volker-Lied[13] und an Agnesens Windlied (III, 396, 397), erscheint wieder als eine auf den Begriff gebrachte, das Wun-

derbare verkörpernde Tiergestalt, als 'Windspiel' namens 'Merveille' (III, 399/ 23 ff.), das sich von Agnesens Aura des Unheimlichen auf eine beinahe magnetische Weise abgestoßen fühlt. Doch auch ohne die Hinweise auf solch artifizielles Spiel verführt der Dichter die Phantasie des Lesers zu haarsträubenden Pirouetten, erinnert man nochmals an die verführerische, kleine golden-grüne Schlange in Ulmons Bekenntnis seiner Haßliebe und an die Interpretation der hintergründigen Verwandlungsatmosphäre[14] aus den Feenmärchen. - Kaum vermeint man, der mörikeschen Phantasie auf die Sprünge gekommen zu sein, fürchtet man schon wieder durch eine besondere Abhandlung des Dichters zur sinnlich-sittlichen Wirkung der Farbe Grün befremdet zu werden, indem als Kontrast das Naivste, die Farbe in ihrem alltäglichsten Vorkommen vorgestellt wird:

> "Bräute, deren Väter vom Forstwesen sind, haben vor Andern in der Einbildung des Liebenden immer einen Reiz voraus, entweder durch den Gegensatz von zarter Weiblichkeit mit einem muthigen, nicht selten Gefahr bringenden Leben, oder weil selbst an den Töchtern noch der frische freie Hauch des Walds zu haften scheint; es sucht überdieß die gemeinschaftliche Farbe Grün solche Ideen gar gefällig zu vermitteln." (III, 271/16-22)

Das Moment der Gefahr wird trotz naiver Anmut, Munterkeit und Gefälligkeit erwähnt, wie bei dem grün-goldenen Schlänglein geht es um einen gewissen Reiz, doch hat sich der Leser auf diese naive Leseweise eingestimmt und erfährt dann, daß Agnes einige Zeit später von Larkens einen grünen Spenzer mit goldenen Knöpfen zum Brautgeschenk erhält, verwandelt sich dann dem Leser das naiv-anmutige Förstersmädchen nicht urplötzlich selbst in eine ekelhaft-verführerische golden-grüne Schlange, gerät nicht das"goldreine Christengelsbild" (III, 47/32) fast zur verhängnisvollen Fee? - "Ein jeder Engel ist schrecklich . . ."[15]
Der Phantasie des Lesers bleibt, als sei ein wunderbarliches Vogelnest im Spiel,[16] kein Bild erhalten.
Wer die in loser und schwebender Verknüpfung angeordneten Metaphern, Symbole, Motive und Chiffren rational auf einen Nenner zu bringen sucht und nicht die Unschärfen, bedingt durch ein stetiges Sich-Verändern und Sich-Verwandeln als solche

gelten läßt, wer nicht gewillt ist, die ständige Bewegung der Schönheitslinie im Grenzland des Schönen anzuerkennen und an klar gezogenen Grenzen zwischen Bewußtem und Unbewußtem, Wirklichkeit und Traum, Schönem und Häßlichem, Wunderbarem und Unheimlichem sowie zwischen Ernst und Komischem festhält, dem wird diese Kunst tatsächlich zum sinnverwirrenden 'Schwindeltrank' (III, 28/6). Es bedarf nicht der grotesken Figuren eines Ludovico, denn diese erschafft zur Genüge eine auf unbedingten Sinn ausgerichtete Leserphantasie, der sich, je analogiefreudiger sie sich erweist, umso verschlungenere Fresken und Grotesken an die Decke malen. Hinsichtlich der literarischen Durchführung werden die aus der Perspektive des Klassizismus an Nolten gerügten romantischen Eigenheiten nicht nur vertreten, sondern sogar noch gesteigert, wie nicht zuletzt die Weiterführung des Kunstgesprächs, Noltens Entgegenung auf die Novalis-Anspielung, verdeutlicht:

> "Ganz recht!" fiel Nolten ein; "aber wenn dem wahren Dichter bei dieser besondern Anschauungsweise der Außenwelt jene holde Befremdung durchaus eigen seyn muß, selbst im Falle sie sich in seinen Produktionen nicht ausdrücklich verrathen sollte, so kann dagegen die Vorstellungsart des bildenden Künstlers ganz entfernt davon seyn, ja sie ist es nothwendig . . ." (III, 282/24-29)

Daß gerade Mörikes Spiel mit literarischen und bildlichen Fragmenten, das aus dem ursprünglichen Zusammenhang Herausgerissene, die Befremdung des Lesers bis ins Groteske steigert, läßt erkennen, daß nicht der bildende Künstler, sondern der Dichter sich von jenem dem bildenden Künstler zugesprochenen Ausgangspunkt der romantischen Kunst noch weiter entfernt hat.

So willkürlich und eigenwillig Mörikes Variationen und Kontrastsymmetrien scheinen, entbehrt die dichterische Darstellungsweise nicht ganz der kunsttheoretischen Rechtfertigung. Freilich könnte an dieser Stelle eingewandt werden, die Interpretation habe bislang nur auf die Art und Weise der Darstellung ein Licht geworfen und die gattungstheoretischen Aspekte träten zu sehr in den Hintergrund. Diese besondere Darstellungsweise hängt jedoch eng mit der Bauform des Romans zusam-

men.
Schon an früherer Stelle hatte ich festgestellt, daß den verschiedenen Kontrastszenen, eingeschobenen Kontrastmotiven, Metaphern, Gedichten, Balladenszenen und Erzählungen eine retardierende Funktion zukomme, welche Erwartung und Spannung zu erregen vermag; die Wendung ins Unheimlich-Schauerliche als eine nicht ausschließbare Spielart des Erhaben-Tragischen wird immer wieder durch komische, idyllische und elegische Einlagen verzögert. Darum scheint es nicht geboten, dieses Werk allein wegen seines für die Gattung unüblichen Schlusses kurzum der Schauerliteratur zuzuschlagen.
Über die theoretischen Äußerungen in den Briefstellen hinaus ließen sich analog zu Mörikes poetischem Vergleich mit dem Labyrinth weitere Verbildlichungen in folgender Architekturbeschreibung eines Schlosses erkennen, deren enge Verwandtschaft mit Goethes Beschreibung des Lothario-Schlosses in **'Wilhelm Meisters Lehrjahre**(n)**'** zwar verschiedentlich erwähnt, bisher jedoch nicht genügend auf die Unterschiede und die Besonderheiten hin interpretiert worden ist. Sicherlich liegt es nahe, derartige Beschreibungen in erster Linie dem jeweiligen Baustil zuzuordnen, doch entspricht die Art von Schloß- und Gartenanlagen zugleich immer einem bestimmten Verhältnis des Menschen zur Natur und ist Ausdruck einer Weltsicht schlechthin, wie Goethes Beschreibung eindrucksvoll erkennen läßt:

> "Unter diesen Worten und Gedanken war er auf die Höhe des Berges gekommen und sah an dessen Abhang, an der andern Seite, ein wunderliches Gebäude liegen, das er sogleich für Lotharios Wohnung hielt. Ein altes, unregelmäßiges Schloß, mit einigen Türen und Giebeln, schien die erste Anlage dazu gewesen zu sein; allein noch unregelmäßiger waren die neuen Angebäude, die teils nah, teils in einiger Entfernung davon errichtet, mit dem Hauptgebäude durch Galerien und bedeckte Gänge zusammenhingen. Alle äußere Symmetrie, jedes architektonische Ansehn schien dem Bedürfnis der innern Bequemlichkeit aufgeopfert zu sein. Keine Spur von Wall und Graben war zu sehen, ebensowenig als von künstlichen Gärten und Alleen." 17

Wie das Schloß des Oheims im Kapitel **'Die schöne Seele'** als Spiegel seines idealen Charakters und einer idealen Harmonie gesehen werden kann, spiegelt sich in der Beschreibung des Lothario-Schlosses Wilhelm Meisters Werdegang und Erhebung zum Mitglied der ihn leitenden Turmgesellschaft: Durch so verschiedene Einflüsse der Held des Romans auch geprägt wird und so verschiedene Irrwege er einschlägt, führen sie doch alle letzten Endes zu einer harmonischen Erziehung, bleibt Meister - dem Leser mehr oder weniger erkennbar - mit dem Zentrum, der Turmgesellschaft verbunden, ein Verhältnis, das durch die verschiedenen Gebäude, welche mit dem H a u p t g e b ä u d e durch Galerien und bedeckte Gänge zusammenhängen, versinnbildlicht wird.[18]

Auch für Nolten stellt ein Schloß, nämlich das des Präsidenten, die letzte Station seiner Reise dar, und Mörike greift den poetischen Vergleich auf, um eine wesentliche Struktur des Romans zu verbildlichen.

> "Das Schloß selber ist ein alterthümliches Gebäude, massiv von Stein, in zwei gleichlange Flügel gebaut, welche nach unserer Seite her in einen stumpfen Winkel zusammenlaufen, so, daß der Eine, mehr seitwärts gelegene, sich, je näher man dem Hauptportale kam, hinter den andern zurücklegen mußte. Das ernste und würdige Ansehn des Ganzen verlor nur wenig durch die moderne gelbbraune Verblendung. Überall bemerkte man vorspringende Erker und schmale Altane, ziemlich unregelmäßig, aber bequem und auf die Aussicht ins Weie berechnet." (III, 347/14-22) [19]

Es wäre nicht verwunderlich, wenn sich Mörike an dem in Goethes Beschreibung stereotyp wiederholten Adjektiv 'alt' gestoßen hätte, das dieser dem Schloß, dem Bedienten, dem Saal und sogar noch den beschriebenen Abbildungen anheftet.[20] Mörikes stilistische Korrekturen in seiner eigenen Goethe-Ausgabe geben hierüber Aufschluß.[21] Mörike wagt, Altes und Neues zu verschmelzen, betont die Mannigfaltigkeit der zugrundeliegenden geometrischen Figuren und die Einrichtung der Zimmer "nach neuerem Geschmacke" (III, 347/35), wobei an die Beschreibung der Wohnräume des Malers Tillsen am Anfang des Romans erinnert sei.

Andererseits hebt er ganz im Gegensatz zu Goethe das Symmetrische des Bauwerks hervor; welche Gründe auch immer dabei vorgelegen haben mögen, so ist doch wahrscheinlich, daß die Rede vom Hauptportal und zwei gleich langen Flügeln als Anspielung verstanden werden darf: Beim Zugehen auf das Schloß nimmt der

Betrachter, je näher er dem Ort des künftigen Geschehens kommt, wahr, wie sich der eine, seitwärts gelegene Flügel hinter den anderen zurücklegen muß. - Fünf Seiten später findet sich eine weitere poetische Anspielung auf diese Doppelphysiognomie des Schlosses und spiegelt die "verschwenderische Duplicität" (V, 49/9) des Romanaufbaus wider.[22] Die Entscheidung des Dichters für die tragische Vernichtung aller Hauptpersonen wird dem Leser mehr und mehr zur Gewißheit.

> "Der Präsident stand eben mit dem Maler auf der rechten Seite des Schlosses, als die Mädchen gegen den Hof herkamen; sie sprachen dort über eine gewise Baukuriosität, der wir gelegentlich auch einen Blick schenken müssen. Es endigte sich nämlich jener Flügel mit einer breitstufigen Steintreppe, welche vor den Fenstern des obern Stocks ein Belvedere ansezte und hüben und drüben mit einem Geländer versehen, auf steinernen Bogen herablief. Mit der lezten Stufe an der Erde trat man in ein niedliches Rosengärtchen, welches im Viereck von einer niedern, künstlich ausgehauenen Balustrade umgeben, einer Seits auf den Abhang des Schloßbergs hinuntersah, anderer Seits durch ein eisernes Gatter in die Allee einführte. Alles das fand sich in den gleichen Verhältnissen auch auf der entgegengesetzten Flanke des Gebäudes, jedoch meist nur von Holz und auf den Schein berechnet. Altan und Treppe waren dort verwittert und ohne Gefahr nicht mehr zu betreten."
>
> (III, 352/32-353/9) [23]

Doch hat es wenig Zweck, den symbolischen Gehalt von Mörikes Verweisungen überzuinterpretieren, so leicht man in diese Gefahr gerät und damit nur den eigentlichen Sinn, die gewollte Mehrdeutigkeit, zerstört. - Viel eher geht es mir darum, ein Licht darauf zu werfen, wie der Dichter seine Romankonzeption rechtfertigt. - Eben gerade das Unvordenkliche und Abgründige muß ihn am Schönen überhaupt fasziniert haben, denn zur folgenden Passage aus Vischers **'Aesthetik'**, welche ich hier zitiere, schreibt sich Mörike gesondert in den Einbanddeckel: "unendliche Perspektive":

> "Wenn daher eine unendliche Perspektive zum Wesen aller Schönheit gehört, so muß in dieser Form der Schönheit der ganze Nachdruck auf dieser Unendlichkeit als einem unabsehlichen Dunkel und Abgrund liegen, aus welchem Alles kommt und der Alles in sich zurückschlingt. Die Perspective ist negativ, daher liegt der Accent auf dem Dunkel. Das Prinzip dieser unabsehlichen Ordnung ist klar und hell, aber sie vollführt sich in unendlich unberechenbarer

> Wechselverflechtung, und dies macht, daß die Grenzen verschwimmen, daß die Umrisse wie in einem Helldunkel verzittern, in welches unbestimmbar weit ein Licht hineindämmert.
> . . . . . .
> Das Schöne hat diesen Abgrund überall, aber im einfach Schönen wird man nicht fortgerissen, in seine dunklen Tiefen zu sehen."[24]

Es scheint, als wären in diesen Zeilen einige zentrale Erkenntnisse der vorliegenden Arbeit zusammengefaßt; sie dienen nicht nur mir als nachträgliche Bestätigung, sondern es ist nicht auszuschließen, daß Mörike selber in diesem Passus wesentliche Kriterien für sein erstes Prosawerk wiedererkannt hat.

Damit ist allerdings die Frage nach der Bedeutung des tragisch-unheimlichen Schlusses aus der Perspektive der Gattungstheorie noch nicht ganz geklärt und deshalb verweise ich auf die für unsere Zwecke ausreichenden Äußerungen Goethes im fünften Buch des **'Wilhelm Meister'**. Hält sich Mörikes Held des Romans hinsichtlich der von ihm geforderten Passivität ganz im Rahmen der Goetheschen Ausführungen, so überschreitet er hinsichtlich der Schicksalsthematik und des katastrophalen Endes eindeutig die Grenze zum Drama.

> "So vereinigte man sich auch darüber, daß man dem Zufall im Roman gar wohl sein Spiel erlauben könne; daß er aber immer durch die Gesinnungen der Personen gelenkt und geleitet werden müsse, daß hingegen das Schicksal, das die Menschen, ohne ihr Zutun, durch unzusammenhängende äußere Umstände zu einer unvorhergesehenen Katastrophe hindrängt, nur im Drama statthabe; . . " .[25]

Daß allerdings Mörike diese Grenze selbstherrlich überschritten habe, davon kann kaum die Rede sein, auch wenn man in den Briefzeugnissen eine Rechtfertigung vergeblich sucht und eher ein hartnäckiges Insistieren auf der einmal gefaßten Konzeption vermuten könnte.

Hinzuweisen wäre in diesem Zusammenhang etwa auf das Bedürfnis des Schauspielers, "Alles, was ihn auf längere oder kürzere Zeit interessierte, die Eigenthümlichkeiten seines nächsten Umgangs, das ganze Leben mancher Freunde, durch Zuthat seiner Einbildung mit einem magischen Firniß aufzuhöhen, sich näher zu bringen und so Alles auf zweifache Art zu genießen." (III, 360/35-361/3) Es scheint, als übernähme der Erzähler nach dessen Tod auch diese Sehweise des Schauspielers.

Mit der literarischen Gattung Drama setzt sich Mörike ganz beiläufig auseinander und rechtfertigt das katastrophale Ende fast im Plauderton, indem er auf eine italienische Tragödie, auf Rucellais **'Rosmunda'** (1525) zurückgreift. Während den wenigen Anspielungen auf Dramen- und Tragödienstoffe im **'Maler Nolten'** auch eine szenenbezogene Verweisfunktion zukommt, darf an folger Stelle füglich angenommen werden, daß Mörike der italienischen Sprache zwar zugewandt, ihrer jedoch nicht so mächtig war, daß man hinsichtlich seiner Lektüre Detailkenntnisse voraussetzen könnte. Sieht man von dem einzig möglichen verwandten Motiv, der Einwilligung in eine Heirat zum Schein, einmal ab, so beziehen sich Mörikes Ausführungen auf die Gattung des Dramas an sich:[26] Im geselligen Kreis wird die Handlung einer Tragödie e r z ä h l t , indem die Erzählerin Margot die Verse in Prosa transferiert, ohne daß von der ursprünglichen grandiosen Natur des Tragödiendichters etwas verloren ginge und ohne daß der Ausdruck an "Kraft, Erhabenheit und Rundung" eingebüßt hätte (III, 355/22-28). Akzentuiert wird vor allem der rezeptionsästhetische Aspekt:

> " Dem in gewisser Hinsicht unbefriedigenden Schlusse der Handlung half das Fräulein, einem glücklichen Fingerzeig ihres Vaters folgend, durch Einschaltung einer kurzen Scene auf, worin die Vereinigung des liebenden Paares, welche der Dichter nur anzudeuten, bei seinem höhern Zweck kaum für der Mühe werth gehalten, zum Troste jedes zart besorgten Lesers klärlich motivirt war."
> (III, 355/28-34)

Mit Rücksicht auf den zartbesaiteten Leser wird die erzählte Fassung des Tragödienstoffes mit einer himmelblauen Szene versehen und das erwartete Happy-End gegendramatisch ausgemalt, doch eben nur 'zum Troste', zum Schein. Mörike verpaßt der Tragödie den romanhaften Schluß vorgeblich, um die Zuhörer in ihrer Erwartung zufriedenzustellen. Sollte dieses Verfahren als leichte Parodie auf das Diktum zu verstehen sein, das Erzählte dürfe nicht tragisch enden? Seitenverkehrt spiegelt sich in dieser Parodie der auf den tragischen Schluß hin dramatisierte Roman Mörikes, der auf diese Weise der höheren Gattung den Boden streitig macht und in der Hierarchie der literarischen Gattungen um eine Stufe erhoben würde.

Haben wir innerhalb dieses Romans bereits eine "dramatisierte Fabel" als "ein ganz neues Genre seiner Kunst" (III, 95/11-12; 94/33) akzeptiert, warum sollte ein dramatisierter Roman nicht gerechtfertigt sein? Und in einem als Novelle bezeichneten Roman dürfen wir "etwas ganz Neues" (III, 355/26) wohl erst recht erwarten.[27]

Diese Problematik der künstlerischen Innovationen läßt sich, wie ich schon in der oben angeführten Briefstelle anzudeuten suchte, besonders in der Diskussion mit Vischer beobachten, der sich seinerseits ganz ähnlich geäußert hatte:

> "Es fragt sich also nur, ob auch Produkte existieren dürfen, die man nicht streng unter eine bestimmte Klasse subsumieren kann; ob es literarische Sonderbarkeiten geben darf."[28]

Demjenigen Leser, der die Überschrift zu diesem Kapitel gelesen hat, wird nach den bis jetzt vorliegenden Eregebnissen zumindest das Adjektiv 'klassisch' recht spanisch vorgekommen sein, sollte ihn nicht die Verbindung solch gewohntermaßen gegensätzlicher Begriffe ohnehin schon befremdet haben.
Scheint es nicht anmaßend, sich zu einer Reihe von wissenschaftlichen Arbeiten in Gegensatz zu stellen, in denen gerade hinsichtlich des Stils und der Sprache Mörikes wiederholt festgestellt worden ist, daß kaum ein Dichter Goethes Diktion in einem solchen Maße nahe gekommen sei?[29] Ebensowenig lassen sich die vom Dichter in den Text eingebrachten genuin klassischen Dikta, das Streben nach einem höheren Grade der Vollendung (III, 24/18) und nach dem Allgemeinen in der Kunst (III, 179/13 f.) wegdiskutieren. Deutlichster Beleg hierfür scheint die bereits von Vischer in seiner Rezension angeführte letzte Variation der zu Anfang des Romans vorangestellten Skizze zu sein, gegenüber deren Inhalt Mörike allerdings eine gewisse ironische Distanz wahrt.[30]

> "Nun aber hatte man ein wahres Friedensbild vor Augen. Der blinde Knabe nämlich saß, gedankenvoll in sich gebückt, vor der offenen Tastatur, Agnes, leicht eingeschlafen, auf dem Boden neben ihm, den Kopf an sein Knie gelehnt, ein Notenblatt auf ihrem Schoose. Die Abendsonne brach durch die bestäubten Fensterscheiben und übergoß die ruhende Gruppe mit goldenem Licht. Das große Krucifix an der Wand sah mitleidsvoll auf sie herab." (III, 402/14-20)

Angesichts der in dieser Studie herausgearbeiteten Kunstanschauugen, in welchen gerade den Grenzgängern der schönen Kunst, dem Phantastisch-Wunderbaren, dem Komischen in seinen Erscheinungsformen des Ironischen, Satirischen und Karikaturistischen, der Zwischenform der Groteske und dem Häßlichen eine besondere Bedeutung beigemessen wird, was Mörikes Rückgriff auf Hogarths Kunsttheoreme und auf die triviale Gattung des Feenmärchens nur untermauert, scheinen wir uns unentrinnbar auf einen Widerspruch zuzubewegen. Doch eben in dem genannten Gegensatz von Nachahmung und Phantasie (III, 27/29 f.) und in der Gesamtheit der Darstellungsweisen: des Nachahmens, des Charakterisierens, des Phantasierens, des Skizzierens und des humorvollen sowie satirischen Karikierens liegt eine gewisse Berechtigung für die Wahl der Kapitelüberschrift, denn den einzigen Schlüssel für die Möglichkeit einer Auflösung des scheinbaren Widerspruchs zwischen Klassizität und romantischer Poetik bietet Goethes Abhandlung **'Der Sammler und die Seinigen'** , in der eben vom oben Erwähnten die Rede ist: von Nachahmern, Charakteristikern, Phantasten, Skizzisten und von Anhängern der Hogarthischen Schönheitslinie, den sogenannten "Undulisten'.[31]

Mörike hat diesen Text mit hoher Wahrscheinlichkeit früh gekannt, denn in seinem - übrigens laut eigenen Äußerungen mindestens fünfmal gelesenen - eigenen Exemplar des **'Briefwechsel(s) zwischen Schiller und Goethe'** vermerkt er bezüglich der diesen Text betreffenden Stelle im Einbanddeckel: "Der Sammler".[32]

Goethes **'Der Sammler und die Seinigen'** ist keine ausschließlich polemische Auseinandersetzung mit den Randerscheinungen der Kunst, denn in der als Diskussionsbericht fingierten Schrift tritt der Autor sowohl als Berichterstatter als auch als ein sich von der einen oder anderen Extremposition distanzierender

Kommentator auf.
Seine Angriffe richten sich gegen den Skizzisten, vor allem aber gegen den Karikaturenzeichner und gegen den Imaginanten beziehungsweise Phantasmisten,[33] und wenn sich Goethe auch von der Behauptung leicht distanziert, diese seien "ohne Realität", "hätten nie und nirgends ein Dasein", und es fehle ihnen die "Kunstwahrheit als schöne Wirklichkeit", indem er diese Behauptung als die eines anderen kenntlich macht,[34] so steigert er doch seine Polemik dahingehend, daß der Imaginant der Kunst unendlich schade, weil er sie "über alle Grenzen hinausjagt".[35] Während er dem Nachahmer und dem Charakteristiker wohlwollend gegenübertritt, fällt seine Auseinandersetzung mit den Undulisten, jenen an Hogarth orientierten Künstlern, die "das Weichere und Gefälligere ohne Charakter und Bedeutung lieben, wodurch denn zuletzt höchstens eine gleichgültige Anmuth entsteht", äußerst hart aus.[36] Ihnen wird zudem eine gewisse Schwäche, Schläfrigkeit und kränkliche Reizbarkeit vorgeworfen. - Man findet, welch ein Zufall, in dieser Polemik ganz ähnliche Formulierungen wieder wie in der teilweise ungerechten und oberflächlichen Mörike-Biographie Holthusens oder in verschiedenen Äußerungen Friedrich Gundolfs.[37]
In folgenden Worten gipfelt Goethes Polemik:

> "Solche Kunstwerke machen bei denen ihr Glück, die i m B i l d e nur etwas mehr als nichts sehen wollen, denen eine Seifenblase die bunt in die Luft steigt schon allenfalls ein angenehmes Gefühl erregt. Da Kunstwerke dieser Art kaum einen Körper oder andern reellen Gehalt haben können, so bezieht sich ihr Verdienst meist auf die Behandlung und auf einen gewissen lieblichen Schein. Es fehlt ihnen an Bedeutung und Kraft und deßwegen sind sie im Allgemeinen willkommen, so wie die Nullität in der Gesellschaft." [38]

Doch darf man, und hierin liegt der Clou von Mörikes Antwort auf Goethes Polemik - diese Differenzen nicht überschätzen, denn Goethe selber entschließt sich am Ende seiner Ausführungen zu einem vielsagenden Kompromiß, indem er diese Gegensätze zu verbinden trachtet:

> "Jede Verbindung brachte schon ein Werk höherer Art hervor, als die völlige Einseitigkeit, welche sogar, wenn man sie in der Erfahrung aufsuchte, nur in seltenen Beispielen aufgefunden werden

konnte.
Auf diesem Weg gelangte man zu der Betrachtung, von welcher man ausgegangen war: daß nämlich nur durch die Verbindung der sechs Eigenschaften der vollendete Künstler entstehe, so wie der echte Liebhaber alle sechs Neigungen in sich vereinigen müsse.
Die eine Hälfte des halben Dutzends nimmt es zu ernst, streng und ängstlich, die andere zu spielend, leicht und lose. Nur aus innig verbundenem Ernst und Spiel kann wahre Kunst entspringen, und wenn unsere einseitigen Künstler und Liebhaber je zwei und zwei einander entgegenstehen,

der Nachahmer dem Imaginanten,
der Charakteristiker dem Undulisten,
der Kleinkünstler dem Skizzisten;

so entsteht, indem man diese Gegensätze verbindet, immer eins der drei Erfordernisse des vollkommenen Kunstwerks, wie zur Übersicht das Ganze folgendermaßen kurz dargestellt werden kann.

E r n s t	E r n s t u n d S p i e l	S p i e l
allein	verbunden	allein
Individuelle Neigung	Ausbildung in's Allgemeine	Individuelle Neigung
Manier.	Stil	Manier.
Nachahmer.	Kunstwahrheit.	Phantomisten.
Charakteristiker.	Schönheit.	Undulisten.
Kleinkünstler.	Vollendung.	Skizzisten.

Mörike knüpft im **'Maler Nolten'** an diese Ausführungen Goethes an. Auf dem Hintergrund der Hogarthischen Ansätze und der märchenhaft-arabesken Phantastik[40] präsentieren sich 'Kunstwahrheit', 'Schönheit' und 'Vollendung' in einem Grenzland der schönen Kunst, in dem sich ihre Grenzgänger, das Komische, Häßliche, Arabeske, Groteske und der satyrische und satirische Humor sowie die mit ihnen verwandten Formen frei bewegen, und in dem sich verschiedenste Gegensätze zwischen der schönen und der nicht mehr schönen Kunst ineinander vermischen.

Wenn auch nach Schlegels Auseinandersetzung mit der "Querelle" keinesfalls auf revolutionäre Weise,[41] so antwortet Mörike doch mit einem durchdachten Vermittlungsversuch auf eine Kunstproblematik, welche seit der Aufklärungszeit auf eine Lösung wartet. Trotz des Zurückgreifens auf Strukturen und Vorstellungen der normativen Poetik und des poetologischen Schrifttums der Aufklärungszeit beantwortet Mörike auf seine Art und Weise die Fragen nach den Grenzen zwischen der schönen und der nicht mehr schönen Kunst, Fragen, die der philosophischen Ästhetik noch im ganzen 19. Jahrhundert zu denken geben.

Mörikes **'Maler Nolten'** ist ein Vermittlungsversuch zwischen Anerkennung poetologischer Regeln und Entschränkung der Kunstwelt,[42] ein Versuch, die Kunst am Ende der literarischen Epochen Klassik und Romantik trotz der unverhohlenen Eingeständnisse an ihre Grenzgänger als schöne Kunst zu r e t t e n .

In diesem Zusammenhang müßte an die letzten Zeilen des Briefes erinnert werden, den Friedrich Nolten an seinen Neffen Theobald schreibt:

> ""Mit Stolz und Wehmuth sey's gesagt, wir sind zwei Stücke eines Baums, den der Blitz in der Mitte gespalten, und ist vielleicht ein schöner Lorbeer zu Schanden gegangen. Sie müssen ihn noch retten und ich helfe mit." (III 413/10-13)

Die Baum-Metapher, seit Diderots **'Pensées philosophiques'** (1746) "ein suggestives Bild für sein vitalistisches Hinausgreifen über Gattungen und Gesetze"[43], beinhaltet hier zugleich den Versuch des Oheims, ihre zerbrochenen Kunstideale und damit ihre Kunst und sich selber als Künstler zu retten und, wie dieses Bild auch zum Ausdruck bringt, das Geteilte in ihrer Natur und Kunst wieder zusammenzufügen, doch der Versuch scheitert.[44] Er scheitert, weil Noltens Tod diesem Versuch ein Ende setzt, doch der Versuch Mörikes, eine Perspektive über dieses Scheitern hinaus aufzuweisen, bleibt einer nicht weniger ratlosen Nachwelt erhalten.

So erhärtet sich selbst an einem kauzigen Schwaben die These, daß ihm künstlerische Komposition als solche bewußt und wichtig und nicht etwa eine nur instinktiv in eigener Praxis vollzogene war.[45]

DIE UNVOLLENDETE BEARBEITUNG

VERSUCH EINER DEUTUNG

IX. Die Divergenz des Ideals

1. Das Vorhaben und seine Ansätze

Daß Mörike die erste Fassung überhaupt einer Überarbeitung unterzog, läßt auf tiefergreifende Veränderungen seiner dichterischen Maximen schließen.
Textänderungen fallen angesichts der Tatsache, daß der ursprüngliche Charakter eigentlich nicht verwischt werden sollte,[1] desto mehr ins Gewicht, zumal ein Vergleich anhand des vorliegenden Originals über den ganzen Zeitraum seines Schaffens hinweg ähnlich genaue Aussagen zulassen müßte wie der Vergleich verschiedener Gedichtfassungen.
Trotzdem werden hochgesteckte Erwartungen durch folgende Umstände eingeschränkt, die allerdings unter der besonderen, auf das Komische gerichteten Perspektive wieder für sich sprechen:

1) Von manchen komischen Szenen ist kaum noch auch nur der Rest eines Motivs aufzufinden.

2) Die Umarbeitung liegt von Seite 215 an (in der historisch-kritischen Ausgabe) nur in Julius Klaibers Fassung vor.

3) Der Dichter war in seinen letzten Lebensjahren durch dieses Vorhaben einfach überfordert.[2]

Voranstellen will ich eine kurze Zusammenstellung von Mörikes Absichten und Beweggründen, wie sie uns zum größten Teil in den **'Erläuterungen'** zur historisch-kritischen Ausgabe vorliegt.

Die ersten Vorsätze Mörikes, den **'Maler Nolten'** umzuarbeiten, lassen sich auf das Jahr 1850 datieren.[3] In einem Brief an Theodor Storm schreibt er, verschiedene Partien im ersten Teil seien ihm widerwärtig;[4] ähnlich äußert er sich gegenüber Hartlaub im Juni 1855: Einiges ihm Unerträgliches müsse hinaus und durch anderes ersetzt werden (III, 20/1 ff.).
Es scheint mir jedoch etwas voreilig zu sein, die Umarbeitung im Sinne eines Ideals des Maßes und der Beschränkung zu deuten. In den **'Erläuterungen'** zur historisch-kritischen Ausgabe werden der **'Nolten'**roman und die Novelle **'Mozart auf der Reise nach Prag'** in einer unangemessenen Art und Weise gegeneinander ausgespielt und die späte Novelle dem Leser als Maßstab suggeriert, wenn es heißt: "Dem fünfzigjährigen Dichter, dem Meister des 'Mozart auf der Reise nach Prag' waren verschiedene Partien des Romans widerwärtig" (V, 19/24-25).
Ganz davon abgesehen hat Gerhart von Graevenitz die Mozartnovelle nicht zu Unrecht als ein biedermeierlich-humorvolles doch nicht der Polemik bares Gegensteuern gegen den Wagner-Kult interpretiert,[5] so daß man die beiden Werke einfach nicht miteinander vergleichen kann.

In den **'Erläuterungen'** zur historisch-kritischen Ausgabe nicht erwähnt wird eine in unserem Zusammenhang nicht unwichtige Erklärung Mörikes gegenüber Paul Heyse vom 20.8. 1855:

> Es gibt bei uns Neuern, vornehmlich bei den Lyrikern, eine falsche Manier, von sich selber zu reden, oder auch jemandem Dinge in den Mund zu legen, die nur ein anderer und oft selbst dieser nicht gerade so von ihm aussagen dürfte, indem ein Schein des Selbstgefälligen, ein unästhetischer entsteht. Ich habe diesen Fehler (um zuerst mich selber anzuführen) im Maler Nolten nur zu oft, . . "[6]

Schon Mörikes Ansätze zur Umarbeitung zeigen,[7] daß im Blick auf Streichungen und Glättungen nicht nur von einem zugrunde liegenden Ideal des Maßes gesprochen werden kann, sondern daß hier eine differenziertere Formulierung angebracht ist. Dies zeigt nicht zuletzt eine Reihe von Beispielen, in denen 'grelle' Ausdrücke erhalten bleiben oder realistisch in nicht weniger grelle umgewandelt werden.[8]

Gravierende Umänderungen bahnen sich jedoch im Bereich des Komischen und Phantastischen an. Die Szene am Anfang des zweiten Teils, in welcher der wunderliche Hofrat seine ins Groteske spielenden Phantasiegemälde entwirft (III, 221 ff.), wird in H^2 nach vorherigen Einzeländerungen diagonal durchgestrichen (V, 107/16 ff.). Mit diesen romantischen Bizarrerien wird auch die der Kompositionsweise Noltens zugrunde gelegte christliche Komponente verabschiedet oder zumindest zurückgenommen.[9]
Die Einschränkung des Phantastisch-Grotesken ist ebenso an der Figur Wispels zu beobachten. Allzu krasse Eigenheiten werden ausgeklammert und seine amphibischen Eigenschaften gestrichen, dafür jedoch die Eigenschaften des kriminellen Subjekts herausgehoben.[10]
Auch die **'Verkehrte Welt'** Tiecks erfährt Umänderungen in diesem Sinne - "geistvoll" zu sein (III, 338/30), darf sie nicht mehr für sich beanspruchen, das Adjektiv wird geändert in "bizarre" (V, 137/16-17); IV, 310/21). Sämtliche Ausdrücke enthusiastischer Tieck-Verehrung werden gestrichen oder umgeändert,[11] das Wort "Privat-Vorliebe" (III, 338/36) unterstreicht Mörike in H^1 (V, 137/19). Die Streichung des Seitenhiebs auf die "sogenannten Gebildeten" (III, 338/31-33; 341/13 ff.; V, 137/18 f.; 138/6 f.) deutet darauf hin, daß Mörike von dem Anspruch, durch die Widersprüche im Komischen Wahres vermitteln zu können, zugunsten einer schlichten und objektiv-sachlichen Darstellung Abstand nimmt.
Inwiefern er sich überhaupt vom Komischen distanziert oder ob nur aus den Grenzbereichen des Komischen und Phantastischen einzelne Motive entfallen, läßt sich anhand dieser Ansätze nicht abschließend beurteilen.

2. Die unvollendete Bearbeitung

Die Darstellungen des Gemäldes 'Nymphe und Satyr' und der Skizze (III, 13/21-16/18) erfahren, für sich genommen, nur unwesentliche Änderungen (IV, 12/16 ff.). Die entscheidenden Differenzen im Gegensatz zur Frühfassung sind bedingt durch eine Änderung in der Personenkonstellation. Der Hofrat Jaßfeld stellt in der Bearbeitung sowohl den wunderlichen Hofrat als auch den Baron Jaßfeld in einer Person dar. Vom Wunderlichen und Närrischen bleibt auch bei ihm bis auf einen verschwindend kleinen Rest nichts übrig (Iv, 88/12). Der neue Hofrat Jaßfeld äußert sich nicht mehr wohwollend über "Keckheit und Größe der Komposition von Figuren", "die auffallende Abweichung in der poetischen Denkungsart und in der Wahl der Gegenstände" (III, 12/16-21); von dem Prädikat "in einem angenehmen Sinne bizarr" (III, 12/25-26) ist keine Rede mehr; ebenso entfällt die Hervorhebung des schauderhaften Eindrucks (III, 14/31) und bleibt dem bildbetrachtenden Leser überlassen.

Man könnte diese Änderung auf die von Mörike geäußerten Vorbehalte zurückführen, doch verzichtet der Hofrat nicht völlig auf eigene Anmerkungen – der ehemals "fröhliche Alte" (III,12/2), nun "Hofrath Jaßfeld, als Kunstfreund und Sammler bekannt, ein feiner Greis von aufrechter Haltung, mit silberweißem Haar" (IV, 12/13 ff.), äußert sich jetzt im Sinne des Vaters (III, 216/5-11) beziehungsweise des karikierten Philisters (III, 29/17 ff.):

> "Hier werde, hielt er dem Meister mit Unmuth, fast hitzig entgegen, ein einzigartiges, vorzügliches Talent nun abermals verführt, über seine natürlichen Grenzen zu gehen. . . . . . . Er sollte, seinem Genius getreu, bei seiner ursprünglichen einfachern Darstellungsweise verharren, von der er wahrlich Ruhms genug zu hoffen habe." (IV, 38/10-12; 15-17)

Mörike distanziert sich durch diese Perspektivenverschiebung zunehmend aber nicht durchgehend von der in der Frühfassung zum Ausdruck gebrachten Bedeutung des Skizzenhaften, Phantastischen und Karikaturesken, die nun zur "Sünde" (IV, 38/25) geraten. Angesichts dieser Textstelle erweist sich die Begriffswahl von Gerhart von Graevenitz trotz meiner im sechsten Kapitel geäußerten Kritik als äußerst treffend, zumal, wenn man bedenkt, daß aus der Sicht einer normativen Poetik jede Grenzübertretung im Reich der schönen Kunst als 'Sünde' geahndet würde.

Mit der Eliminierung des wunderlichen Hofrats entfällt auch der von ihm antizipierte Entwurf eines Gemäldes nach Hogarthischem Muster, wie das bereits in den Ansätzen zur Bearbeitung abzusehen war.

Zwei zentrale Motive tauchen allerdings, aus ihrem ursprünglichen Zusammenhang gerissen, als literarische Versatzstücke wieder auf, der "junge Hanswurst in Trauer" (III, 221/25) im Rahmen einer Sylvestermaskerade (IV, 40/4-5) und der Star (III, 221/18 ff.) als Metapher: Philosophie beziehungsweise Reflexion contra Poesie und Ideal (IV, 88/3-4).

Ähnlich geht Mörike im Anschluß an das Theaterstück **'Die verkehrte Welt'** vor. Anstatt die Affektwirkung der komischen Oper aus der Spieldose durch einen Dritten beschreiben zu lassen, erfolgt in der Umarbeitung lediglich eine formalistische Aufzählung von Titeln komischer Opern (IV, 311/25-27).

Die Satire auf den Bildungsphilister wird ausgemerzt, ebenso die auf das Publikum am Ende des phantasmagorischen Zwischenspiels (III, 149 ff.); was inhaltlich wegzufallen droht, wird durch die Worte Noltens rein deskriptiv ersetzt (IV, 130/21 ff.)

Das reizend widersprüchliche Spiel mit dem Verdacht weicht einer objektiven Lösung, und nicht nur versteckte Anspielungen sucht man vergebens.

Die komischen Szenen fallen weitgehend prosaischen Einsparungsmaßnahmen zum Opfer: die ehemals achte Szene wird nun in die vierte genommen und seiner grobianisch-lebendigen Inhalte weitgehend entledigt. In den Mittelpunkt rücken die Ideen Wispels, wie man sich die beiden Schönen Sara und Melanippe gefügig machen könne (IV, 113/12 ff.; 117/16 ff.). Nicht zuletzt wegen des Verzichts auf die typische Wispel-Sprache verliert die Szene an Lebendigkeit und verflacht teilweise in Albernheiten. Komisch parodiert werden nun der Ton und das Repertoire des Biedermeiers, vor allem in dem neu eingefügten Ständchen Wispels (IV, 117/26-118/5).[12] Im Gegensatz zur Frühfassung wirkt das 'Schattenspiel' als zum Text nicht in Beziehung stehender Fremdkörper, als eingeschobene Rüpelszene, zumal auch Wispels Auftritt als italienischer Künstler gestrichen wird.

Die bis in die Details verfolgbaren Änderungen betreffen in gleichem Maße das Komische wie das Märchenhaft-Wunderbare, zumal etliche Märchenreminiszenzen eliminiert werden, so daß man in der vom Realismus der Darstellung und von der Sachlichkeit des Stils geprägten Umarbeitung die theatralisch gewählte Sprache der Zigeunerin Elsbeth als affektiert und als Parodie auf sich selbst empfinden muß.[13]

Am deutlichsten wird Mörikes Verzicht angesichts der Einführung einer objektiv-literarischen Figur an der Stelle, an der in der Frühfassung das Phantasiegemälde des Hofrats beschrieben wurde. Hier führt der Dichter die Figur des Schauspielers Garrick aus Grimms und Diderots **'Correspondence'** (1753-1790) ein, aus der er wörtlich zitiert:[14]

> "Sein Gesicht kann man leicht entstellen, das ist begreiflich; allein Garrick kennt weder Grimasse noch Überladung; alle Veränderungen in seinen Zügen entspringen aus der Aufregung seines innersten Gemüths; nie übertreibt er die Wahrheit."
> (IV, 88/33-89/26; hier 89/2-5)

Mörike greift an dieser Stelle nicht nur auf die Maximen einer Kunstanschauung zurück, in welcher das Übertreiben des Charakteristischen ausgeschlossen wurde - in der Figur des Schauspielers Garrick scheint ein würdigerer Vertreter gefunden zu sein, der sich für das Komische wie für das Tragische gleichermaßen talentiert zeigt:

> "(Jezt geben Sie Acht!) Carmontelle hat Garrick in tragischer Stellung gezeichnet, und diesem Garrick, seitwärts gegenüber, zwischen zwei Thürflügeln einen komischen Garrick gestellt, der den tragischen belauscht und sich über ihn lustig macht." (IV, 89/19-26)

Sieht man Mörikes Rückgriff nicht nur im textimmanenten Gegensatz zur Frühfassung, müßte man daran erinnern, daß justament William Hogarth sich seinerzeit gegen die Proportionenlehre Dürers gewendet und sich gegen die 'proportions' der Schauspieler James Quinn und Garrick spaßhaft ausgelassen hatte.[15] Diese Tatsache scheint den Verdacht zu bestätigen, Mörike habe damit die in der Frühfassung vertretenen Positionen gänzlich preisgegeben, doch dies geschieht, zumindest hinsichtlich des Komischen, nur zur Hälfte.

> "Man war nicht weniger von Tillsens loyalem Benehmen, von seiner liebenswürdigen Uneigennützigkeit erbaut, als man neugierig und voll Eifer war, dem hier obwaltenden, halbkomischen Geheimniß beizukommen." (IV, 18/29-32) [16]

Zeigt diese Neuaufnahme eines Vergleichs in der Überarbeitung einerseits die Langzeitwirkung der Kontrastästhetik und die Bedeutung der Konvertibilität von Tragischem und Komischem, so wird andererseits in der pejorativen Bezeichnung 'aufwärmen' eine gewisse kritische Distanz deutlich:

> "Auch Nolten war von dem sinnreichen Einfall frappiert und sagte, man könne wohl versucht sein, ihn noch jezt, nach fünfzig Jahren, wieder aufzuwärmen." (IV, 89/28-30)

Zwar erhält Nolten den Auftrag, den tragisch-komischen Garrick zu zeichnen, doch gelingt die Versöhnung der beiden Elemente, des Tragischen und des Komischen, nicht mehr:

> "Die Zeichnung für Constanze, das Schlößchen im Wald mit der Kindergruppe, farbig ausgeführt, war noch mit ganzer Lust und Liebe von ihm vollendet worden. Eine zweite Arbeit, der dem Hofrath versprochene Garrick, schon gleichsam aus Verzweiflung angefangen, wollte nicht mehr gelingen; zehnmal warf er sie weg, zehnmal nahm er sie wieder vor, um sie am Ende zu vernichten und nach irgend einem Buche zu greifen, über dessen erste hundert Seiten er nicht hinauskam.
> Nun fing er körperlich zu leiden an . . ." (IV, 167/32-168/6)

Die ehemals zentralen ästhetischen Vorstellungen erscheinen dem Dichter fünfzig Jahre später nicht mehr als künstlerische Möglichkeit. Ebenso zum Scheitern verurteilt scheint der Rückgriff auf das Idyllische zu sein, denn auch dieses kann nur für einen Moment als "grüne Stelle" im Roman Trost vermitteln[17]

und wird durch eintretende Melancholie oder durch die Konfrontation mit der Realität gebrochen.
Sichtbar wird der Versuch einer Orientierung am klassizistischen Muster: die beiden Maler Nolten und Tillsen werden aus dem Konfinium zwischen Charakteristischem und Karikaturistischem auf die Linie des einfach Schönen gezwungen, "weitläufigere Compositionen", so wie das "Kühne" und "Aufgeregte", was ehemals mit den Begriffen 'Keckheit', 'Größe' und 'Enthusiasmus' bezeichnet wurde, werden vermieden, um "im Einfachen und Milden zu verharren" und um den Eindruck von Harmonie und Stimmung zu bewahren (IV, 12/34 ff.). Diese Orientierung am klassizistischen Muster und zugleich an dem von der romantischen Kontrastästhetik abgerückten literarischen Realismus[18] führt dazu, daß Romaninhalt und immanente Poetik kaum noch eine Einheit bilden.

Hatte der Stil Mörikes ehemals wegen seiner Klassizität die ungeteilte Zustimmung Vischers erhalten,[19] so kann man hinsichtlich der Überarbeitung weniger von klassischem Ebenmaß als von Einebnung und Mäßigkeit sprechen.

Die Rückkehr zu einem Ideal des Einfach-Schönen und zum Idyllischen gibt jedoch nur eine der beiden Richtungen an, in die das Komische divergiert, wobei es im Milden und Harmlosen seinen Reiz einbüßt, denn die zweite Richtungsanzeige weist - diametral entgegengesetzt - in die gesellschaftliche Realität.

Bildungsphilister der Romantik und Zensurpraktiken der Restaurationsepoche sind keine Themen mehr. Dafür werden mit satirisch-realistischer Akribie die Methoden und Umstände des juristischen Prozesses geschildert, dem sich Nolten und Larkens ausgesetzt sehen (IV; 143/27 ff.).
Die Durchsuchung des Arbeitszimmers wird genauestens beschrieben und auf die unrechtlichen Methoden des Verfahrens in Einzelheiten eingegangen (IV, 141/34-143/17): Ohne richterliche Vernehmung sitzen die beiden Künstler eine Woche lang in Untersuchungshaft[20] und müssen "sogenannte Verhöre" (IV, 166/8) ertragen. Den prozeßführenden Direktor und Inquirenten bezeichnet Larkens als "saueraussehenden Pedanten" (IV, 143/29):

> "Doch unser Inquirent - Sie kennen ja den Mann, die dürre hölzerne sechsellige Canzlei-Sandbüchse - läugnet das liebe Sonnenlicht am hellen Tag, je nachdem er einen Wink von oben her bekommt. Chikane und nichts als Chikane!" Hier sezte Larkens lebhaft, nach seiner Überzeugung, auseinander, daß es sich lediglich um eine kleinlich ausgedachte, nur halb versteckte Rache des Hofs gegen sie handle. Er beschrieb die einzelnen Kunstgriffe des Untersuchungsrichters, indem er ihn zugleich aufs Treffendste in Sprache und Manier nachahmte. "Sie sehn", schloß er, "das große vierschrötige Tier ist nicht gerade ganz so dumm, als niederträchtig und servil."
> (IV, 166/18-27)

Der in der Bildungsphilisterkritik unternommene Versuch, versöhnlichen Humor, Karikatur und Satire miteinander zu verbinden, wird zugunsten einer bitter-satirischen Justizkritik aufgegeben. In diesem Sinne spiegelt Mörikes Wende und Darstellung die historische Entwicklung des Komischen in der modernen Literatur und demokratischen Kultur vom Karikaturisten Honoré Daumier bis zum satirischen Realismus Heinrich Manns ausschnitthaft wider, und es wird in Mörikes beiden Romanfassungen weniger eine künstlerische Weiterentwicklung als eine Zuspitzung auf einzelne Probleme deutlich.
Das unversöhnliche Auseinanderklaffen von poetischer Idealität und gesellschaftlicher Realität, das die Lust an den Widersprüchen einer komischen Darstellung ersetzen soll, führt zu einem Widerspruch in sich, der sich bis in die Details verfolgen läßt: Das aus der Erstfassung bekannte Mißverständnis zwischen Konstanze und Nolten und die Reaktion der eifersüchtigen Frau, die nun zugunsten einer Darstellung der Intrige seitens des Hofes entfallen, wendet Mörike in den Klassengegensatz von Adel und Bürgertum. Die demagogischen Umtriebe des Schauspielers dienen als Vorwand für das gewaltsame Verfahren, welches sich als kleinlich ausgedachte Rache des Hofes entpuppt (IV, 141/32-33; 166/13-24):

> " . . . , der Klatsch ist's was sie suchen! Sie leben ja im Grunde von nichts als Wichtigthuerei. Es thut so wohl, sich gegenseitig im Vollgefühl der eigenen Loyalität zu wärmen und zu streicheln. Und dann - ein gut Theil Bosheit ist dabei: es ärgert sie schon längst, uns hier im Hause wohl gelitten zu sehn, zwei bürgerliche arme Schlucker! nun, heute gar an einem Tisch mit ihnen - ah ja, das war zu viel." (IV, 133/14-19)

Wie ernst es dem Dichter mit seinem Gesellschaftsrealismus ist, der in dieser Form für ihn ein völlig neues Gebiet darstellt, zeigen die neu eingefügte kritische Beleuchtung der höfischen Erziehung (IV, 33/26 ff.) und einige Begriffsmodernisierungen, die im Zusammenhang mit einem Ideal des Maßes und des Einfach-Schönen und erst recht im Zusammenhang mit einem romantischen Schattenspiel als Stilbrüche schon fast wieder komisch wirken.[21]

Fast ausschließlich kommt jedoch in der Satire die juridische Seite und nicht der ökonomisch-materielle Hintergrund des Klassengegensatzes zur Sprache.
Diese Entwicklung in der **'Bearbeitung'** des **'Maler Nolten'** stimmt einerseits nachdenklich, andererseits bestätigt sie die Vieldeutigkeit seines Humors in den früheren Jahren.

Wie sein Freund Vischer sieht er sich am Ende gezwungen, auf "Halbheiten" zurückzugreifen, doch während Vischer versucht, die geteilten Hälften in der Symbolik für wenigstens einen Augenblick zusammenzufügen, ein Versuch, der auch Mozart gelingt, indem er nach der Teilung der Orange in zwei Hälften diese Teilung durch die musikalische Darbietung wieder kompensiert,[22] divergiert in der **'Bearbeitung'** des **'Maler Nolten'** das Ideal angesichts einer Zeit gesteigerter gesellschaftlicher Gegensätze und gesteigerter Unversöhnbarkeit von dichterischer Idealität und gesellschaftlicher Realität und angesichts einer Zeit, deren ästhetische Assimilationsorgane, deren poetische Freß- und Verdauungsorgane zu derb waren,[23] um dem kunstvoll und subtilen Arrangement, "diese(r) künstlich geordnete(n) Verwirrung und diese(r) reizende(n) Symmetrie von Widersprüchen"[24] das angemessene Verständnis entgegenzubringen, in die entgegengesetzten Bereiche Idylle und Satire.

Der Versuch, sich der Epoche des Realismus durch Objektivität und durch Sachlichkeit des Stils und der Charakterisierungen anzupassen, schlägt fehl und überfordert den Dichter in seinen letzten Lebensjahren.

Angesichts der Preisgabe des ästhetisch Komischen, das heißt eines differenzierten Humors "durch alle Schattierungen vom angenehmsten Grau bis zum sattesten Schwarz" (IV, 164/22-23), angesichts der Ablösung einer dialektischen Darstellung der Widersprüche durch eine direkte und einseitige Darstellung kommt der Verdacht auf eine durch den Bruch zwischen Romantik und Realismus bedingte Diskonuität[25] im Werke Mörikes auf, der sich nur dann nicht so gravierend ausnimmt, wenn man die volle Bandbreite des Komischen in der Erstfassung des **'Maler Nolten'** zu sehen geneigt ist und sich vergegenwärtigt, daß Mörike in dieser Epoche erneuter Umbrüche auf eben die romantische, von Friedrich Schlegel formulierte Poetik zurückgreift, indem er die gesteigerten Gegensätze von Realem und Idealem durch eine erneute Akzentuierung des Satirischen zu bewältigen sucht.

X. Zusammenfassung

Die ursprüngliche Absicht, dem Komischen im künstlerischen Werk Mörikes nachzugehen, hat schon nach den ersten Überlegungen und beim Studium der zu diesem Thema vorliegenden Literatur manche Abwandlung erfahren, und zwar insofern, als die Spielarten des Komischen, seine Rand- und Kontrasterscheinungen in ihrer Vielfalt und Verwobenheit eine Erweiterung der Untersuchung unvermeidlich machten und eben dadurch zur Beschränkung im Bereich des Stofflichen zwangen.
Sehr bald nämlich zeigte sich, daß Mörike, wenn auch eben kein philosophischer oder systematischer Denker, doch über die Grundlagen der Kunst, nicht nur der Dichtung, mehr und gründlicher nachgedacht hat, als viele seiner Kritiker von den Zeitgenossen bis auf die jüngsten Tage angenommen haben. Das heißt aber, daß sich die Untersuchung einerseits den Äußerungen des Komischen und aller ihm verwandten Spielarten in der Kunst selbst zuwenden mußte, zugleich aber den vielfältigen theoretischen Überlegungen, die sich in Mörikes dichterischer und privater Prosa finden. Trotzdem schien es mir um des inneren Zusammenhangs willen nicht ratsam, die Erörterung des Komischen von der Untersuchung seiner sprachlichen und künstlerischen Erscheinungsform zu trennen. Und da die Auseinandersetzung mit vorklassischen, klassischen und romantischen Kunsttheorien nirgends einen so breiten Raum einnimmt wie im **'Maler Nolten'**, so lag nichts näher, als gerade diesen frühen Roman zum Kernstück der Untersuchung zu machen, zumal die Fülle an theoretischen Aussagen mit der Vielfalt und Breite der Ausdrucksformen zusammentrifft, wie wir sie in anderen Werken nicht mehr finden. Im **'Maler Nolten'** sind wie auf einem gewaltigen Versuchsfeld in kunterbunter Fülle Möglichkeiten angehäuft, die in den späteren Werken nur teilweise aufgegriffen und eigens ausgebildet werden.

Mörikes Metaphern- und Symbolwelt, sein Hang zum Phantastisch-Märchenhaften, insbesondere aber zum Komischen und seiner Theorie finden sich in diesem Roman ebenso wie seine Auseinandersetzung mit der überlieferten Poetik, der Physiognomik Lavaters, den kunsttheoretischen Anschauungen Goethes und den verschiedensten Theorien zur bildenden Kunst. - Dem Komischen räumt der Dichter einen so hohen Rang ein, daß man von einer dem Roman immanenten Poetik des Komischen sprechen kann.

Um seine Kunstauffassung darzustellen, knüpft Mörike an die schon zur Zeit der Aufklärung geführte Erörterung an, in der es um Grenzerscheinungen der Künste, die Arabeske, Skizze und Karikatur ging, und greift zur Verbildlichung seiner Anschauungen auf die Tradition der 'Tableaux vivants' und die Hogarthische Schönheitslinie zurück, welche die fließende Grenze zwischen Anmut und Häßlichkeit, Schönheit und Karikatur bezeichnen soll.

Trotz parodistischer Verfremdungseffekte und satirischer Launen hält der Dichter am Ideal der Anmut fest, das auch für ihn in Schlegels Sinn in der 'reizenden Symmetrie von Widersprüchen' besteht. Diesem Ideal ist es zu verdanken, daß Mörike die Grenzen zwischen der schönen und der nicht mehr schönen Kunst mit einem 'unvergleichlichen Takt'[1] zu überschreiten vermag und alle drei Typen: Larkens, Nolten und Wispel, als Grenzgänger im Grenzland der schönen Kunst, im Satirischen, Komisch-Phantastischen und im Grotesk-Häßlichen gestaltet.

Diese dichterische Leistung Mörikes scheint bis heute kaum jemand treffender charakterisiert zu haben als Paul Heyse:

> "Die widersprechendsten Elemente neuerer Cultur, die scheinbar feindlichsten Richtungen, Stile und Formen künstlerischer Entfaltung haben ihn berührt und gehen in seinen Werken neben einander her." [2]

Obwohl Mörike seinen Nolten scheitern läßt, ist seine Konzeption von der Idee getragen, die Kunst selbst in einer gefahrvollen Epoche des Umbruchs retten zu können. In der künstlerischen Gestaltung bringt er das zum Ausdruck, was die philosophische Ästhetik bis in die Mitte des neunzehnten Jahrhunderts bewegt: wie man die Kunst trotz aller Eingeständnisse an die nicht mehr schöne Kunst doch noch als schöne Kunst bewahren könne.

XI. Anhang

1. Anmerkungen zu den Kapiteln I.-X.

Zitierte Werke werden nur das erste Mal mit dem vollen Titel genannt. In allen weiteren Anmerkungen werden nur noch der Nachname des Verfassers und in Klammer die Jahreszahl des Erscheinens, die Nummer des Kapitels (I,II, usw.) sowie die der Anmerkung angegeben, unter welcher der vollständige Titel zu finden ist, zum Beispiel: **Sengle** (1971, Anm. I,4), siehe unter Anm. Nr. 4 zu Kap. I.

Die Bände der historisch-kritischen Gesamtausgabe werden, wie im Text der Arbeit, in römischen Ziffern, Seiten und Zeilen in arabischen Ziffern angegeben. (Dritter Band, S. 79, Zeile 16-18: (III, 79/16-18).

I.

1. **Eduard Mörike:** Werke in einem Band, hrsg. v. **Herbert G. Goepfert**, 5. neu durchgesehene Aufl., Mchn. 1976 (1964), S. 1179-1180.
2. **Heinrich Heine:** Sämtliche Werke, hrsg. v. **Klaus Briegleb**, Mchn. 1974, Bd. V, S. 56 ff., hier S. 60.
3. Eda. Kommentar, S. 677.
4. **Friedrich Sengle:** Biedermeierzeit, Deutsche Literatur im Spannungsfeld zwischen Restauration und Revolution 1815-1848, 3 Bände, Stgt. 1971, Bd. I: Allgemeine Voraussetzungen, Richtungen, Darstellungsmittel, S. 485 ff. u. S. 612.
5. Eda. S. 440.
6. **Sengles** Ausführungen scheinen mir schon hinsichtlich der Aufklärungspoetik nicht ganz korrekt zu sein. Bereits **Lessing** definiert das Naive als "eine oratorische Figur", deren Wesen in der Verbindung von bedeutendem Sinngehalt und einfältiger Ausdrucksweise besteht. (Nach **Hella Jäger:** Naivität, Eine kritisch-utopische Kategorie in der bürgerlichen Literatur und Ästhetik des 18. Jahrhunderts, Kronberg 1975, S. 92-93.).
7. **Charles Perrault:** Parallèle des Anciens et des Modernes en ce qui regarde les arts et les sciences, Par **M. Perrault** de L'Académie Française, Mit einer einleitenden Abhandlung von **H.R. Jauss** und kunstgeschichtlichen Exkursen von **M. Imdahl**, Mchn. 1964; darin: **Hans Robert Jauss:** Ästhetische Normen und geschichtliche Reflexion in der "Querelle des Anciens et des Modernes", S. 8-64, hier S. 9.
8. **Günter Oesterle:**"Vorbegriffe zu einer Theorie der Ornamente", Kontroverse Formprobleme zwischen Aufklärung, Klassizismus und Romantik am Beispiel der Arabeske, in: Ideal und Wirklichkeit der bildenden Kunst im späten 18. Jahrhundert, hrsg. v. **Herbert Beck, Peter C. Bol, Eva Maek-Gérard**, Bln. 1984, S. 119-139, hier S. 136; vgl. auch die hier erwähnte Literaturangabe: **Alfred Baeumler:** Das Irrationalitätsproblem der Ästhetik und Logik des 18. Jahrhunderts bis zur Kritik der Urteilskraft, mit einem Nachwort zum Neudruck, Darmst. 1967 (1. u. 2. durchges. Aufl., Halle 1923), S. 32,33.

I.

9. **Rolf Schröder**: Novelle und Novellentheorie in der frühen Biedermeierzeit, Tüb. 1970, S. 33-34.
10. **Jauss** (1964, Anm. I,7), S. 9.
11. **Oesterle** (1984, Anm. I,8), S. 119.
12. Eda.
13. **Odo Marquard**: Zur Bedeutung der Theorie des Unbewußten für eine Theorie der nicht mehr schönen Kunst, in: Poetik und Hermeneutik III, Die nicht mehr schönen Künste, Grenzphänomene des Ästhetischen; hrsg. v. **Hans Robert Jauss**, Mchn. 1968, S. 375-392, hier S. 379, 381 u. 386.
14. **Oesterle** (1984, Anm. I,8), S. 119; vgl. auch **Wolfgang Preisendanz**: Humor als dichterische Einbildungskraft, Mchn. 1963, Kap. "Der Ort des Humors in Hoffmanns werkimmanenter Poetik", S. 47-66.
15. Vgl. **Odo Marquard**: Artikel "Malum" in: Hwb.d.Philos., Bd. 5, Basel/Stgt. 1980, Sp. 652-656, hier Sp. 655.
16. **Reinhart Koselleck**: Richtlinien für das "Lexikon politisch-sozialer Begriffe der Neuzeit, in: Archiv für Begriffsgeschichte, begr. v. **Erich Rothacker**, Im Auftrag der Kommission für Philosophie der Akademie der Wissenschaften und der Literatur zu Mainz, hrsg. in Verbindung mit **H.G. Gadamer** u. **J. Ritter** von **Karlfried Gründer**, Bd. 11(1967), S. 81-99, hier S. 82, 91, 95.
17. **Odo Marquard**: Der angeklagte und der entlastete Mensch; in: Abschied vom Prinzipiellen, Philosophische Studien, Stgt. 1981, S. 39-66, hier S. 42.
18. **Marquard** (1968, Anm. I,13), S. 380.
19. Eda. S. 379,380.
20. Vgl. **Ingrid Oesterle**: Der "glückliche Anstoß" ästhetischer Revolution und die Anstößigkeit politischer Revolution. Ein Denk- und Belegversuch zum Zusammenhang von politischer Formveränderung und kultureller Revolution im Studium-Aufsatz Friedrich Schlegels, in: Literaturwissenschaft und Sozialwissenschaften 8, Zur Modernität der Romantik, v. **Dieter Bänsch**, Stgt. 1977, S. 167-216.
21. **Oesterle** (1984, Anm. I,8), S. 119 u. andere Stellen.
22. Eda. S. 129 ff.
23. **Marquard** (1968, Anm. I,13), S. 379-381.
24. **Christian Hermann Weiße**: System der Aesthetik oder Wissenschaft von der Idee der Schönheit, In drei Büchern, Lpz. 1830, 1. Buch, S. 185 u. 194; **Arnold Ruge**: Sämtliche Werke, Zehnter Bd., Mannh. [2]1848, S. 226 ff.: "Siebentes Kapitel, Auflösung der Häßlichkeit"; er hebt noch deutlicher hervor, daß es bei dem Häßlichen nur um ein "Scheindasein" gehe. **Friedrich Theodor Vischer**: Über das Erhabene und Komische (1837), Einleitung v. **Willi Oelmüller**, hrsg. v. **Hans Blumenberg**, **Jürgen Habermas**, **Dieter Heinrich** u. **Jakob Taubes**, Ffm. 1967; **ders.**: Aesthetik oder Wissenschaft des Schönen, Reutl./Lpz. 1846 ff.; **Karl Rosenkranz**: Aesthetik des Häßlichen, Königsberg 1853.
25. Vgl. **Günter Oesterle**: Entwurf einer Monographie des ästhetisch Häßlichen. Die Geschichte einer ästhetischen Kategorie von Friedrich Schlegels Studium-Aufsatz bis zu Karl Rosenkranz' Ästhetik des Häßlichen als Suche nach dem Ursprung der Moderne, in: **Bänsch** (1977, Anm. I,20), S. 217-297, besonders S. 256.
26. **Jauss** (1964, Anm. I,7), S. 12.
27. Ich verwende den Begriff "rehabilitieren", da diese Erweiterungen oft mit bewußten Rückgriffen auf die burleske Literatur des 16. und 17. Jahrhunderts verbunden sind.
28. **Marquard** (1981, Anm. I,17), S. 45.
29. **Georg Wilhelm Friedrich Hegel**: Werke, Theorie-Werkausgabe in zwanzig

Bänden, Auf der Grundlage der Werke von 1832-45 neu edierte Ausgabe, Redaktion **Eva Moldenhauer** u. **Karl Markus Michel**, Ffm. 1970, Vorlesungen über die Asthetik I, S. 25; auf **Odo Marquards** These, "Hegels Theorie der romantischen Kunstform" sei in erster Linie zu deuten als "die Philosophie der Geschichte des Verfalls der fundamentalen Bedeutung der Kunst", und eben dieser Bedeutungsschwund und die Entlastung von der Pflicht, schöne Kunst zu sein, ermöglichten der Kunst erst recht ihre Ausweitung zur nicht mehr schönen Kunst, sei hingewiesen (**Marquard** 1968, Anm. I,13, S. 381, 382). Dem steht allerdings im Hinblick auf mein Vorhaben die Auffassung Sengles entgegen, "das Hegelianische System" sei "für die Restaurationsepoche nicht repräsentativ", was jedoch in keiner Weise gegen die Verwendung Hegelscher Erkenntnisse spricht (**Sengle** 1971, Anm. I,4, S. 84).

30. Vgl. dazu die Ausführungen in Kap. II., 2. dieser Arbeit.
31. **Georg Jäger**: Das Gattungsproblem in der Ästhetik und Poetik von 1780-1850; in: Zur Literatur der Restaurationsepoche 1815-1848, **Friedrich Sengle** zum 60. Geburtstag, hrsg. v. **Jost Hermand** u. **Manfred Windfuhr**, Stgt. 1970, S. 371-404, hier S. 381; vgl. auch die schulphilosophische Einteilung in den unter Anm. I,24 genannten Werken.
32. Vgl. **Johann Jacob Breitingers** Critische Dichtkunst, Worinnen die poetische Mahlerey in Absicht auf die Erfindung, Im Grunde untersuchet und mit Beyspielen aus den berühmtesten Alten und Neuern erläutert wird, Mit einer Vorrede eingefuehret von Johann Jacob Bodemer, 2 Bände, Zürich 1740; Faksimiledruck nach dieser Ausgabe in: Deutsche Neudrucke, Reihe: 18. Jahrhundert, mit einem Nachwort v. **Wolfgang Bender**, Stgt. 1966, 1. Bd.: "Von der Wahl der Materie", S. 77 ff.
33. Vgl. **Oesterle** (1977, Anm. I,25), S. 222 u. S. 271, Anm. 18.
34. Eine derartige Sichtweise wurde in der Mörike-Forschung meines Erachtens für lange Zeit durch die verfallstheoretischen Interpretationsansätze der Staiger-Schule verdeckt. Vgl. hierzu **Renate von Heydebrand**: Eduard Mörikes Gedichtwerk, Beschreibung und Deutung der Formenvielfalt und ihrer Entwicklung, Stgt. 1972, S. 9
35. Vgl. **Marquard** (1968, Anm. I,13), S. 386.
36. **Jean Paul Richter**: Vorschule der Ästhetik, in: Werke, hrsg. v. **Norbert Miller**, Mchn. 1963 f.
37. Zur Formulierung vgl. **Helmut Plessner**: Lachen und Weinen, Philosophische Anthropologie, Ffm. 1970, S. 89.
38. **Friedrich Seebaß**: Eduard Mörike, Briefe, Tüb. o.J.; Brief Eduard Mörikes an Ludwig Tieck vom 22.2. 1833, S. 389-390.
39. **Karl Rosenkranz**: Ludwig Tieck und die romantische Schule (1838), in: Ludwig Tieck, hrsg. v. **Wulf Segebrecht**, Darmst. 1976, S. 1-44, hier S. 13; vgl. auch **Alexander von Bormann**: Romantik und Humanismus: Ludwig Tieck - Eine Aufforderung zur Wiederentdeckung, in: Kulturelles Wort, Hessischer Rundfunk II, 15.9.1981, 20^{30} - 21^{30}, Ms.,Redaktion: **Gert Kalow**, S. 40.
40. **Wolfgang Menzel**, in: Morgenblatt für gebildete Stände, Jg. 1832, Literatur-Blatt Nr. 86 vom 24.8., S. 341-344, abgedruckt in (V, 33-36); zur Zitierweise siehe Erläuterung in Kap. XI., 2. A.
41. **Gustav Schwab**, in: Blätter für literarische Unterhaltung, Jg. 1833, Nr. 20-21 vom 20. u. 21.1., S. 81-83 u. S. 85-88, abgedruckt in (V, 39-53), hier (V, 51/18-19).
42. Eda. (V, 52/11-15).
43. **Friedrich Notter**, in: Der Unparteiische, Ein encyclopädisches Zeitblatt für Deutschland, Jg. 1833, Nr. 2-4, vom 2.-4.4., S. 7-8, 12, 14-16, abgedruckt in (V, 53-61), hier (V, 57/20-21).

I.

44. **David Friedrich Strauß**: Rezension der 2. vermehrten Aufl. der Gedichte E(duard) Mörikes, in: Beilage zur Allgemeinen Zeitung (Cotta), Nr. 338 v. 4.12. 1847 u. **Friedrich Theodor Vischer**, in: HJbb. , Jg. 1839, Nr. 144-147 vom 17.-20. Juni, Sp. 1145-1149, 1153-1157, 1161-1168 u. 1175-1176, abgedruckt in (V, 61-79).
45. **Georg Lukacs**: Werke, Neuwied/Bln. 1962 ff., Bd. 7: "Deutsche Literatur in zwei Jahrhunderten",(1964), S. 332.
46. **Schwab**, (1833, Anm. I,41), (V, 49/15 ff.)
47. **Harry Maync**: Eduard Mörike, Sein Leben und Dichten, Stgt./Bln. 1902, Bd. 1, S. 240.
48. **Benno von Wiese**: Eduard Mörike, Tüb./Stgt. 1951, u.a. S. 234.
49. **L.B. Jennings** weist in seinem Aufsatz "Das Groteske bei Mörike, Ein nachromantisches Phänomen", abgedruckt in: Eduard Mörike , hrsg. v. **Victor Doerksen**, Darmst. 1975, S. 161-185, auf den häufigen Gebrauch des unspezifischen Begriffs "grotesk" bei Benno von Wiese hin, welcher Bedeutungen wie: extrem, humoristisch, kurios, ironisch und parodistisch, unheimlich und grauenvoll mit einschließe, eda. S. 182.
50. **Von Wiese** (1951, Anm. I,48), S. 240.
51. **Emil Staiger**: Ein Briefwechsel mit Martin Heidegger, in: **Doerksen** (1975, Anm. I,49), S. 241-253, hier S. 245.
52. **Alfred Liede**: Dichtung als Spiel, 2 Bände, Bln. 1963, Bd. 1, S. 15.
53. Eda. S. 70.
54. Eda. S. 18.
55. Eda. S. 50.
56. Die Methode, allzuschnell ins Pathologische auszuweichen und die Charakterzüge der fiktiven Personen auf den Dichter selbst zu übertragen, findet sich in vielen Arbeiten. Vgl. dazu **Hanns Walder**: Mörikes Weltanschauung, Diss. Zürich 1922, S. 103 ff.:"Das Pathologische in Mörikes Wesen und Werk"; **Vera Sandomirsky**: Eduard Mörike, Sein Verhältnis zum Biedermeier, Ein Versuch, Erlangen 1935, S. 38; **Jürgen Kolbe**: Goethes Wahlverwandtschaften und der Roman des 19. Jahrhunderts, Stgt. 1968, S. 71; **Jeffrey L. Sammons**: Fate and Psychology: Another look at Mörike's Maler Nolten; in: Lebendige Form, Interpretationen zur deutschen Literatur, Fs.f. **Heinrich E.K. Heinel**, hrsg. v. **J.L. Sammons** u. **Ernst Schürer**, Mchn. 1970, S. 211-227, hier S. 212.
57. **Hans Erich Holthusen**: Eduard Mörike in Selbstzeugnissen und Bilddokumenten, Reinbek 1971, S. 111.
58. **Gertrud Schütze**: Mörikes Lyrik und die Überwindung der Romantik, Diss. Münster 1940, S. 55,56.
59. **Gerhard Rückert**: Mörike und Horaz, Nürnb. 1970, S. 76 ff.; für den Kontrast zwischen Form und Gehalt wählt **G.R.** den Begriff "dialektischen Gegensatz", eda. S. 79.
60. **Jennings** (1975, Anm. I,49).
61. Eda. S. 164; vgl. (III, 14/25-16/18).
62. **Jennings** (1975, Anm. I,49), S. 183.
63. Eda. S. 173.
64. **Ruth Bachert**: Mörikes Maler Nolten, Diss. Gießen 1928, S. 23.
65. **Jennings** (1975, Anm. I,49), S. 184,185.
66. **Martin Stern**: Mörikes Märchen vom sichern Mann, in: Euph. 60(1966), S. 193-208, hier S. 193.
67. Eda. S. 207,208.
68. **Friedrich Sengle**: Mörikes sentimentalischer Weg zum Naiven, in: Untersuchungen zur Literatur als Geschichte; Fs.f. **Benno von Wiese**, Bln. 1973, S. 249 ff., hier S. 252.

69. **Sengle** (1971, Anm. I,4), S. 79 u. S. 251; **ders.**: Arbeiten zur deutschen Literatur 1750-1850, Stgt. 1965, S. 126.
70. Vgl.: Eduard Mörike und Friedrich Theodor Vischer, Briefwechsel, hrsg. v. **Robert Vischer**, Mchn. 1926, Mörike an Vischer am 2.4. 1831 zu dessen "Traum": " . . : etwas Ähnliches ist noch nie gemacht worden und mein gesundes Lachen dabei ist mir das wahrste Kriterium für den echten aristophanischen Kontur". Eda. S. 37.
71. **Sengle** (1971, Anm. I,4), S. 315.
72. Eda. S. 595 ff.
73. **Von Heydebrand** (1972, Anm. I,34), S. 180.
74. Eda. S. 280.
75. Eda. S. 5; in kleinen Auflagen erschienen folgende Teilausgaben, in welchen der Humor in den Vordergrund gestellt wird: **Franz Brustgi**: Der heitere Mörike, Gedichte und Zeichnungen, Heilbronn 1972; **Walter Eggert-Windegg**: Liebmund Maria Wispel und seine Gesellen, Stgt. 1919; **Rudolf Krauß**: E. Mörike als Gelegenheitsdichter, Stgt./Lpz. 1904; **Herbert Meyer**: Eduard Mörike, Zeichnungen, Mchn. 1952; **Wolfgang Mueller**: Eduard Mörike, Idyllen und scherzhafte Gedichte, Stgt. 1949.
76. **Von Heydebrand** (1972, Anm. I,34), S. 2.
77. Eda. S. 102.
78. Eda. S. 97.
79. Eda. S. 180.
80. Eda. S. 284.
81. **Gerhart von Graevenitz**: Eduard Mörike: Die Kunst der Sünde, Zur Geschichte des literarischen Individuums, Tüb. 1978.
82. Eda. S. 175-192, hier S. 191.
83. Eda. S. 87-151.
84. Eda. S.143.
85. Eda. S. 145.
86. Eda. S. 146.
87. Eda. S. 149.
88. Noch aus Mörikes Einschätzung des Bauer-Nachlasses ist ersichtlich, wie gering man die Meinung des offiziellen Publikums einschätzte: "Und wenn auch ein Berliner seine Nase ein paarmal rümpfen sollte (falls ihm ein Brief begegnete) - der Dank der Freunde wird um desto größer sein." Aus: **Friedrich Seebaß** (o.J., Anm. I,38), E. Mörike an Karl Wolff, Anfang Juni 1846, S. 605.
89. **Von Graevenitz** (1978, Anm. I,81), S. 94 ff. u. S. 177; **Vischer** (1967, Anm. I,24), S. 50.
90. **Von Graevenitz** (1978, Anm. I,81), S. 175,176.
91. Eda. S. 181.
92. Eda. S. 180-183.
93. Vgl. **Bernhard Zeller**: Das Sonntagsblatt für gebildete Stände, Eine Zeitschrift für Tübinger Romantiker, Marbach 1981, S. 33 u. S. 49.
94. Vgl. auch S. 50 f. dieser Arbeit; zur Kritik an von Graevenitz siehe auch **Rainer Pohl**: Rezension von **von Graevenitz** (1978, Anm. I,81), in: ZfdPh. 98(1979), S. 600-603; ohne von Graevenitz' Untersuchungen zum Zusammenhang von Komischem und Erotischem in den Balladeneinlagen des 'Maler Nolten' zur Kenntnis genommen zu haben (dort S. 69 ff.), versucht **Heide Eilert** eine Interpretation, unter anderem vom Peregrina-Zyklus, indem sie nach einer knappen Zusammenfassung der Forschungsliteratur einzelne Details aus dem Romanganzen herausgreift, das Kompositionsganze allerdings nicht erfaßt.- Auf erwähnenswerte Einzelbeobachtungen werde ich an gegebener Stelle hinweisen. **Heide Eilert**: Eduard Mörike: Maler Nolten (1832), in: Romane und Erzählungen zwischen Roman-

I.

tik und Realismus, hrsg. v. **Paul Michael Lützeler**, Stgt. 1983, S. 165-182.

95. **Dagmar Barnouw**: Entzückte Anschauung, Sprache und Realität in der Lyrik E. Mörikes, Mchn. 1971, S. 11; ihren zentralen Ausdruck aus der Vischerschen 'Aesthetik', das "punktuelle Zünden der Welt im Subjekte" (S. 11), streicht sich Mörike in seiner eigenen Vischer-Ausgabe nicht einmal an. Zur Kritik vgl. auch **Von Heydebrand** (1972, Anm. I,34), S. 9.
96. **Hellmut Hal Rennert**: An exploration of Eduard Mörikes Reading with emphasism Shakespeare, Diss. Washington 1975, S. 190.
97. **Gerhard Storz**: Eduard Mörike, Stgt. 1967, S. 20.
98. **Walter Höllerer**: "Spiel und Dunkel" bei Mörike, aus: Zwischen Klassik und Moderne, Lachen und Weinen in der Dichtung einer Übergangszeit, Stgt. 1958, S. 349-356, abgedruckt in: **Doerksen** (1975, Anm. I,49), S. 320-333, hier S. 323,324.
99. **Manfred Koschlig**: Mörikes barocker Grundton und seine verborgenen Quellen, Studien zur Geschichtlichkeit des Dichters, in: Zs. f. württemb. Landesgeschichte, hrsg. v. der Kommission f. geschichtliche Landeskunde in Baden-Württemberg und dem Württembergischen Geschichts- und Altertumsverein Stgt., Jg. XXXIV/XXXV(1975/1976), Stgt. 1978, S. 231-323, hier S. 315.
100. Eda. S. 315; zur Parodie vgl. auch S. 311.
101. **Fritz Krafft** u. **Dieter Wuttke**: Das Verhältnis des Humanisten zum Buch, hrsg. v. **F.K.** u. **D.W.**, Sonderdruck DFG, Kommission für Humanismusforschung, Mitteilung IV, Boppardt 1977, S. 52.
102. **Eduard Berend**: Mörike auf Tiecks Spuren, in: JbDSG. 12(1968), S. 315-317, hier S. 315.
103. Vgl. **Holthusen** (1971, Anm. I,57), S. 111; **Wolf von Niebelschütz**: Über Dichtung, Ffm. 1979, S. 83 u. 116; **Hans-Heinrich Reuter** versucht eine Würdigung von Mörikes satirischer und skeptischer Haltung gegenüber dem Burschenschaftswesen und gegnüber den Juliereignissen in Frankreich, verkürzt jedoch seine Ansätze auf den Klassengegensatz. **H.-H. Reuter**: Eduard Mörike in seinem Leben und Dichten, in: **Doerksen** (1975, Anm. I,49), S. 89-128, hier S. 106 ff.
104. Vgl. **Maria Bringewald**: Der Humor bei Mörike, Diss. Köln 1924.
105. **Rudolf M. Tscherpel**: Die rhythmisch-melodische Ausdrucksdynamik in der Sprache Eduard Mörikes, Diss. Tüb. 1963, Stgt. 1964, S.141, 143.
106. Vgl. **Beatrice Funk-Schoellkopf**: Eduard Mörike, Der letzte König von Orplid, Diss. Zürich 1980; sie geht beispielsweise trotz des spezifischen Themas auf die 8. Szene des Orplid-Zwischenspiels im 'Maler Nolten' kaum mit einem Wort ein.
107. **Harald Weinrich**: Literatur für Leser, Stgt./Bln./Köln/Mainz 1971, S. 15.
108. **Gottfried Willems**: Das Konzept der literarischen Gattung, Tüb. 1981; **Hans-Georg Gadamer**: Wahrheit und Methode, Tüb. 1960, S. 275 ff.

II.

1. **Odo Marquard**: Das Komische und die Philosophie, in: Gießener Universitätsblätter, Jg. 7(1974), H. 2, S. 79-89, hier S. 84.
2. **Joachim Ritter**: Über das Lachen, in: Subjektivität, Sechs Aufsätze, Ffm. 1980, S. 62-92, hier S. 76; vgl. dazu auch die Definition v. **A. Hügli** in: Artikel "(Das) Lächerliche", Hwb.d.Philos. (1980, Anm. I,15), Sp. 1-8, hier Sp. 7.
3. **Hügli** (1980, Anm. II,2), Sp. 1 aus: **Platon**, Leges 816 e.
4. Eda. aus: **Aristoteles**, Poetik 1449 a 33 ff.
5. **Ernst Robert Curtius**: Europäische Literatur und Lateinisches Mittelalter, Bern 1948, S. 420 ff.
6. Eda. S. 422.
7. **Hügli** (1980, Anm. II,2), Sp. 2.
8. Eda.
9. Eda. Sp. 3.
10. Eda. Sp. 4 u. 5.
11. Eda. Sp. 4, aus: **Gotthold Ephraim Lessing**, Sämtliche Schriften, hrsg. v. **Karl Lachmann**, Stgt. 1890, Bd. 9, S. 303.
12. **Hügli** (1980, Anm. II,2), Sp. 5.
13. **Jean Paul** (1963, Anm. I,36); **August** u. **Friedrich Schlegel**: Athenaeum, Bln. 1798, repr. Darmst. 1960; **Friedrich Schlegel**: Kritische Schriften, hrsg, v. **Wolfdietrich Rasch**, Mchn. 1956; **Karl Wilhelm Ferdinand Solger**: Nachgelassene Schriften und Briefwechsel, hrsg. v. **Ludwig Tieck** u. **Friedrich von Raumer**, Lpz. 1826; **ders.**: Vorlesungen über Ästhetik, hrsg. v. **Karl Wilhelm Ludwig Heyse**, Lpz. 1829; **ders.**: Erwin, Vier Gespräche über das Schöne und die Kunst, Nachdruck der Ausgabe Bln. 1907 zusammen mit **Solgers** Rezension von **A.W.Schlegels** "Vorlesungen über dramatische Kunst und Literatur", Mit einem Nachwort u. Anmerkungen hrsg. v. **Wolfhart Henckmann**, Mchn. 1971; **Ingrid Strohschneider-Kohrs**: Die romantische Ironie in Theorie und Gestaltung, Tüb.[2]1977; **Jürgen Brummack**: Satirische Dichtung, Studien zu Friedrich Schlegel, Tieck, Jean Paul und Heine, Mchn. 1979.
14. **Curtius** (1948, Anm. II,5), S. 361 f.; **Erich Auerbach**: Gesammelte Aufsätze zur romanischen Philologie, Bern/Mchn. 1967; darin: "Entdeckung Dantes in der Romantik", S. 176-183, hier S. 179: "Dantes Name tritt nun neben den Shakespeares und Goethes, manchmal auch neben **Shakespeare** und Cervantes zu einem Dreigestirn der neueren europäischen Dichtung."
15. **Preisendanz** (1963, Anm. I,14), S. 25.
16. **Schlegel** (1956, Anm. II,13), Fragment Nr. 238 (nach der Zählung von **Minor**), S. 50,51; vgl. **Friedrich von Schiller**:"Die strafende Satire erlangt poetische Freiheit, indem sie ins Erhabene übergeht, die lachende Satire erhält poetischen Gehalt, indem sie ihren Gegenstand mit Schönheit behandelt." In: **F.S.**: Werke, hrsg. v. **Paul Merker**, Lpz. o.J., Bd. 6, S. 273 f.
17. **Schlegel** (1956, Anm. II,13), Fragment Nr. 305, S. 60.
18. **Jean Paul** (1963, Anm. I,36).
19. Eda. § 4.
20. Eda. § 28.
21. **Wolfdietrich Rasch**: Die Poetik Jean Pauls, in: Die deutsche Romantik, hrsg. v. **Hans Steffen**, Gött. 1967, S. 98-111, hier S. 106; Vgl. auch **Wolfgang Proß**: Jean Pauls geschichtliche Stellung, Tüb. 1975, S. 93-96; weitere Literatur: **Max Kommerell**: Jean Paul, Ffm. [5]1977, darin: "Die Vorschule und ihre Lehre des Humors", S. 391-419; **Heinz Schlaffer**: Jean Paul, in: Jean Paul, hrsg. v. **Uwe Schweikert**, Darmst. 1974, S. 389-410.
22. **Jean Paul** (1963, Anm. I,36), §§ 29,30; vgl. eda. § 32: "Der Humor, als

II.

das umgekehrt Erhabene, vernichtet nicht das Einzelne, sondern das Endliche durch den Kontrast mit der Idee. Es gibt für ihn keine einzelne Torheit, keine Toren, sondern nur Torheit und eine tolle Welt, und er hebt - ungleich dem gemeinen Spaßmacher mit seinen Seitenhieben - keine einzelne Narrheit heraus, sondern er erniedrigt das Große, aber - ungleich der Parodie - um ihm das Kleine, und erhöhet das Kleine - aber ungleich der Ironie - um ihm das Große an die Seite zu setzen und so beide zu vernichten, weil vor der Unendlichkeit alles gleich ist und nichts . . . ; aber der Humorist nimmt fast lieber die einzelne Torheit in Schutz, den Schergen des Prangers aber samt allen Zusachauern in Haft, weil nicht die bürgerliche Torheit, sondern die menschliche, das heißt das Allgemeine, sein Inneres bewegt. Sein Thyrsusstab ist kein Taktstock und keine Geißel und seine Schläge damit sind Zufälle."

23. Eda. § 30.
24. Eda. §§ 33,36.
25. Eda. § 41.
26. Eda. § 32.
27. Eda. § 41.
28. Eda. § 33; vgl. auch § 35: "Humoristische Sinnlichkeit".
29. Eda. § 33.
30. **Vischer** (1967, Anm. I,24).
31. **Ders.** (1846 ff., Anm. I,24).
32. **Ders.** (1967, Anm. I,24), S. 48.
33. Eda. S. 9, Einleitung v. **Willi Oelmüller.**
34. Die schulphilosophische Zergliederung des Erhabenen der Natur in das der Zeit und das des Raums und jeweils in ein negatives und ein positives würde im Rahmen des Referats zu weit führen, spiegelte jedoch eingehend das Denken in ästhetischen Kategorien wider.
35. Eda. S. 77.
36. Eda. S. 98.
37. Eda. S. 138.
38. Eda. S. 144: "Ebendies ist ja das Tragische, daß das Edle edel, der vollkommensten Begeisterung würdig bleibt und dennoch trotz seiner Trefflichkeit einseitig, mangelhaft ist."
39. Eda. S. 165 u. S. 167; Solgers Begriff der Ironie behandelt er mit Vorsicht, da er dem Mißbrauch ausgesetzt sei (eda. S. 148), doch läßt er das Moment des Zynischen zu, sofern es nicht idealisiert wird.
40. Eda. S. 182-183, Hervorhebung v. mir (R.T.); vgl. auch S. 159.
41. Eda. S. 181 u. S. 185 ff.
42. Eda. S. 199; "der Humor hat einen Weltkontrast zum Gegenstand".
43. Eda. S. 201.
44. Eda. S. 200; im Vergleich zu Jean Paul fällt auf, daß Vischer auch an der prozessualen Form der Darlegung festhält, allerdings auf das affirmative Moment im Komischen verzichtet.
45. Eda. S. 199; "Am absolut Häßlichen hat freilich dieser Zynismus seine Grenze." Vgl. dazu **Ingrid Oesterle:** Verübelte Geschichte. Autobiographische Selbstentblößung, komische Selbstentlastung und bedingte zynische Selbstbehauptung in Friedrich Theodor Vischers 'Auch Einer'; in: Vom Andern und vom Selbst: Beiträge zu Fragen der Biographie und Autobiographie, hrsg. v. **Reinhold Grimm** u. **Jost Hermand**, Königstein 1982, S. 71-93, insbesondere S. 77.
46. **Vischer** (1967, Anm. I,24), S. 203 u. S. 206.
47. Eda. S. 209.
48. Eda. S. 9, Einleitung v. **Oelmüller.**
49. Eda. S. 10.

50. Eda.
51. Eda. S. 11
52. **F.Th. Vischer:** Kritische Gänge, 6 Bände, hrsg. v. **Robert Vischer**, Mchn. [2]1922, Bd. II:'Noch ein Wort darüber, warum ich von der jetzigen Poesie nichts halte', S. 135; vgl. **Willi Oelmüller:** Friedrich Theodor Vischer und das Problem der nachhegelschen Ästhetik, Stgt. 1959, S. 76 ff.
53. Eda. S. 84 u. **Vischer** (1922, Anm. II,52), 'Herwegh', Bd. II, S. 92-134, hier S. 134.
54. **Oelmüller** (1959, Anm. II,52), S. 99.
55. Diese Inhalte spiegeln sich auch im Briefwechsel mit Eduard Mörike wider.
56. **Vischer** (1967, Anm. I,24), Einleitung v. **Oelmüller**, S. 11, Text S. 227 ff.
57. **Oelmüller** (1959, Anm. II,52), S. 146.
58. Eda. S. 174 u. S. 177.
59. **Oelmüller** (1959, Anm. II,52), S. 166, zitiert aus: 'Ein Manuskript', S. 603; vgl. den Titel 'Abschied vom Prinzipiellen' v. **Marquard** (1981, Anm. I,17).
60. **Oelmüller** (1959, Anm. II,52), S. 175 u. S. 182.

III.

1. **Seebaß** (o.J., Anm. I,38; Mörike an J. Mährlen am 21.5. 1832, S. 342 f., hier S. 343.
2. **Robert Vischer:** Briefwechsel zwischen Eduard Mörike und Friedrich Theodor Vischer, Mchn. 1926; zwei Briefe, der v. 20.1. 1832 und einer v. Anfang Mai 1832, sind abhanden gekommen. Allerdings hatte Mörike Vischer bereits am 23.10.1825 kenengelernt. Zum Nachweis siehe **Hans-Ulrich Simon:** Mörike, Chronik, Stgt. 1981, Sp. 39.
3. **Rennert** (1975, Anm. I,96), S. 190.
4. **Moritz Rapp:** W. Waiblinger, in: Jahrbücher der Gegenwart, hrsg. v. **Albert Schwegler**, Tüb. 1844 ff., S. 254-288, hier S. 268; **Heinz Kindermann:** Briefwechsel zwischen Hermann Kurz und Eduard Mörike, Stgt. 1919, Mörike an Kurz, Mergentheim, 8.8. 1837, S. 70 ff., hier S. 71.
5. (Zur Zitierweise siehe die Erläuterung zu Beginn des Kapitels S.175 dieser Arbeit),Brief Nr. 90, An W. Harlaub, 25.5. 1827.
6. **Friedrich Seebaß:** Eduard Mörike, Unveröffentlichte Briefe, Stgt. 1941, Für meine Lieben in Cleversulzbach und Wermutshausen, Stgt., 19.11. 1838, S. 75 f., hier S. 75; vgl. auch **Otto Güntter:** Eduard Mörike und Bernhard Gugler, in: 16. Rechenschaftsbericht des Schwäbischen Schillervereins 1911/1912, aus einem Brief W. Hartlaubs an B.G. vom 5.4. 1878, S. 76: "Mörike bekümmerte sich nicht gerade viel darum (um den Musikunterricht Wilhelm Häsers (1781-1867) in Urach), ob er gleich schon damals die größte Liebe zur Musik hatte; ich weiß nur, daß er über das Komische von musikalischen Ausartungen unmäßig lachen konnte."
7. Brief Nr. 75 an Heinrich Wilhelm Brutzer, Tüb. 21.8. 1826; **Vischer** (1926, Anm. III,2), S. 132, Mörike an Vischer am 12.6. 1837; **R.von Heydebrand** (1972, Anm. I,34), S. 280, stellt fest, daß in Mörikes Lyrik das Spiel mit Kontrastwirkungen, Tonparodien und -mischungen erst ab 1837 einsetzt, bringt jedoch diese Erkenntnis nur oberflächlich in Zusammenhang mit Vischers Frühschrift (eda. S. 308).
8. **Vischer** (1926, Anm. III,2), Mörike an Vischer, 12.6. 1837, S. 132; **Friedrich Sengle:** Mörikes sentimentalischer Weg zum Naiven, in: Untersuchungen zur Literatur als Geschichte, Fs. f. **Benno von Wiese**, hrsg. v. **J. Guenther, H. Koopmann, P. Pütz, H.J. Schrimpf** u.a., Bln. 1973, S. 249-258, hier S. 252: er bezeichnet Fr.Th. Vischer als Mörikes "breiteste Brücke zur Welt".
9. **Vischer** (1926, Anm. III,2), Mörike an Vischer, 13.12. 1837, S. 137/138; zwischen den beiden spielt sich - wiederholt - die Auseinandersetzung zwischen dem Dichter und dem Philosophen ab, die auch im Briefwechsel zwischen Schiller und Goethe zum Ausdruck kommt; vgl. 'Der Briefwechsel zwischen Schiller und Goethe', hrsg. v. **Hans Gerhard Gräf** u. **Albert Leitzmann**, Ffm./Wien/Zürich 1964, Brief Nr. 7, S. 16; zur Interpretation der zitierten Textpassage vgl. insbesondere **Von Graevenitz** (1978, Anm. I,81), S. 178 ff.
10. **Seebaß** (o.J., Anm. I,38), Am J. Mährlen, 21.5. 1832, S. 342-349, hier S. 347-348.
11. **Kindermann** (1919, Anm. III,4), Mörike an Kurz, 30.6. 1837, S. 47-55, hier S. 52.
12. Eda. Kurz an Mörike, Buoch, Nov. 1838, S. 174-180, hier S. 180: "Was diese Herrn sehr irriger Weise auch Phantasie heißen, ist nichts anderes, als unser wohlbekannter Freund Humor, ein wunderlicher Dunst im Hirn, der wunderliche Nebel bildet und seinen ganz eigenen, ebenfalls wunderlichen Maßstab hat: Dahin gehören z.B. des Schloßküpers Geister."
13. **Vischer** (1926, Anm. III,2), Vischer an Mörike, 28.11. 1831, S. 28-34, hier S. 32.
14. **Breitinger** (1740 u. 1966, Anm. I,32), Erster Bd., 6. Abschn., S. 132.

15. Vgl. folgenden von Mörike in der letzten Zeile mit dreifachem Schrägstrich versehenen Passus in: **Vischer** (1846 ff., Anm. I,24), SNM 8701, §82, Anm., S. 214: "Daß die gegensätzlichen Formen des Schönen, das Erhabene und Komische, als Momente des Schönen überhaupt zu begreifen und daher in der allgemeinen Lehre vom Schönen zu entwickeln sind, wurde schon von den englischen Kritikern des vorigen Jahrhunderts gefühlt; ."
16. Abgedruckt am Ende des Briefwechsels, **Vischer** (1926, Anm. III,2), S. 259 ff.; die Behauptung **W. Oelmüllers** (1959, Anm. II,52), S. 37, Mörike habe 1831 die Veröffentlichung dieser Schrift mit der Begründung abgelehnt, sie enthalte zu viel Anstößiges für den Glauben, ist nicht haltbar; das zweite Zitat, welches Oelmüller auf dieser Seite anführt, Mörike sei der Kränklichkeit und Schmerzensprahlerei unserer jetzigen Poesie müde, ist einem gänzlich anderen Zusammenhang entnommen (**Vischer** (1926, Anm. III,2), S. 102-103) und bezieht sich nicht auf 'Ein Traum', im Gegenteil, gegenüber Mährlen verteidigt Mörike das Opus ganz im Sinne Vischers (**Vischer** (1926, Anm. III,2), S. 36-37). Daß Mörike den philosophischen Ernst des Stückes verkannt habe, trifft nur insofern zu, als er dies nicht mit philosophischen Termini zur Sprache bringt sondern im poetischen Vergleich; vgl. dazu **Vischer** (1926, Anm. III,2), Mörike an Vischer, 17.1. 1831, S. 21: "Wollte man es mit Faust vergleichen, so könnte man im allgemeinen sagen, Deine Idee sei größer und weiter."
17. **Vischer** (1926, Anm. III,2), Mörike an Vischer, 17.1. 1831, S. 20-27, hier S. 23.
18. Vgl. Mörikes doppelte Längsstriche in: **Vischer** (1846 ff., Anm. I,24), SNM 8701, § 158,4, S. 353.
19. Eda. einfacher Längsstrich Mörikes, § 183, Anm., S. 401.
20. Eda. § 176, Anm. 2, S. 386, starker einfacher Längsstrich.
21. Eda. § 159, Anm. 1, S. 356, doppelter Querstrich.
22. **Rennert** (1975, Anm. I,96), S. 127; vgl. seinen Hinweis auf "das Bewußtlose der künstlerischen Produktion" anläßlich von Mörikes Lektüre des Briefwechsels zwischen Schiller und Goethe, Einbanddeckeleintragung; ebenfalls in diesem Zusammenhang vgl. **Solger** (1907 u. 1971, Anm. II,13), Nachwort v. **Wolfhart Henckmann**, S. 272-273.
23. **Vischer** (1846 ff., Anm. I,24), SNM 8701, § 15, Anm. 1, S. 61; § 17, S. 67; § 159, Anm., S. 358; § 178, Anm., S. 389.
24. **Eduard von Hartmann**: Philosophie des Unbewußten, Bln. 1869; zum Nachweis siehe **Simon** (1981, Anm. III,2), Sp. 332, 335, 353, 355.
25. **Marquard** (1968, Anm. I,13), S. 375.
26. Eda. S. 376 u. S. 379.
27. Eda. S. 379 u. S. 384.
28. Eda. S. 384; vgl. **Vischer** (1846, Anm. I,24), SNM 8701 (mit einfachem Längsstrich versehen): "Alles Unbewußte und das ganze Reich der Zufälligkeit, wie es den Geist beschleicht und unvermerkt in seine Zwecke sich mischt, kann unter dem Namen der Natur befaßt werden und so ist alles Komische, wie von frühern Aesthetikern öfters geschehen, naiv zu nennen." § 159, Anm., S. 358.
29. Eda. § 15, Anm. 1, S. 61 (mit doppeltem Querstrich versehen): "So ist er (der Gedanke, R.T.) auch im Schönen das Bestimmende, nur nicht in der Fassung des Begriffs, sondern in der bewußtlosen der Phantasie."
30. Vgl. **Kindermann** (1919, Anm. III,4), Mörike an Kurz, 19.6. 1837, S. 30-37, hier S. 35 u. 36.
31. **Hermann Kurz**: Das Wirtshaus gegenüber, in: **H.Kurz'** sämtliche Werke in zwölf Bänden, hrsg. u. mit Einl. vers. v. **Hermann Fischer**, Lpz. 1905, Bd. 12.

32. **Kindermann** (1919, Anm. III,4), Mörike an Kurz, 19.6. 1837, S. 30-37, hier S. 35.
33. **Vischer** (1846, Anm. I,24), SNM 8701, § 151, Anm., S. 342.
34. Eda. § 843, S. 1187, einfacher und doppelter Querstrich.
35. So entwickelt Mörike beispielsweise im Nov. 1828 "eine Gattung von tragischen und komischen Schauspielen phantastischer Natur"; zum Nachweis siehe **Simon** (1981, Anm. III,2), Sp. 57.
36. Brief Nr. 130, An J. Mährlen, Buchau, 20.7. 1828.
37. **Vischer** (1926, Anm. III,2), Mörike an Vischer, 14.5. 1832, S. 66-67: ". . . :mir fiel das Herz ins Zwerchfell und diese Friktion alternierte spielend zwischen wahrer Rührung und dem süßesten Lachen."
38. **Seebaß** (o.J., Anm. I,38), Mörike an J. Mährlen am 21.5. 1832 über den 'Hyperion', S. 344; vgl. auch **von Heydebrand** (1972, Anm. I,34), S. 289.
39. **Vischer** (1846 ff., Anm. I,24), SNM 8701, § 156, S. 351; vgl. dazu **Immanuel Kant**: Werkausgabe in zwölf Bänden, hrsg. v. **Wilhelm Weischedel**, Ffm. ^{3}1978, Bd. X: Kritik der Urteilskraft, § 54, S. 273: "Das Lachen ist ein Affekt aus der plötzlichen Verwandlung einer gespannten Erwartung in nichts."
40. **Koschlig** (1975/1976, Anm. I,99), S. 305; die Belegstelle ist allerdings wenig überzeugend.
41. **Philipp Otto Runge**: Die komische und die tragische Lyra, Federzeichnung v. 1809, Staatliche Museen zu Berlin (WV 471, abgebildet in: **Jörg Traeger**: Philipp Otto Runge, Mchn. 1977, S. 56; siehe unter Kap. XI, 3. a) dieser Arbeit.
42. **Reinhold Grimm**: Kapriolen des Komischen. Zur Rezeptionsgeschichte seiner Theorie seit Hegel, Marx und Vischer, in: Zwischen Satire und Utopie, Zur Komiktheorie und zur Geschichte der europäischen Komödie, hrsg. v. **R.G.** u. **Walter Hinck**, Ffm. 1982, S. 34, 35; vgl. **Vischer** (1846, Anm. I,24), §§ 212, 915 u. 924; **ders.**: (1837;1967, Anm. I,24), S. 187: hier definiert Vischer die Karikatur als "satirische Verzerrung".
43. Vgl. **Friedrich Theodor Vischer**: Die Münchner Kunst, Eine Ergänzung der kritischen Gedanken im Novemberheft 1845, in: **Schwegler** (1844 ff., Anm. III,4), Jan. 1846, S. 95-107, hier S. 107.
44. **Grimm** (1982, Anm. III, 42), S. 73, S. 74.
45. Eda. S. 32 u. S. 34.
46. **Zedlers** Universal-Lexicon, Großes vollständiges Universal-Lexicon aller Wissenschaften und Künste, welche bißhero durch menschlichen Verstand erfunden und verbessert worden, v. **Johann Heinrich Zedler**, Halle/Lpz. 1831 ff., hier Bd. 34 (1742), Artikel 'Satyre", Sp. 235-239, abgedruckt in: Satiren der Aufklärung, hrsg. v. **Gunter Grimm**, Stgt. 1979, S. 178: " Satyre, Lat. Satyra, hieß bei den Roemern ein Gedichte, darinnen man die gemeinen Laster und Thorheiten durchziehet. Den Namen sollen diese Gedichte von der Satyris bekommen haben, weil nehmlich ein Dichter bey Verfertigung derselben die Frechheit und Unverschämtheit dieser Waldgötter, in Verspottung der Menschen annehmen müßte. Andere hingegen leiten den Nahmen a lance Satura her, weil darinne, wie in dergleichen Schaalen, allerley vorgetragen werde . . ."; vgl. auch **Carl Friedrich Flögel**: Geschichte der komischen Literatur, Liegnitz/Lpz. 1784-1786, 2. Buch, S. 12-15: er wagt sich nicht festzulegen; Mörike selbst schreibt das 'i' oft als 'y' und 'Satire' immer 'Satyre'.
47. Vgl. **Friedrich Nietzsche**: Werke in sechs Bänden, hrsg. v. **Karl Schlechta**, Mchn./Wien 1980, Bd. I, 'Die Geburt der Tragödie, Versuch einer Selbstkritik'. Daß zum Beispiel Melancholie und Schmerz, Wahnsinn, Nihilismus und das Verlangen nach dem Häßlichen (S. 12, 18, 17, 12-13)

schon im satyrischen Teil des Romantisch-Komischen auftauchen, dürfte kaum Zufall sein; vgl. dazu bei Mörike im Zusammenhang mit dem Komischen und dem Lachen genannte Themata: Wahnsinn (III, 17/23-26), Verdruß (III, 178/24-179/5) u. Befreiung von psychischer Belastung (III, 63/36-64/4).

48. Vgl. **Justinus Kerner:** Reiseschatten, in: **J. Kerners** sämtliche Werke, hrsg. v. **Josef Gaismaier,** Lpz. o.J. 3. Bd., IX, 7, S. 239-240: "Die verdammten Stiefel sind gar zu eng! . . Darf ich Sie nicht bitten, Herr Flügel, etwas zu ziehen? . . "Gerne!" versetzte Flügel, und zog aus allen Leibeskräften. "Haben Sie etwa Unrat in - - " Plump! da fuhr der Stiefel heraus und mit ihm eine Menge geschriebener Blätter, welche um das Bein wie um eine Spindel gewickelt waren.
"Nun noch den anderen", sprach der weiße Mann; Flügel zog, und es erfolgte ein gleiches.
Flügel blieb in Gedanken noch immer stehen, als erwartete er einen dritten Fuß; da sprach aber das Gerippe: "Nun sind wir fertig!Sehen Sie!" fuhr es fort, "im rechten Stiefel hab' ich die Trauerspiele, im linken die Lustspiele. Sie werden auch bemerken, daß der linke Fuß in etwas ein Klumpfuß, Bocksfuß, der rechte aber ist etwas erhabener, als der linke, quasi ein Kothurnus . . . , es ist in meinem Gange ganz der Gang Shakespeares dargestellt. Sehen Sie! rechts! links! ganz abwechslungsweise, wie bei Shakespearen, traurig und schnell, dann lustig . ."
Die Deklaration des weißen Mannes, in welcher er sein Programm weiter ausführt, geht im weiteren Verlauf der Szene völlig im Tosen eines Wasserfalls unter und wird auf diese Weise ins Lächerliche gezogen. Die ganze Szene ist als eine Parodie auf eine Kontrastästhetik des Ernsten und Lächerlichen zu werten, die 'zu eng' ist, in der ein wesentliches Element, nämlich das Phantastische, fehlt.
49. Siehe **Wolfgang Preisendanz:** Artikel 'das Komische', in: Hwb.d.Philos., Bd. 4, Basel/Stgt. 1976, Sp. 889-893, hier Sp. 890 zur Theorie Dumonts; vgl. auch **Michail Bachtin:** Literatur und Karneval, Zur Romantheorie und Lachkultur, aus d. Russischen übers. mit einem Nachwort v. **Alexander Kaempfe,** Mchn. 1969, S. 25, 26, 29, siehe S. 26 zum Zusammenhang von Lachen und Furcht: "Furcht ist der extreme Ausdruck der einseitigen und dumen Ernsthaftigkeit, die durch das Lachen besiegt wird. Nur in einer Welt ohne Furcht ist jenes hohe Maß an Freiheit möglich, das dem Grotesken eignet". Dagegen betont **Klaus Heinrich:** "Theorie" des Lachens, in:'Nervöse Auffassungsorgane des inneren und äußeren Lebens', Karikaturen, hrsg. v. **Klaus Herding** u. **Gunter Otto,** Gießen 1980, , S. 12-30, hier S. 24 u. andere Stellen, in erster Linie die Katastrophenangst. Um eine differenzierte Sehweise ist auch **Ulrich Karthaus:** Humor - Ironie - Satire, in:DU 23(1971), H. 6, S. 104-120, hier S. 109, bemüht, wenn er formuliert, "das Katastrophische ist eine stets virulente Möglichkeit, keine Notwendigkeit, vor der der Humor gesehen werden muß."
50. **Erwin Gradmann:** Phantastik und Komik, Bern 1957, S. 9 ff.
51. **Robert Prutz:** Alte ind neue komische Romane, in: HJbb. Nr. 298-301, 13.-17. 12. 1839, Spalten 2377-2379; 2385-2390; 2393-2397 u. 2403-2408, hier Sp. 2385.
52. Eda. Sp. 2404.
53. Eda. Sp. 2388; vgl. auch **Günter** u. **Ingrid Oesterle:** "Gegenfüßler des Ideals" - Prozeßgestalt der Kunst - Mémoire processive der Geschichte. Zur ästhetischen Fragwürdigkeit von Karikatur seit dem 18. Jahrhundert, in **Herding/Otto** (1980, Anm. III, 49), S. 87-130, hier S. 109.
54. **Karl Fischer** u. **Rudolf Krauß:** Eduard Mörikes Briefe, Bln. 1903, An

III.

J. Mährlen, /.9. 1830, S. 155 ff. hier S. 155.

55. **Otto Güntter**: Ungedrucktes von Eduard Mörike, in **Güntter** (1911/12, Anm. III,6)S. 77-104, hier S. 84-85.

56. **Vischer** (1926, Anm. III,2), Mörike an Vischer, 2.4. 1831, S. 35-38, hier S. 37.

57. **Eduard Mörike**: Sämtliche Werke, Briefe, Ausgabe in drei Bänden, hrsg. v. **Gerhard Baumann** in Verbindung mit **Siegfried Grosse**, Stgt. 1959-1961, Bd. 3, An J. Mährlen, 27.9. 1830, S. 226 ff., hier S. 227.

58. **Johann Wolfgang von Goethe**: Sämtliche Werke in vierzig Bänden, Stgt./Tüb. 1840, GSA 66/VI, Eintragung zu Bd. 22, S. 162; zu Mörikes Randzeichen und Bemerkungen vgl. auch **Rennert** (1975, Anm.I,96), S. 159 ff..

59. **Von Heydebrand** (1972, Anm. I,34), S. 285.

60. Eda. S. 284-285; freilich hat **von Heydebrand** nicht Unrecht, wenn sie schreibt, Mörike lehne eine "unmittelbare Ausrichtung von Dichtung auf die Förderung allgemeiner Bildung oder eines politischen Bewußtseins " ab (S. 285); mir geht es nur um eine Nuance, wenn ich formuliere, Mörike schließt das satirische Engagement keinesfalls aus.

61. Nach Mörikes Formulierung, Brief Nr. 104 an J. Mährlen, 3.10. 1827 (X, 182-185, hier 185/16 ff.).

62. Zum Zusammenhang von Ästhetik und Therapeutik vgl. **Odo Marquard**: Über einige Beziehungen zwischen Ästhetik und Therapeutik in der Philosophie des neunzehnten Jahrhunderts, in : Literatur und Gesellschaft, Vom neunzehnten ins zwanzigste Jahrhundert, Festgabe für Benno von Wiese zu seinem 60. Geburtstag, hrsg. v. **Hans Joachim Schrimpf**, Bonn 1963, S. 22-55, hier S. 24.

63. Brief Nr. 94, An Ernst Friedrich Kaufmann, 1.8. 1827 (Poststempel);die Quelle der zitierten Passage ist der Mörike-Forschung nicht bekannt. Nach **Hans Jürgen Schings'** profunder Forschungsarbeit zur Melancholie wird man die Quelle am ehesten in den medizinischen Wochenschriften und in den populären Publikationsformen philosophierender Ärzte vermuten dürfen. Siehe **Hans Jürgen Schings**: Melancholie und Aufklärung, Melancholiker und ihre Kritiker in Erfahrungsseelenkunde und Literatur des 18. Jahrhunderts, Stgt. 1977, S. 23, S. 304, Anm. Nr. 66; vgl. auch **Karl Julius Weber**: Demokritos oder hinterlassene Papiere eines lachenden Philosophen, Stgt. 1832-1835, Buch 1, Kap. III, VII u. VIII.

64. Auch der Begriff 'Karikatur' ist abgeleitet von dem italienischen Verb 'caricare', 'beladen', 'überladen'; vgl. Anm. III,46 und **Günter Oesterle**: Art. 'Karikatur', in Hwb.d.Philos., Bd. 4, Basel/Stgt. 1976, Sp. 696-701, hier Sp. 696.

65. Vgl. **Kindermann** (1919, Anm. III,4), Mörike an Kurz, 30.6. 1837, S. 47-54, hier S. 47.

66. **Mörike** (1976, Anm. I,1), S. 1176.

67. An J. Mährlen, 19.-21.3. 1825; vgl. dazu die Erläuterungen zu (X, 83/6),, in denen die im Brief erwähnten Skizzen mit dem Skizzenheft aus dem Teilnachlaß (SNM 2877) in Verbindung gebracht werden, ja, die Möglichkeit erwähnt wird, sie stammten von der Hand Mährlens (X, 414). Diese Erwägung scheint mir jedoch nicht schlüssig zu sein, da von 'gräzisirende(n) Nasen u. Augen' hier kaum die Rede sein kann. **Baumann** u. **Grosse** lesen statt 'gräzisirend' 'präzisierend', in **Mörike** (1959-1961, Anm. III, 57), S. 50.

68. **Mörike**, Zeichnungen, Württembergische Landesbibliothek, Cod. hist. Q. 327, 8 a, Nr. 47.

69. Vgl. **Hegel** (1970, Anm. I,29), Bd. 13, S. 35.

70 **Vischer** (1926, Anm. III,2), Mörike an Vischer, 17.1. 1831, S. 23.
71. SNM 2877; vgl. **Renate von Heydebrand**: Eduard Mörikes Gedichte zu Bildern und Zeichnungen, in: Bildende Kunst und Literatur, hrsg. v. **Wolfdietrich Rasch**, Ffm. 1970, S. 121-154 und Bildanhang.
72. Siehe Kap. XI. 3., Bildanhang , b) dieser Arbeit; **William Hogarth**: Zergliederung der Schönheit, die schwankenden Begriffe von dem Geschmack festzusetzen, aus dem Englischen übersetzt v. **C(hristlob) Mylius**, Bln.-Potsdam 1754.
73. Eda. Vorrede C.
74. **Gradmann** (1957, Anm. III,50), S. 96.
75. **Hogarth** (1754, Anm. III,72), Titelvignette (siehe Bildanhang b) dieser Arbeit) u. S. 3.
76. **Charles Le Brun**: Ein Discours oder Rede des Herrn de Brün vordersten Mahler des Königs in Frankreich, Cantzlar und Direktor der königlichen Mahler und Bildhauer-Akademie über die allgemeine und sonderbare Ausdruckung von Affecten auf das neue übersetzt nach der andern Amsterdamischen Edition, Nürnberg (Weigel), 1721; SNM 2877.
77. **Isa Lohmann-Siems**: Der universelle Formbegriff in der Physiognomik des 18. Jahrhunderts, Ein Beitrag zur Geschichte der gegenwärtigen Kunsttheorie, in: Jb. der Hamburger Kunstsammlungen, Bd.9 (1964), S. 49-74, hier S. 68.
78. **Johann Caspar Lavater**: Physiognomische Fragmente zur Beförderung der Menschenkenntniß und Menschenliebe, Mit vielen Kupfern, 4 Bände, Lpz./Winterthur 1775-1778, hier Bd. 1, Tab. 1, S. 61; Zitat aus **Lohmann-Siems** (1964, Anm. III,77), S. 70.
79. Siehe Kap. XI., 3. (Bildanhang) c) dieser Arbeit; **Le Brun** (1721, Anm. III,76), Abb. 10; SNM 2877.
80. SNM 2877; **Le Brun** (1721, Anm. III,76), Abb. 1, 2 u. 8.
81. Eda. Abb. 4 u. 8.
82. Siehe Kap. XI., 3, c) dieser Arbeit (Bildanhang) und Anm. III,79.
83. **Lavater** (1775, Anm. III,78), Neuntes Fragment, Von der Harmonie der moralischen und körperlichen Schönheit, S. 59 u. 60; in das Stammbuch der Clara Neuffer hatte sich Mörike mit einem Lavater-Zitat eingetragen (1823); zum Nachweis siehe **Simon** (1981, Anm. III,2), Sp. 27; wulstige Lippen galten außerdem als ein Zeichen ausschweifender Sinnlichkeit.
84. **Lavater** (1775, Anm. III,78), S. 63.
85. **Ders.**: (1778, Anm. III,78), 4. Bd., 1. Abschn., Zweytes Fragment, Physiognomik und Pathognomik, S. 39; zur Differenzierung zwischen Physiognomik und Pathognomik vgl. **Georg Christoph Lichtenberg's** Vermischte Schriften, nach dessen Tode gesammelt und hrsg. v. **Ludwig Christoph Lichtenberg** u. **Friedrich Kries**, 3 Bände, Gött. 1801, repr. Bern 1972, Bd. 1, Kap. IX, S. 429; hier wird 'Pathognomik' definiert als die 'Semiotik von Affekten'.
86. **Harry Maync**: Zwei fragmentarische Prosadichtungen Eduard Mörikes, in: Euph. 9(1902), S. 699-707, 10(1903), S. 180-193, hier in Euph. 10(1903), S. 180.
87. **Mörike** (1976, Anm. I,1), S. 1114 ff.
88. **Lavater** (1778, Anm. III.78), S1. Abschn., Zweytes Fragment, S. 39.
89. **Rich. Schevenix Esq. F.R.S.** etc.: Ueber Geschichte und Wesen der Phrenologie, aus dem Englischen übersetzt v. **Bernhard Cotta**, Dresden/ Lpz. 1838, S. 52; den Hinweis verdanke ich Frau **Sigrid Oehler**, Gießen.
90. **Mörike** (1976, Anm. I,1), S. 1116; **Rodolphe Töppfer**: Die Geschichte des Herrn Crépin, in: **R.T.**: Komische Bilderromane, hrsg. u. mit einem

Nachwort v. **Karl Riha**, 2 Bände, 1. Bd., S. 7 ff.

91. Vgl. **Georg Christoph Lichtenbergs** Vermischte schriften, Neue Original-Ausgabe (1817), Gött. 1867, SNM 7586, Bd. 4.
92. **Mörike** (1976, Anm. I,1), S. 1116-1117.
93. Eda. S. 1122; die Namen Friederike und Susanne sind identisch; siehe dazu **Maync** (1903, Anm. III, 86), S. 187.
94. **Von Heydebrand** (1970, Anm. III,71), S. 140.
95. **Eduard Fuchs** u. **Hans Kraemer**: Die Karikatur der europäischen Völker vom Altertum bis zur Neuzeit, Bln. 1901, Bd. 1, S. 198, 'Der Stutzer'; **Meyer** (1952, Anm. I,75), S. 33.
96. **Vischer** (1922, Anm. II,52), 'Mode und Zynismus (1879), Bd. 5; **Oesterle** (1982, Anm. II,45); vgl. auch **Gotthilf Renz**: 250 Briefe Eduard Mörikes an Wilhelm Hartlaub, Lpz. 1983, 13.3. 1840, S. 105: "Ich fürchte nur immer, es möchten jene alten Herrlichkeiten in Berührung mit unserer modernen Afterwelt einen fratzenhaften Kontrast abgeben."
97. Mündlicher Hinweis v. Prof. Dr. **Günter Oesterle**; vgl. auch **Carlheinz Gräter**: Der Zeitgenosse Mörike, Persönliche Anmerkungen zum Revolutionsgeschehen 1848/49, in: Beiträge zur Landeskunde, Regelmäßige Beilage zum Staatsanzeiger für Baden-Württemberg, Nr. 4 (1974), S. 7-8; **Bernhard Zeller** (Hrsg.): Eduard Mörike, Katalog Nr. 25 zur Gedenkausstellung zum 100. Todestag im Schiller-Nationalmuseum Marbach a.N., Texte und Dokumente, Stgt. 1975, S. 220 u. 239.
98. **Simon** (1981, Anm. III,2), Sp. 143; Herrn Dr. **Hans-Ulrich Simon** verdanke ich auch die übrigen Disteli-Hinweise; **Martin Disteli**: Schweizerischer Bilderkalender, Solothurn 1839-1842; **ders.**: Die wahrhafte Geschichte vom deutschen Michel, Zürich/Winterthur 1843.
99. **Seebaß** (o.J., Anm. I,38), S. 533 u. 534; vgl. dazu auch **ders.**: (1941, Anm. III,6), Mörike an R. Lohbauer, 2.8. 1843, S. 143.
100. **Mörike** (1976, Anm. I,1), S. 171-173; vgl. eda. 'An Friedr. Vischer, Professor der Ästhetik etc.', S. 111.
101. **Von Graevenitz** (1978, Anm. I,81), S. 214.
102. **Von Heydebrand** (1972, Anm. I,34), S. 226.
103. Vgl. **Curtius** (1948, Anm. II,5), Kap. 10.
104. **Jacob** u. **Wilhelm Grimm**: Deutsches Wörterbuch, Lpz. 1854 ff., Bd. 3, Sp. 1611-1614; **Hermann Fischer**: Schwäbisches Wörterbuch, Tüb. 1908, Sp. 1024.
105. **Grimm** (1854 ff., Anm. III,104), Bd. 9, 'Schnack, Schnacke, Schnake', Sp. 1152.
106. Eda. Sp. 1054; zu Mörikes Auseinandersetzung mit den verschiedenen Arten des Übels aus theologischer und philosophischer Sicht vgl. **Hans Peter Köpf**: Zwei theologische Aufsätze Mörikes, in: JbDSG. 10(1966), S. 103-129, hier S. 120 ff.
107. Vgl. **Sigmund Freud**: Der Witz und seine Beziehung zum Unbewußten, Ffm. [16]1977, S. 144-145.
108. **Sara Stebbins**: Maxima in minimis - Zum Empirie- und Autoritätsverständnis der physikotheologischen Literatur der Frühaufklärung, in:'Mikrokosmos: Beiträge zur Literaturwissenschaft und Bedeutungsforschung', Bd. 8, Ffm. 1980; vgl. ihren bezeichnenden Literaturhinweis, S. 180 f.: **Friedrich Christian Lesser**: Insecto-Theologia, oder vernunft- und schriftmaeßiger Versuch, wie ein Mensch durch aufmerksame Betrachtung der sonst so wenig geachteten Insekten zu lebendiger Erkaentniß und Bewunderung der Allmacht und Weisheit, der Guete und Gerechtigkeit des großen Gottes gelangen koenne, Lpz. 1738.
109. Zitat nach **Charles Baudelaire**: Les Fleurs du mal; vgl. auch **Lessing** (1890, Anm. II,11), Bd. 9, Laokoon, Kap. XVIII.

110. Vgl. **Gräf/Leitzmann** (1964, Anm. III,9), Briefe Nr. 392 ff.
111. **Von Heydebrand** (1972, Anm. I,34), S. 229.
112. **Friedrich Gottlieb Klopstock:** 'Die frühen Gräber', in: Sämtliche Werke, Lpz. 1854, Bd. 4, S. 162.
113. **Von Heydebrand** (1972, Anm. I,34), S. 229.
114. **Preisendanz** (1963, Anm. I,14), S. 31 zur Poetik Schlegels und Solgers.
115. Vgl. **Vischer** (1926, Anm. III,2), Vischer an Mörike, 27.11. 1830, S. 7 zum 'Traum': "Die bloß ästhetischen Leser nehmen es als ein sonderbares phantastisches Produkt à la Hoffmann so mit; die denkenden finden einen tieferen und besonders jetzt zeitgemäß ausgesprochenen Gedanken darin . . . "
116. **Von Heydebrand** (1972, Anm. I,34), S. 229, wählt dafür die Formulierung 'Alltägliches und Kunst-Welt'.
117. Eine solche Parodie fände man eher in **R.W. Trillers** 'Wurmsamen', mit dem sich Mörike wohl kaum auf eine Stufe stellen wollte; vgl. **Uwe-Karsten Ketelsen:** Die Naturpoesie der norddeutschen Frühaufklärung, Poesie als Sprache der Versöhnung: alter Universalismus und neues Weltbild, Stgt. 1974, S. 80; siehe **Klopstock** (1854, Anm. III, 112, S. 116-121, hier S. 116-117.
118 **Von Graevenitz** (1978, Anm. I,81), S. 175 ff.
119. **Vischer** (1837;1967, Anm. I,24), S. 61-62.
120. **Mörike** (1976, Anm. I,1), S. 834.
121. **Adolf Rapp** u. **Erwin Ackerknecht:** Briefwechsel zwischen David Friedrich Strauß und Friedrich Theodor Vischer, 2 Bände, Stgt. 1952/1953, Bd. I, Strauß an Vischer, 28.2. 1838, S. 49-50.
122. **Renz** (1938, Anm. III,96), Mörike an Hartlaub, 2.2. 1840, S. 104-105; Mörike meint wahrscheinlich 'Trappisten', Hervorhebung v. mir(R.T.).
123. **Flögel** (1784-1786, Anm. III,46), Bd. 1, S. 9 u. Bd. 3, S. 331.
124. **Vischer** (1837;1967, Anm. I,24), S. 193.
125. Zitiert nach **Johann Fischart:** Flöh Hatz Weiber Tratz, hrsg. v. **Alois Haas**, Stgt. 1967, S. 22, Z. 521-522; 527-534.
126. Vgl. **Hartmut Kircher:** Naturlyrik als politische Lyrik - politische Lyrik als Naturlyrik, in: Naturlyrik und Gesellschaft, hrsg. v. **Norbert Mecklenburg,** Stgt. 1967, S. 102-125, hier S. 104; er weist auf die Rheinkrise 1840 als äußeren Anlaß zur Blütezeit politischer Lyrik hin, wählt jedoch in diesem Zusammenhang Mörikes Gedicht 'Im Frühling'. - Für Mörikes Eigenart, physikotheologische Topoi in satirisch-politische Anspielungen in der Lyrik umzumünzen, kommt eine Anregung **Martin Distelis** in Betracht; im 'Schweizerischen Bilderkalender für das Jahr 1839'(Anm. III,98) heißt es im Kap. 'Einiges über die Verwandlung der Insekten'(S. 36 ff.):" So entdeckt das Auge, wohin es immer sich wendet, allenthalben Wunder, allenthalben die Grösse und Weisheit des Schöpfers, aber auch allenthalben Beziehung auf unsere Verhältnisse, Nutzen und Schaden. - Wir werden nicht ermangeln, die vorzüglichsten Wunder der Schöpfung in der Insektenwelt unsern Leser künftig bildlich und naturgetreu darzustellen, damit sie nicht nur beim ersten Anblick die sonderbaren Geschöpfe und ihre Lebensweise erkennen, sondern auch das Gute benutzen und den Schaden abzuwenden im Stande seien." (S. 38) Es bleibt allerdings bei dieser Ankündigung.
127. **Von Heydebrand** (1972, Anm. I,34), S. 97.
128. **Günter Oesterle:** Zum Komischwerden der Lyrik - Mörikes Epistel 'An Longus', Ms. eines Vortrags, gehalten im Sommersemester 1984 an der Universität Stuttgart, Veröffentlichung demnächst, wahrscheinlich im

III.

JbDSG.
129. Eda. S. 6, 7, 9 u. 14; Vischer-Zitat aus **Vischer** (1922, Anm. II,52), Bd. II, S. 40.
130. **Oesterle** (Ms., Anm. III, 128), S. 5.
131. Vgl. **Vischer** (1926, Anm. III,2), Mörike an Vischer, 2.4. 1831, S. 37: "Daß der Held selbst nicht bis zum rein tragischen Nerv bei mir hat vordringen können, darf Dich nicht kümmern: der philosophische Wert bleibt Dir die Hauptsache."
132. Vgl. **Vischer** (1922, Anm. II,52), Bd. II, S. 173-174.
133. **Vischer** (1926, Anm. III,2), Vischer an Mörike, 1.4. 1838, S. 146-150, hier S. 146-147.
134. Eda. Mörike an Vischer, 14.11. 1847, S 177; Hervorhebung von mir (R.T.).
135. Eda, Mörike an Vischer, 8.2. 1851, S. 189.
136. Vgl. **Seebaß** (o.J., Anm. I,38), S. 345, 573 u. 758; **ders.** (1926, Anm. III,2), S. 69 u. S. 190.
137. **Seebaß** (o.J., Anm. I,38), Mörike an J. Mährlen, 21.5. 1832, S. 342-349, hier S. 342; vgl. **Theodor Storm:** Meine Erinnerungen an Eduard Mörike, in: **Th.S.:** Werke, hrsg.v. **H. Honnefelder**, 2 Bände, Ffm. 1977, S. 441: "Bei den Gesprächen, in die wir bald vertieft waren, offenbarte sich überall der ihm innewohnende Drang, alles, auch das Abstrakteste, gegenständlich auszuprägen; die Monaden des Leibniz erschienen ihm wie Froschlaich, . .".
138. **Seebaß** (o.J., Anm. I,38), S. 343.
139. **Jürgen Kolbe:** Goethes Wahlverwandtschaften und der Roman des 19. Jahrhunderts, Stgt. 1968, S. 58 u. S. 72; ein Teil dieser Übereinstimmungen scheint mir rein verbaler Art zu sein.
140. **Goethe** (1840, Anm. III,58), GSA 66/VI, Bd. 1, Mörikes Vermerk: 'Auswahl zur Anthol(ogie)'.
141. **Rennert** (1975, Anm. I,96), S. 156; dasselbe gilt für Mörikes Mitarbeit bei M. Bernays.
142. **Von Heydebrand** (1972, Anm. I,34), S. 276.
143. **Renz** (1938, Anm. III,96), Mörike an Hartlaub, 14.9. 1837, S. 58.
144. **Clemens Brentano's** Werke, hrsg. v. **Max Reitz**, Lpz./Wien 1914, Bd. 3, S. 258 ff., hier S. 291; eben in dem Zusammenhang mit der romantischen Philistersatire kommentiert **Brentano** ausführlich die biblische Simson-Sage (S. 287 ff.), welche **G.v. Graevenitz** (1978, Anm. I,81) seiner Interpretation des 'Märchen(s) vom sichern Mann' zugrunde legt (S. 160 ff.), diese Schrift allerdings nicht dabei berücksichtigt. Vgl. auch **Johann George Sulzer:** Allgemeine Theorie der schönen Künste, in einzelnen, nach alphabetischer Ordnung der Kunstwörter aufeinanderfolgenden Artikeln abgehandelt, 5 Bände, Lpz. [2]1792, repr. Olms 1970; er hatte dieses bei Poussin vorgefundene Motiv dem Ekelhaften zugeordnet, 2. Bd., S. 38. Zum Lektürenachweis siehe **Vischer** (1926, Anm. III,2), Mörike an Vischer, 26.2. 1832, S. 48 ff., hier S. 56-57.
145. **Seebaß** (o.J., Anm. I,38), An J. Mährlen , 7.5. 1829, S. 136-137.
146. **Mörike** (1976, Anm. I,1), S. 213; **Johann Wolfgang von Goethe:** Sophienausgabe, Weimar 1887-1919, 1.Abt., 1. Bd., S. 85.
147. **Liede** (1963, Anm. I,52), Bd. 1, S. 30.
148. **Renz** (1938, Anm. III,92), S. 182; **Friedrich Theodor Vischer:** Gedichte von Eduard Mörike; in **Doerksen** (1975, Anm. I,49), S. 3-32, hier S. 28, hebt das Ergötzliche des parodistischen Humors hervor; **David Friedrich Strauß:** Gedichte von Eduard Mörike (Rezension der zweiten

vermehrten Auflage), Beilage zur Allgemeinen Zeitung, Nr. 338 v. 4.12. 1847.

149. Vgl. **Seebaß** (o.J., Anm. I,38), An Luise Rau, 8.4. 1832, S. 328-337, hier S. 334 nach Goethes Tod; **ders.**: (1941, Anm. III,6), S. 150.

150. Vgl. **Goethe** (1840, Anm. III,58), GSA 66/VI, Bd. 1, für die geplante Auswahl für eine Anthologie hatte Mörike das Gedicht im Inhaltsverzeichnis wie einige andere mit einem kleinen Schrägstrich versehen.

151. Da die 'private Ebene' bei vielen Gedichten Mörikes kaum wegzudenken ist, ist es wahrscheinlich, daß das Lamm im Freundeskreis auch als Symbol für gesellige Heiterkeit galt. In einem Brief an Hartlaub vom 9,10. 1829 erwähnt Ludwig Bauer den Gasthof 'Lamm' und schildert seine Bedeutung als Brutstätte für Phantastisches und Komisches im Freundeskreis; siehe **Otto Güntter**: 17. Rechenschaftsbericht des Schwäbischen Schillervereins (1912/1913), S. 117.

152. **Johann Christoph Adelungs** Wörterbuch, Lpz. 1777, Bd. III, S. 24; Hervorhebung v. mir (R.T.).

153. **Friedrich von Schiller**: Werke, hrsg. v. **Arthur Kutscher**, Bln./Lpz./Wien/Stgt. (Hempel), o.J., S. 100 ff., hier S. 103-104, Z. 129 ff.

154. Eda. S. 105, Z. 185-186.

155. Mündlicher Hinweis v. Prof.Dr. **Günter Oesterle.**

156. **Mörike** (1976, Anm. I,1), 'Auf eine Lampe', S. 85; 'Ach nur einmal noch im Leben!', S. 163-164, hier S. 163.

157. **Erwin Rotermund**: Die Parodie in der modernen deutschen Lyrik, Mchn. 1963, S. 177.

158. Eda. S. 26; vgl. **Karl Kérenyi**: Die goldene Parodie, Randbemerkungen zu den 'Vertauschten Köpfen', in: Die Neue Rundschau 67(1956), S. 549-556.

159. Vgl. auch **Stern** (1966, Anm. I,66), S. 207.

160. **Goethe** (1840, Anm. III,58), GSA 66/VI, Einbanddeckeleintragung zu Bd. 38; vgl. **Rennert** (1975, Anm. I,96), S. 179.

161. **Goethe** (1840, Anm. III,58), GSA 66/VI, Einbanddeckeleintragung zu Bd. 40, S. 130; vgl. **Rennert** (1975, Anm. I,96), S. 179.

162. **Goethe** (1840, Anm. III,58), GSA 66/VI, Einbanddeckeleintragung zu Bd. 31, S. 392-393.

163. Hervorhebung v. mir (R.T.); vgl. **Goethe** (1887 ff., Anm. III, 146), 'Schriften zur Kunst' (1800-1816), Bd. 48, S. 143-150.

164. **Mörike** (1976, Anm. I,1), S. 938.

165. Eda. S. 942-943.

166. Eda. S. 944.

167. Eda. S. 939; Hervorhebung v. mir (R.T.)

168. Eda. S. 1005.

169. Eda. S. 1005 ff.; vgl. auch **Gradmann** (1957, Anm. III,50), S. 7.

170. Vgl. **Bachtin** (1969, Anm. III,49), S. 47 u. 8 ff.

171. **Vischer** (1922, Anm. II,58), Bd. II, 'Herwegh', S. 93 ff., hier S.134.

172. **Ders.**: Eda., 'Noch ein Wort darüber, warum ich von der jetzigen Poesie nichts halte', Bd. II, S. 135-148, hier S. 135.

173. Nach **Bachtin** (1969, Anm. III,50), S. 59; S. 60.

174. **Mörike** (1976, Anm. I,1), S. 964 f; s. 1o12.

175. Eda. S. 1012.

176. Vgl. **Rapp/Ackerknecht** (1952/1953, Anm. III,121), Vischer an Strauß, 20.7. 1853, Bd. II, S. 49-50; **Vischer** (1926, Anm. III,2), Vischer an Mörike, 5.6. 1853, S. 199-201.

177. **Vischer** (1922, Anm. II,52), Bd. II, 'Pro domo' (1873), S. 349 ff, hier S. 352.

178. **Von Heydebrand** (1972, Anm. I,34), S. 284.

IV.

1. **August Wilhelm** u. **Friedrich Schlegel:** Athenäum, Bln. 1798, repr. Darmst. 1960, Zweiten Bandes zweites Stück, S. 243.
2. Vgl. (X, 195 ff.), Brief Nr. 112 an Ludwig Bauer, 9.12. 1827, hier (X, 196/16 f.):" Mit großer Liebe denke ich immer an den Roman, wovon ich Dir einmal sagte und ich ahne die Zeit schon, da ich mit Ruhe dran gehen kann." Vgl. auch **Vischer** (1926, Anm. III,2), Mörike an Vischer, 30.11. 1830, S. 11; hier wird der 'Maler Nolten' wie in der ersten Druckfassung, als Novelle bezeichnet. Im Laufe der Zeit setzt sich dann die Bezeichnung Roman durch; vgl. dazu (V, 12-13).
3. **Rolf Schröder:** Novelle und Novellentheorie in der frühen Biedermeierzeit, Tüb. 1970, S. 33 u. S. 6.
4. **Vischer** (1926, Anm. III,2), Vischer an Mörike, 3.11. 1830, S. 3.
5. Vgl. dazu **Kolbe** (1968, Anm. III,139), S. 72 u. **Siegbert S(alomon) Prawer:** Mignons Genugtuung, Eine Studie über Mörikes 'Maler Nolten', in: Interpretationen, Deutsche Romane von Grimmelshausen bis Musil, hrsg. v. **Jost Schillemeit,** Ffm. 1966, S. 164-181, hier S. 166.
6. **Vischer** (1926, Anm. III,2), Mörike an Vischer, 30.11. 1830, S. 11, Hervorhebung v. mir (R.T.).
7. Vgl. beispielsweise **Rudolf Völk:** Die Kunstform des 'Maler Nolten' von Eduard Mörike, in: Reihe: Germanische Studien, H 82, Bln. 1930, repr. Mendeln/Liechtenstein 1967, S. 25.
8. Zu dieser Anregung vgl. auch **von Heydebrand** (1972, Anm. I,34), S. 311.
9. **Bernhard Seuffert:** Mörikes Nolten und Mozart, Graz/Wien/Lpz. 1925, S. 10 ff. u. S. 21:" Solche losen Berührungen sind kennzeichnend für Mörikes Vorstellungsart; sie schwelgt nicht im deutlich Gleichen, sie webt in ähnlichen Stimmungen."
10. **Norbert Miller:** Mutmaßungen über lebende Bilder, Attitüde und 'tableau vivant' als Anschauungsform des 19. Jahrhunderts, in: Das Triviale in der Literatur, Musik und bildenden Kunst, hrsg. v. **Helga de la Motte-Haber,** Ffm. 1972, S. 119 u. S. 112.
11. Eda. S. 111; freilich hatte schon **Breitinger** (1740;1966, Anm. I,32), "Vergleichung der Mahlerkunst und der Dicht-Kunst", 1. Bd., 1. Abschn., S. 3 ff., hier S. 18-19, "lebende(n) Bilder(n) den Vorzug gegeben. Dahingegen bestreitet **August Langen** die Ansicht, im 'Maler Nolten' seien 'Tableaux' gestellt, obwohl Mörike den Begriff 'Tafel' selbst verwendet (III, 72/25); **A.L:** Attitüde und Tableau in der Goethezeit, in JdDSG. 12(1968), S. 194-258, hier S. 238.
12. **Miller** (1972, Anm. IV,10), S. 112.
13. Eda. S. 119.
14. Eda. S. 120.
15. Eda. S. 120; **Seuffert** (1925, Anm. IV,9), S. 10 f.
16. **Wolfgang Maier:** Ein Einzelfall? Anfang und Struktur im 'Maler Nolten', in: Romananfänge, Versuch zu einer Poetik des Romans, hrsg. v. **Norbert Miller,** Bln. 1965, S. 171; **Miller** (1972, Anm. IV,10), S. 120-121.
17. Eda.
18. Vgl. **Eduard Mörike:** Sämtliche Werke in zwei Bänden, Nach dem Text der Ausgaben letzter Hand unter Berücksichtigung der Erstdrucke und Handschriften, Textredaktion: **Jost Perfahl,** Nachwort v. **Benno von Wiese,** Anmerkungen, Zeittafel und Bibliographie v. **Helga Unger,** Mchn. 1968-1970, S. 1016-1018.
19. **Erich Kleinschmidt:** Denkform im geschichtlichen Prozeß, Zum Funtionswandel der Allegorie in der frühen Neuzeit, in: Formen und Funktionen der Allegorie, Symposium Wolfenbüttel 1978, hrsg. v. **Walter Haug,**

Stgt. 1979, S. 388-404, Zitat S. 392.

20. Vgl. dazu etwa **Ludwig Tieck:** Die neue Melusine (1829), in: **L.T.:** Schriften, hrsg. v. **Marianne Thalmann,** Darmst. 1964, Repr. der Ausgabe Bln. 1858, Bd. 13, S. 127: "Du Schlange und giftiger Wurm, koemmst Du hieher,mir eine solche Rede zu halten und bist nur ein liederlicher Fisch?"
21. **Lessing** (1890, Anm. II,11), Bd. 9, Laokoon: Häßlichkeit ist kein Vorwurf der Malerey, wohl aber der Poesie/Häßlichkeit des Thersites/Darf die Malerey zur Erreichung des Lächerlichen und Schrecklichen sich häßlicher Formen bedienen?, Kap.XXXIII, S. 139 f.; **Vischer** weist in seiner Rezension des 'Maler Nolten' auf diesen Kontext hin (V, 163/25). Vgl. dazu auch **Helmuth Plessner,** der hinsichtlich der "Vorliebe, seelische Zustände mit Begriffen aus der Geschmackssphäre zu bezeichnen", hervorhebt, dies entspräche "der stärkeren und differenzierteren mimischen Resonanz der Geschmacksempfindungen im Vergleich mit Empfindungen anderer Sinneskreise". **H.P.:** Philosophische Anthropologie, Lachen und Weinen, Das Lächeln, Anthropologie der Sinne, Ffm. ^{2}1970 (1941), S. 70.
22. **Lessing** (1890, Anm. II,11), Bd. 9, S. 139.
23. **Hannes Leopoldseder:** Groteske Welt des Nachtstücks in der Romantik, zweiter Titel: Ein Beitrag zur Entwicklungsgeschichte des Nachtstücks in der Romantik, Bonn 1973.
24. Eda. S. 34-35, Hervorhebung v. mir (R.T.).
25. Vgl. eda. S. 58.
26. Vgl. eda. S. 26 u. S. 27.
27. eda.
28. Vgl. eda. S. 58 u. S. 59.
29. Vgl. S. 156 dieser Arbeit; ähnlich wie **Werner Busch** es in seiner Arbeit über die 'Nachahmung als bürgerliches Kunstprinzip' beschreibt, sehe ich in Mörikes Zweigleisigkeit einerseits die Steigerung im christlich-typologischen Sinne, andererseits den Schritt zu einer Säkularisierung wenn nicht gar "schlagende(n) Umsetzung" der christlichen Typologie zum Zwecke der Steigerung des Unheimlichen ins Grausige und ins Komische wenn nicht gar Groteske. **W. Busch:** Nachahmung als bürgerliches Kunstprinzip, ikonographische Zitate bei Hogarth und in seiner Nachfolge, Hildesheim/New York 1977, S. 9 u. S. 50.
30. Vgl. S. 144 dieser Arbeit.
31. **Novalis:** Heinrich von Ofterdingen, Ein Roman, Textrevison und Nachwort v. **Wolfgang Frühwald,** Stgt. 1974, S. 92: "Endlich fiel ihm ein Buch in die Hände, das in einer fremden Sprache geschrieben war, . . . Es hatte keinen Titel, doch fand er noch beim Suchen einige Bilder. Sie dünkten ihm ganz wunderbar bekannt, und wie er recht zusah, entdeckte er seine eigene Gestalt ziemlich kenntlich unter den Figuren. Er erschrak und glaubte zu träumen, aber beim wiederholten Ansehn konnte er nicht mehr an der vollkommenen Ähnlichkeit zweifeln."
32. Vgl.auch **Eilert** (1983, Anm. I,94), S. 167. Mit dieser Stelle korrespondieren die Bemerkung des Schauspielers Larkens über "das Verhältnis des tief religiösen und namentlich des christlichen Künstlergemüts zum Geist der Antike und der poetischen Empfindungsweise des Altertums, über die Möglichkeit einer beinahe gleich liebevollen Ausbildung beider Richtungen in einem und demselben Subjekte" (III, 230/29-33), und am Ende des ersten Teils die Bemerkung des Erzählers, daß das Mysteriöse trotz der mannigfaltigen Anschauungen der herrlichen Kunstwelt Italiens zunächst in der Idee des Christlichen eine analoge Befriedigung gefunden habe (III, 217/31-34; Hervorhebung v. mir, R.T.).
33. Vgl. **Kurt Partl:** Die Spiegelung romantischer Poetik in der biedermeier-

lichen Dichtungsstruktur Mörikes und Platens, in **Hermand/Windfuhr** (1970, Anm. I,31), S. 490-560, hier S. 490 u. S. 495; er hebt hervor, daß der Roman 'Maler Nolten' "unter der von der Romantik selbst übernommenen Thematik der Zeit", der [!] "Vereinigung des Romantischen und Antikischen stehe und verweist auf Laokoon und die Landschaftsmalerei der Nazarener, geht aber den Zusammenhängen zwischen Malerei, Poetik und Dichtung nicht weiter nach.

34. **Lessing** (1890, Anm. II,11), Bd. 11, 'Wie die Alten den Tod gebildet', S. 8, Z. 4-8.
35. Vgl. **Friedrich von Schiller:** Die Götter Griechenlands, in: Sämtliche Werke, hrsg. v. **Gerhard Fricke** u. **Herbert Goepfert** unter Mitarbeit v. **Herbert Stubenrauch**, Mchn. 1960, Philosophische Gedichte (1788-1805), S. 163 ff., hier S. 166.
36. **Lessing** (1890, Anm. II,11), Bd. 11, S. 15-16. "Der Tod ist doch wohl ohne Träume." Vgl. auch **Wolfgang Kayser:** Das Groteske in Malerei und Dichtung, Hamb. 1960, S. 18; sowohl von Lessing als auch von Gottsched setzt sich Mörikes Variante ab.
37. Vgl. **Anton Birlinger:** Der Bub und die Staaren, in: Aus Schwaben, Sagen Legenden, Aberglauben, 2 Bände, Wiesb. 1874, Bd, 1, S. 83.
38. **Weiße** (1830, Anm. I,24), Zweyter Theil, 2. Buch, Von der bildenden Kunst, S. 219.
39. **Sengle** (1971, Anm. I,4), Bd. 3: 'Die Dichter', S. 703 f.
40. Vgl. **Busch** (1977, Anm. IV,29) und das in dieser Anmerkung Gesagte.
41. **Ludwig Tieck:** Franz Sternbalds Wanderungen (1798), II. Teil, 2. Buch, in: Deutsche Literatur, Sammlung literarischer Kunst- und Kulturdenkmäler in Entwicklungsreihen, hrsg. v. **Paul Kluckhohn**, Reihe Romantik, Bd. 4, Lpz. 1933, S. 226: "Äußerst seltsame Gestalten würde ich dann hinmalen, in einer verworrenen, fast unverständlichen Verbindung, Figuren, die sich aus allen Tierarten zusammenfänden und unten wieder in Pflanzen endigten: Insekten und Gewürme, denen ich eine wundersame Ähnlichkeit mit menschlichen Charakteren aufdrücken wollte, so daß sie Gesinnungen und leidenschaften possierlich und doch furchtbar äußerten; ich würde die ganze und sichtbare Welt aufbieten, aus jedem das Seltsamste wählen, um ein Gemälde zu machen, das Herz und Sinnen ergriffe, das Erstaunen und Schauder eregte, und wovon man noch nie etwas Ähnliches gesehn und gehört hätte."
42. **E.T.A. Hoffmann:** Der Dichter und der Komponist, in: Werke, Ffm 1967, 2. Bd., Nachtstücke, Die Serapionsbrüder, S. 260.
43. **Vischer** (1846 ff., Anm. I,24), § 440.
44. **Christian Hart-Nibbrig:** Verlorene Unmittelbarkeit, Zeiterfahrung und Zeitgestaltung bei Eduard Mörike, Bonn 1973, S. 138.
45. Zur Genese dieses Motivs vgl. **Wolfgang Kemp:** Die Beredsamkeit des Leibes, Körpersprache als künstlerisches und gesellschaftliches Problem der bürgerlichen Emanzipation, in: Städel Jb. NF, Bd. 5 (1975), S. 111-134, hier S. 115 ff.
46. **Lessing** (1890, Anm. II,11), Bd. 9, Kap. XVII, S. 167 ff.
47. Vgl. **Seebaß** (o.J., Anm. I,38), Mörike an J. Mährlen, 21.5. 1832, S. 342-349, hier S. 347: "Es ist mir selbst lieb, daß das Buch in zwei Teile zerfällt, und ich habe, da ich schon früher mit dem Gedanken umging, eine ganz schickliche Stelle zum Abbrechen im Sinne, ." Bei Sulzer stellte der Begriff 'schiklich' nichts anderes als die aus der älteren Poetik übernommene Dekorum-Regel dar; **Sulzer** (1792, Anm. III,144), Bd. IV, S. 298.
48. **Vischer** (1926, Anm. III,2), S. 47: "Ich halte mir einen Staaren. Ich bitte Dich, das wäre was für Dich. Da gibt's Bemerkungen über den

tierischen Humor! Tu Dir doch einen ein. Auf den Frühling wenigstens in Dein Schlafzimmer. Du hast tausend Freude von dem Spitzbuben . . "

49. (III, 221/ 24; 25 u. 26).
50. **Giovanni Battista della Porta:** De Humana Physiognomonia, Neapel 1586, Vergleich zwischen einer Büste des römischen Kaisers Vitellius und einer Eule, dargestellt in **Lohmann-Siems** (1964, Anm. III,77), S. 65.
51. **Jean Paul** (1963 ff. Anm. I,36), § 28; **Vischer** (1846 ff., Anm. I,24), SNM 8701 (Randzeichen Mörikes), § 158, Anm. 3, S. 355.
52. Vgl. **Georg Christoph Lichtenberg:** Schriften und Briefe, hrsg. v. **Wolfgang Promies,** Darmst. 1972, F. 1177.
53. Hervorhebung v. mir (R.T.).
54. **Hogarth** (1754, Anm. III,72), S. 75; auch zitiert in **Johann Jacob Engel:** Ideen zu einer Mimik, Bln. 1785, Erster Theil, Zwölfter Brief, S. 141-142: "Ich erinnere mich, sagt er, einen Bettler gesehen zu haben, welcher seinen Kopf sehr künstlich verbunden hatte und dessen Gesicht schmal und blaß genug war, um Mitleiden zu erwecken; aber seine Gesichtszüge waren übrigens zu seiner Absicht so unglücklich gebildet, daß die Grimasse, durch welche er Noth und Elend ausdrucken wollte, vielmehr ein freudiges Gelächter war."
55. Vgl. **Johann Gottfried Herder:** Sämtliche Werke, hrsg. v. **Bernhard Suphan,** Bln. o.J. Bd. 17 (1881), S. 365/66-366/69.
56. Vgl. Anm. IV,29. **Klaus Herding** faßt die in seiner Untersuchung 'Inversionen, Antikenkritik in der Karikatur des 19. Jahrhunderts' gesammelten Karikaturenbeispiele zusammen wie folgt (in: **Herding/Otto,** 1980, Anm. III, 49, S. 143-144): "Antike (oder die an der Antike orientierte) Kunst wird zwar für zeitgenössische Probleme zitiert und entstellt, aber im Grunde nur selten verlacht; sie wird zwar entthront und mit der Moderne (bei Baudelaire) auf eine Ebene gestellt, aber dieses Stück neuzeitlichen Selbstbewußtseins war im Grunde schon seit Perraults"Parallele zwischen antikiker und moderner Kunst" Programm; sie wird zwar in ihrem desolaten fragmentarischen Zustand gezeigt, aber doch eher, um den steril gewordenen Umgang mit dem klasssischen Altertum zu rügen als um diese selbst zu verfinstern."
57. Vgl. Kap. III, Anm. 72 f. dieser Arbeit u. Kap. XI., 3., b).
58. Vgl. **William Hogarth:** Eine Ausstellung der Neuen Gesellschaft für Bidende Kunst e.V. in der Staatlichen Kunsthalle Berlin vom 28.6.-10.8. 1980, Katalog, hrsg. v. **Berthold Hinz** u. **Hartmut Krug,** Bln./Gießen 1980, S. 176. - Daß die spätaufklärerische Debatte um die Kunsttheorie Hogarths auch noch zu dieser zeit und vor allem für Mörike eine solche Rolle spielen konnte, ist nicht einzig auf die Gemeinsamkeit der Kunstauffassung, der Anregung durch **Lichtenbergs** Kommentare oder durch andere Schriften oder dem baren Zufall zu verdanken; gerade um die Jahrhundertwende wurde die mit Lichtenbergs Erklärungen versehene Schrift 'G.Chr. Lichtenbergs ausführliche Erklärung der Hogarthischen Kupferstiche mit verkleinerten aber vollständigen Copien derselben von **E. Riepenhausen'**, 12 Lieferungen von 1794-1816, in Göttingen verlegt. - Die Erklärung zur 13. Lieferung besorgte **J.P. Lyser** (1833) und die 14. Lieferung (1835) wurde von **Karl Gutzkow** herausgegeben. - Diese beiden letzten Lieferungen wurden von **Adolf Menzel** im 'Morgenblatt für gebildete Stände' (Beilage Litteratur-Blatt Nr 1-3, Mi., 2. Jan. 1833 ff, S. 10-12) kommentiert. Selbst im 'Taschenbuch für Damen auf das Jahr 1828', hrsg. v. **Wilhelm Hauff,** Stgt./Tüb. 1828, wurden Hogarths Kupferstiche erwähnt, was für die Interpretation des 'Maler Nolten' nicht uninteressant sein dürfte: "Es gibt Figuren, die selbst bis zum äußersten Grad des Lächerlichen

verzerrt, dennoch eine wunderbare Wahrheit in sich tragen, weniger durch sich selbst oder durch ihre komischen Formen, als weil sie gewöhnlich eine ganze Classe repräsentieren." (Eda. S. XIX).

59. Vgl. **Hogarth** (1980, Anm. IV,58), S. 175.
60. Vgl. **Hogarth** (1754, Anm. III,72), Vorrede C; vgl. 'Hogarth, His Life Art and Times', by **Ronald Paulson**, 2 Volumes, Published for the Paul Melton Centre for studies in British Art London by the Yale University Press New Haven and London 1971, S. 405: 'Hogarth painting the comic muse', (am Bildrand rechts unten ist die Tafel I der 'Analysis of Beauty' eingezeichnet); vgl. **Gradmann** (1957, Anm. III,50), S. 96.
61. Hervorhebung v. mir(R.T.).
62. **Hogarth** (1980, Anm. IV, 58), S.178; vgl. auch Kap. XI., 3., b) dieser Arbeit.
63. Vgl. **Gradmann** (1957, Anm. III,50), S. 95.
64. Vgl. Tafel I, Kap. XI., 3., b) dieser Arbeit.
65. Vgl. **Hermann Meyer**: Der Sonderling in der deutschen Dichtung, Mchn. 1963, S. 146; er wirft dem alten, wunderlichen Hofrat ein von den "einseitigsten Theorien" beherrschtes Kunstkennertum vor, ein Vorwurf, den Mörike eben dieser Figur nicht gemacht hat! (Vgl. auch S. 147). Zu einem ähnlichen Ergebnis kommt **Heinrich Reinhardt**: Mörike und sein Roman 'Maler Nolten', in: Wege zur Dichtung, Züricher Schriften zur Literaturwissenschaft, hrsg. v. **Emil Ermatinger**, Horgen/Zürich/Lpz. 1930, S. 71.
66. Vgl. (X, 66 ff), Brief Nr. 44, An Ferdinand Jung, Okt. oder Nov. 1824: "Es gibt zwar häufig Augenblicke, wo mich das Schreiben **an sich** reizt so ungefehr, wie ich z.B. ein funkelneues Zinnteller nicht leicht kann unbekritzelt lassen; dann kommen zuverläßig immer die dümmsten Dinge zum Vorschein - ich zerreiß' es und mein Gelüst ist gebüßt." (X, 66/23-27)
67. Vgl. das Parallelmotiv (III, 338/30 ff.).
68. Vgl. **Wolfgang Promies**: Der Bürger und der Narr oder das Risiko der Phantasie, Sechs Kapitel über das Irrationale in der Literatur des Rationalismus, Mchn. 1966.
69. **Justus Friedrich Wilhelm Zachariae**:Der Renommiste(1744), Scherzhaftes Heldengedicht in sechs Gesängen, in: Deutsche National-Literatur, Historisch-Kritische Ausgabe, hrsg. v. **Josep Kürschner**, Bln./Stgt.o.J., 44. Bd., Bremer Beitr. II: **Rabener, Cramer, Schlegel, Zachariae**,hrsg. v. **Franz Muncker**, S. 261-322.
70. **Vischer** (1975, Anm. III,145), S. 11.
71. Vgl. **Jean Pauls** Formulierung "die krumme Linie des Humors" in der 'Geschichte meiner Vorrede' zur zweiten Auflage des 'Quintus Fixlein', zitiert bei **Proß** (1975, Anm. II,21), S. 93.
72. Hervorhebung v. mir; daß diese Schönheitslinie mit einer rein klassischen Schönheitslinie, als die sie **Luise Helen Bronner** (Mörikes 'Maler Nolten', Die wesentlichen Unterschiede der beiden Fassungen, Diss. Massachusetts 1968, S. 28) interpretiert, wenig zu tun hat, läßt sich aus den späteren Randzeichen Mörikes in Vischers 'Aesthetik' ersehen, in der dieser feststellt, die "einfache Grundlinie der Schönheit" sei "zu matt"; **Vischer** (1846 ff., Anm. I,24), SNM 8701, S. 1192.
73. **Schlegel** (1798;1960, Anm. IV,1), 2. Bd., 2. Stück, S. 243.
74. **Christoph Martin Wieland**: Werke (Hempel), Bln. o.J., Philosophische Schriften, S. 258 ff.; vgl. auch **Kayser** (1960, Anm. IV,36), S. 22.
75. Hervorhebung v. mir (R.T.).
76. Vgl. **Mörike** (1976, Anm. I,1), S. 222 f.u. S. 225.

V.

1. Vgl. **Brummack** (179, Anm. II,13), S. 46 ff. u. **Strohschneider-Kohrs** (1977, Anm. II,13), S. 297 ff.
2. Vgl. **Oesterle** (1984, Anm. I,8), S. 10.
3. Hervorhebung v. mir (R.T.).
4. **Schlegel** (1798;1960, Anm. IV,1), zweiten Bandes zweites Stück, 'Über Zeichnungen zu Gedichten und John Flaxmann's Umrisse'.
5. **Goethe** (1840, Anm. III,58), GSA 66/VI, zu Bd. 25, (Kampagne in Frankreich), S. 190, notiert sich Mörike im Einbanddeckel 'Hemsterhuis'; zum Nachweis siehe auch **Rennert** (1975, Anm. I,96), S. 90 u. S. 99.
6. **H.Hemsterhuis:** Vermischte philosophische Schriften, Zwei Theile, Lpz. 1782, erster Theil, S. 20.
7. Formulierung nach **Hemsterhuis**, eda. S. 27.
8. **Raffael:** 'Donna Velata', (Palazzo Pitti, Florenz); für dieses Bild soll eine Bäckerstochter Modell gesessen haben. - Siehe **Klaus Zimmermanns:** Florenz, Ein europäisches Zentrum der Kunst, Geschichte. Denkmäler. Sammlungen, Köln 1984, S. 364; zum Motiv der Venus vgl. in diesem Zusammenhang **Willibald Alexis:** Venus in Rom, in **Hauff** (1828, Anm. IV,58), S. 111-258.
9. **Engel** (1785, Anm. IV,54), S. 80; vgl. **Vischer** , Rezension (V, 63/26-28): " . . . er nimmt die äußere Gestalt nur im Vorübergehen auf als Accompagnement der Affecte und Handlungen, nur in der Bewegung zeigt er sie, nur ein schneller Lichtstrahl erleuchtet je am rechten Orte plötzlich das Sinnliche."
10. Zu Goethes Ablehnung optischer Hilfsgeräte in der Kunst vgl. **Hans Blumenberg:** Paradigmen zu einer Metaphorologie, Bonn 1960, S. 35-36.
11. Hervorhebung v. mir (R.T.); vgl. **Vischer,** Rezension (V, 63/ 4 ff.).
12. Vgl. **Hemsterhuis** (1782, Anm. V,6), S. 17.
13. Vgl. **Engel** (1785, Anm. IV, 54), Erster Theil, Brief Nr. 13, S. 151f.
14. Vgl. **Hogarth:** 'Table I', (1980, Anm. IV,58), S. 178 u. die Formulierung eda. S. 179; vgl. Kap. XI., 3., b) dieser Arbeit; an einer Reihe von Köpfen (die Nummern beziehen sich auf die von Hogarth durchnummerierten Beispielzeichnungen der 'Table I', Nr. 97-105) wird demonstriert, wie durch schrittweises Verzerren der dem harmonischen antiken Kopf (97) wie 'Drähte' innewohnenden Schönheitslinien der Reduktionsgrad eines leblosen Perückenkopfes (104) oder eines Kinderkopfes (105) erreicht wird; hier liegt für Hogarth der Übergang zur Karikatur. Zum zweiten Zitat siehe **ders.** (1754, Anm. III,72), S. 89. - Die kunstsoziologische Bemerkung **Kemps** (1975, Anm. IV,45), S. 121, beim Tanz der Hogarth-Karikaturen träten die Unterschiede zwischen der Adels- und Bürgerklasse in der Tanzhaltung als distinguierendes Merkmal zutage, trifft auf Mörikes Darstellung keineswegs zu, im Gegenteil, ihm geht es vor allem um die gesteigerte Ausdruckskraft der Künste; doch spiegelt sich in dieser Szene insofern ein Gegenbild, als bürgerlicher Maler und adelige Dame sich im Enthusiasmus des Ausdrucksbildens harmonisch miteinander bewegen. Mörike scheint mir hier auf die Vorstellung Schleiermachers von einer "menschlichen Gesprächsgeselligkeit" zurückzugreifen, wie sie für das 'Hutzelmännlein' und den 'Schatz', ebenso für 'Mozart' immer mehr Bedeutung erlangt. (Anregung und Zitat nach Prof. Dr. **Odo Marquard,** Vorlesung 'Hermeneutik' im Sommersemester 1984 an der Universität Gießen, 7.6. 1984). Ähnlich äußert sich **Horst Steinmetz** (Eduard Mörikes Erzählungen, Stgt. 1969, S. 10-11), welcher das gesellige Gespräch als ein konstruktives Element von Mörikes Erzählkunst hervorhebt.

V.

15. Vgl. dazu **Hegel** (1970, Anm. I,29), Bd. 15, S. 129-30, zur niederländischen und deutschen Malerei.
16. Die Institution 'Nationaltheater' wird in einer Aufzählung von Wispel nur ins Lächerliche gezogen (III, 131/5 f.).
17. Vischer bemängelt diese Tatsache im Briefwechsel, **Vischer** (1926, Anm. III,2), S. 3.
18. **Ludwig Tieck:** Märchen aus dem Phantasus, Die verkehrte Welt, in: **L.T.:** Werke, hrsg. v. **Marianne Thalmann**, Darmst. 1973, Bd. 2, I, S. 282.
19. Hervorhebung v. mir (R.T.).
20. **Bronner** (1968, Anm. IV,72), S. 93 spricht **gar** von einer "Aufspaltung der Frau an sich".
21. Vgl. **Friedrich Gundolf:** Mörike als Romantiker, in: **Doerksen** (1975, Anm. I,49), S. 52-64, hier S. 54.
22. Vgl. **Vischer**, Rezension (V, 61 ff.); er folgt einer derartigen Einteilung bis ins Detail.
23. **Von Wiese** hat in seinem Nachwort zur Mörike-Ausgabe (**Mörike,** 1968-70, Anm. IV,18, S. 1016-1017) - allerdings ohne jeglichen genaueren literarischen Verweis - den 'Maler Nolten' vom Wahnsinn her interpretiert und hat ihn in diesem Sinne aus der Perspektive des Okkult-Dämonischen und Medizinisch-Pathologischen gedeutet. Bezüge Mörikes zur zeitgenössischen Medizin und zu den in ihr dargestellten Krankheitsbildern lassen sich freilich in diesem Roman unzählige nennen, doch sind sie so verallgemeinert, daß eine detaillierte Quellenzuordnung sehr schwer ist. Trotzdem orientiert die einschlägige Literatur der Spätromantik umfassend darüber (- eine ausführliche Zusammenfassung findet sich in **Adalbert Elschenbroichs** Studie: Romantische Sehnsucht und Kosmogonie, Eine Studie zu Gotthilf Heinrich Schuberts 'Geschichte der Seele' und deren Stellung in der deutschen Spätromantik, Tüb. 1971 -), daß mit der Thematisierung der durch Krankheit hervorgerufenen Steigerungszustände der Seele, etwa des Narzißmus, der Todessehnsucht und des Lebensüberdrusses Noltens, spezifische Krankheitsbilder des durch magnetische Einwirkungen beeinflußten Individuums zutage treten (**Elschenbroich,** S. 40, 43, 45 u. 47). Daß Noltens willen- und gedankenlose Passivität und egozentrische Unwahrhaftigkeit allerdings einer ungenügenden Vorsicht gegenüber den Affekten zuzuschreiben sei (nach der allgemeinen Formulierung **Elschenbroichs,** S. 67-68), läßt sich kaum behaupten, denn Mörike dreht dieses Verhältnis von Ursache und Wirkung gerade wieder herum.
24. Vgl. den Einwand des Schauspielers (III, 42/16-27).
25. Vgl. Friedrich Noltens Tour um des Kuriösen willen (III, 206/26 ff.) und **Zedler** (1831 ff., Anm. III,46), Bd. 8, Sp. 2342: "Exotica Peregrina, ausländische Dinge, werden alles dasjenige genannt, was bey uns ungemein seltsam, unbekannt, oder von der Natur auf unserm Grund und Boden nicht hervorgebracht worden." **Eilert** (1983, Anm. I,94) verweist auf "Peregrinus Tyß" in **E.T.A.Hoffmanns** 'Meister Floh'(S. 177). - Man könnte sich jedoch auch die Frage stellen, in welcher Tradition dieser Begriff zu Hause ist und dürfte dann, von **Augustinus'** Begriff der fremden Stadt ("Civitas Peregrina", siehe **Peter Brown:** Der heilige Augustinus, Augsburg 1973, S. 274 ff.) ausgehend (Vgl. III, 280/21 ff.), auf "die "peregrinatio" als irisches Askeseideal" kommen, welche, so **Arnold Angenendt** in seiner Studie ' 'Die irische Peregrinatio und Auswirkungen auf den Kontinent vor dem Jahre 800'(In: **Heinz Löwe:** Die Iren und Europa im frühen Mittelalter, Teilbd. 1, Stgt.1982, S. 52-79, hier S. 54),"in der freiwilligen Übernahme der härtesten Strafen des altirischen Rechts gründet, das zwei Formen des Exulantentums

kennt: Die Verdammung aus dem Stamm und von der Insel." (Den Hinweis verdanke ich Frau **Brigitte Veith**, Gießen, vgl. ihre Examensarbeit 'Salzburg und Magdeburg. Zum Vergleich ihrer Missionskonzeptionen' (Geschichte), Gießen 1984, S. 23, Anm. 66). Es ist zumindest nicht unwahrscheinlich, daß der Theologe Mörike diese Tradition in der christlichen Geistesgeschichte kannte und sie auf seine Weise umgebildet hat.- Daß er allerdings Hogarths "Umsetzung" dieses Begriffs gekannt haben könnte, halte ich für unwahrscheinlich, wenn auch Hogarths Erzählung mit der Mörikes eines gemeinsam hat: daß einige Künstler ausziehen, um einmal ordentlich über die Stränge zu schlagen. Vgl. **Hogarth's** Peregrination, edited with an introduction by **Charles Mitchell**, London [2]1782, Oxford 1952 u. **Hogarth/Paulson** (1971, Anm. IV,60), Bd. 1, S. 296.

26. Vgl. beispielsweise **Schwab** (1833, Anm. I,41), (V 52/27-28).
27. Vgl. dazu **Vischer** (1926, Anm. III,2), Mörike an Vischer, 26.2. 1832, S. 48-59, hier S. 57; **von Graevenitz** (1978, Anm. I,81), S. 75 ff. u. **Friedrich Schlegels** Reihe 'Pikant-Frappant-Schockant', dargestellt in **Karl Konrad Polheim:** Die Arabeske, Ansichten und Ideen aus Friedrich Schlegels Poetik, Paderborn/Mchn./Wien 1966, S. 333.
28. Formulierung nach **Vischer** (1922, Anm. II,52), Bd. VI, S. 485; vgl. dazu **Oelmüller** (1959, Anm. II,52), S. 50.
29. Vgl. **Vischer** (1926, Anm. III,2), Mörike an Vischer, 5.10. 1833, S. 102-103; wie Vischer wendet sich Mörike gegen "Kränklichkeit und Schmerzensprahlerei unserer jetzigen Poesie". Kurz zuvor hieß es: "Die Zerissenen kenne ich nicht. Die beiden Stuttgarter wollten mir's auch nicht verzeihen. Mich schreckte aber der Titel, den ich charakteristisch für unser Zeitalter nahm." Mörike versucht, dies durch "einen gesunden idealen Stoff" zu kompensieren, räumt jedoch zugleich ein: "Nur dies bewahrt entschieden vor jenem modernen Unwesen, von dem man doch wider Willen mehr oder weniger auch mit sich schleppt."- Daraufhin kontert Vischer (Eda., 22.10. 33, S. 107): "Deine Abneigung gegen moderne Zerissenheit kann ich nur mit Einschränkung gelten lassen. Denn dieses Element liegt in der ganzen Zeit, und wir werden mit plastischem Zudecken des Risses uns vergeblich bemühen. Das Publikum hält Deinen Larkens für die gelungenste Figur des Ganzen, ein Beweis für meine Behauptung. Es fragt sich nur, in welcher Einschränkung die poetische Darstellung solchen Zerwürfnisses schön sein kann." - Betrachtet man den 'Maler Nolten' auf dem Hintergrund dieser Zitate ganz simpel auf die Metaphorik der "Risse", fällt auf, daß Mörike mit diesem Begriff regelrecht spielt: Nachdem im "Rißthal" (III, 192/12) die Grundlage für Noltens märchenhaften Aberglauben gelegt wurde (III, 190/2 ff.), erfährt er den entscheidenden Einschnitt in seinem Leben bei einem Ausflug vom Ort "Wolfsbühl" aus (III, 189/26). Die elegische Erinnerung an die Jugendzeit (III, 192/6 ff.) schlägt ganz unvermittelt mitten im Plauderton zum Unheimlichen um (III, 192/14 ff.).- Der Riß im Schönen selbst wird an der Gestalt Thereilens offenbar, deren "Schönheit und Anmuth" (III, 142/24) sich urplötzlich so verwandelt, daß sie als häßlich-sadistische Hexe vor uns steht (III, 143/1 ff.): "Der Riß ist geschehen,/Er traf aus der Ferne/Mir jählings das Leben,/Mein Zauber ist aus." (III, 142/32-35)
30. Hervorhebung v. mir (R.T.).
31. **Bachert** (1928, Anm. I,64), S. 23.
32. **Meyer** (1963, Anm. IV,65), S. 149.
33. **Jennings** (1975, Anm. I,49).
34. **Vischer** (1975, Anm. III,148), S. 11.

V.

35. **Schwab** (1833, Anm. I,41), (V, 52/11-15).
36. **Menzel** (1832, Anm. I,40).
37. **Vischer** (1926, Anm. III,2), Vischer an Mörike, 28.8. 1832, S. 92.
38. **Wolfgang Martens**: Der Barbier in Büchners 'Woyzeck', Beitrag zur Geschichte der Barbiersfigur, in: Zf.d.Ph. 79(1960), S. 361-381, hier S. 374, 377 u. 376.
39. **Hoffmann** (1967, Anm. IV,42), Bd. 1, 'Die Elixiere des Teufels', S. 356 ff., hier S. 520 ff.; vgl. (III,76 ff.)
40. Vgl. **Henry Fielding**: Tom Jones, übers. v. **Paul Baudisch**, Lpz. 1963, 8. Buch, S. 526 ff; vgl. auch S. 558-559 mit **Mörike** (1976, Anm. I,1), S. 757 f.; **Kerner** (o.J., Anm. III,48), S. 133; **Jean Paul**: Sämtliche Werke, Historisch-kritische Gesamtausgabe, hrsg. v. der Preußischen Akademie der Wissenschaften, Weimar 1934, I. Abt., Bd. 10, 'Flegeljahre', S. 3, Z. 6 u. 18. ff, van der Kabel mit der hohen Fistel-Stimme.
41. **Hoffmann** (1967, Anm. IV,42), Bd. 1, S. 356-357.
42. Vgl. **Promies** (1966, Anm. IV,68), S. 323.
43. **Martens** (1960, Anm. V,38), S. 380.
44. **Friedrich Gundolf**: Romantiker, NF., Bln. 1931, S. 224.
45. **Jennings** (1975, Anm. I,49), S. 178 f.
46. Formulierung nach einer zeitgenössischen Karikatur **Rowlandsons** von 1780, abgedruckt in: The Print Collector's Quarterly, Vol 19(1932), S. 12.
47. **Jennings** (1975, Anm. I,49), S. 174.
48. Hervorhebung v. mir (R.T.).
49. Deutlicher hervorgebildet als in den 'Elixieren des Teufels' sind die Zusammenhänge von Unheimlichem und Karikatur in **Hoffmanns** 'Der Sandmann' (1967, Anm. IV,42), Bd. 2, S. 9: "Nichts war mir lieber als schauerliche Geschichten von Kobolten, Hexen und Däumlingen u.s.w. zu hören oder zu lesen; aber obenan stand immer der Sandmann, den ich in den seltsamsten, abscheulichsten Gestalten überall auf Tische, Schränke und Wände mit Kreide, Kohle hinzeichnete." Vgl. dazu (III, 216/ 5 ff.); auch der Zusammenhang mit der todähnlichen 'Figur' (Olimpia) ist bei Hoffmann vorgebildet.
50. **Johann Wolfgang von Goethe**: Hamburger Ausgabe (1960), Bd. XII, Kap. 'Einfache Nachahmung der Natur, Manier, Stil', S. 31 unter 'Manier': "Allein gewöhnlich wird dem Menschen eine solche Art, zu verfahren, zu ängstlich oder nicht hinreichend." Vgl. dazu auch die Ansicht **Denis Diderots**, die Manier sei "für den geschmackvollen Menschen unverträglicher als die Häßlichkeit". In: **D.D.**: Über die Manier, in: Ästhetische Schriften, 2 Bände, übersetzt v. **Friedrich Bassenge** u. **Theodor Lücke**, Lizenzausgabe Ffm. 1968, 1. Bd., S. 205 ff., hier S. 206.
51. **Flögel** (1784-1786, Anm. III,46), Bd. II, S. 42.
52. **Jeanne Marie Leprince de Beaumont**: La Belle et la Bête, in: Magasin des enfans, London 1756. Nach **Walter Scherf** (Lexikon der Zaubermärchen, mit zwanzig ausgewählten Textillustrationen, Stgt. 1982, S. 340) war dieses Märchen eines der am weitest verbreitetsten.
53. Vgl. **Ludwig Tiecks** Schriften, Bln. 1852, Novellen, 'Die Gemälde', S. 88: "Die Physiognomik wird immer eine trügliche Wissenschaft bleiben, eben weil sie auf Barbiere, Weinschenken und sonstige historische Umstände zu wenig Rücksicht nimmt."
54. **Vischer** (1922, Anm. II,52), Bd. II, S. 17-18.
55. **Lichtenberg** (1867, Anm. III,91), SNM 7586, Bd. ii, S. 123-126, hier S. 124.
56. Es könnte die Überlegung Berücksichtigung finden, daß diese Sichtweise

eine originelle und realistische Spiegelung des antiken Verständnisses von Kunst und Handwerk darstellt, wo das Schöne schlechthin das Seiende ist und wo der Begriff 'téchne' Kunst und Handwerk, alles, was nicht von selbst wird, beinhaltet. (Anregung v. Prof. Dr. **Odo Marquard**, Vorlesung 'Ästhetik' im Wintersemester 1979/8o, 8. 11. 80, an der Universität Gießen.) Etwa hundert Jahre später wird **Walter Benjamin** in seinem Essay 'Der Erzähler' das Erzählen als handwerkliche Kunst beschreiben (**W.B.**: Gesammelte Schriften in 12 Bänden, hrsg. v. **Rolf Tiedemann** u. **Hermann Schweppenhäuser** unter Mitwirkung v. **Theodor W. Adorno** u. **Gershom Scholem**, Ffm. 1980, Bd. 5, S. 438-465: 'Der Erzähler, Betrachtungen zum Werk Nikolai Lesskows', hier S. 447 u. S. 464 u. S. 440.) Auch vom Ende des Romans scheint **Benjamin** sehr ähnliche Vorstellungen wie Mörike zu haben (S. 456). - In eben diesem Zusammenhang sei auf die im September erscheinende Arbeit von **Bernhard Schubert** verwiesen: Der Künstler als Handwerker, Zur Literaturgeschichte einer romantischen Utopie, Königstein 1985.

57. (X, 83/9), Brief Nr. 53, An J. Mährlen, 19.-21.3. 1825.

VI.

1. Vgl. **Sengle** (1965, Anm. I,69), S. 126; **ders.** (1971, Am. I,4), Bd. 1, S. 79.
2. **Prawer** (1966, Anm. IV,5), S. 166 u. S. 171.
3. **Bronner** (1968, Anm. IV,72), S. 112-113; **Kolbe** (1968, Anm. III,139), S. 77, geht sogar so weit, die Gebrochenheit, die er gegenüber der im Titel genannten Vorlage, den 'Wahlverwandtschaften', festzustellen glaubt, als Gebrochenheit des Erzählvermögens zu deklarieren.
4. **Sengle** (1971, Anm. I,4), Bd. I, S. 333 f.; **von Graevenitz** (1978, Anm. I,81), S. 72, 79 u. 82.
5. **Friedrich Sengle**: Mörike-Probleme, in: GRM 33 NF. (1951), S. 37-47, hier S. 42.
6. Vgl. Anm. V,23.
7. **Bronner** (1968, Anm. IV,72), S. 103.
8. **Tscherpel** (1964, Anm. I,105), S. 137.
9. **Von Graevenitz** (1978, Anm. I,81), S. 81.
10. Eda. S. 69.
11. Eda. S. 79.
12. Eda. S. 83.
13. Eda. S. 81-82.
14. Eda. S. 82.
15. **E.T.A. Hoffmann**: Der goldene Topf, Ein Märchen aus der Neuen Zeit, Mit einem Nachwort v. **Konrad Nussbächer**, Stgt. 1978.
16. **Vischer** (1846 ff., Anm. I,24), SNM 8701, § 174, S. 382: "Das Komische ist eine sich selbst aufhebende Bewegung, die zugleich nach dem Ziele hin und davon abführt." (Von Mörike mit einem einfachen Längsstrich versehen).
17. **Kolbe** (1968, Anm. III,139), S. 56.
18. **Conrad Wiedemann**: Barockdichtung in Deutschland, in: Neues Handbuch der Literaturwissenschaft, Bd. 10, Renaissance und Barock, II. Teil v. **August Buck**, Ffm. 1972, S. 177-201, hier S. 199.
19. Vgl. auch die Bedeutungsverschiebung von 'wunderbar' (III,226/35) zu 'wunderlich' (III, 229/6).
20. **Hans Jacob Christoffel von Grimmelshausen**: Die Lebensbeschreibung der Erzbetrügerin und Landstörzerin Courasche, Zum Druck befördert v. **Engelbert Hegaur**, mit einem Nachwort v. **Hans Magnus Enzensberger**, Mchn. 1962, 18. Kap., S. 85 ff.; zur Bedeutung des literarischen Relikts bei Mörike vgl. **Heinz Schlaffer**: Lyrik im Realismus, Bonn ²1973, S. 53: "Darum interessiert nicht die Vergangenheit an sich, sondern nur ihr Relikt, . . . "
21. Vgl. **Vischer** (1926, Anm. III,2), Mörike an Vischer, 17.1. 1831, S. 25.
22. **Jacob** u. **Wilhelm Grimm**: Deutsche Sagen, Bln. 1816-1818, Nr. 84, S. 137 ff.
23. **Grimmelshausen** (1962, Anm. VI,20), S. 88; (III, 374/4): . . . . "mit Wem ich handeln ging."
24. **Christoph Martin Wieland**: Werke, hrsg. v. **Fritz Martini** u. **Hans Werner Seiffert**, 5 Bände, Mchn 1969, Bd. 1.
25. **Hemsterhuis** (1782, Anm. V,6), Erster Theil, S. 20.
26. **Völk** (1930, Anm. IV,7), S. 9, übernimmt für seine Interpretation des 'Maler Nolten' **Hayms** Einschätzung, der romantische Roman sei eine hastig zum Ergebnis eilende Skizze.
27. **Von Graevenitz** (1978, Anm. I,81), S. 59.
28. **Pierre Labaye**: Le symbolisme de Mörike, Ètude de la création mörikéenne comme jeu de miroirs, Bern/Ffm. 1982, siehe Kap. 'Le symbolisme du feu et la religiosité de Mörike', S. 277 ff. u. Kap. 'Le symbolisme des couleurs et le jeu de miroirs', S. 285 ff.

29. **Von Graevenitz** (1978, Anm. I,81, S. 59, Zitat S. 83.
30. Sammlung Dr. Fritz **Kauffmann**, Signatur Cc 54, Briefdatierung Frühjahr 1826.
31. **Von Heydebrand** (1972, Anm. I,34), S. 328, Anm. 7.
32. **Goethe** (1887 ff., Anm. III,146), Bd. 18, S. 225-273, hier S. 217, 227 u. 228; **Rennert** (1975, Anm. I,97), S. 170.
33. **Hoffmann** (1978, Anm. VI,15), S. 11-12.
34. Eda. Untertitel.
35. **Mörike** (1976, Anm. I,1), S. 29-30, hier S. 30.
36. **Von Heydebrand** (1972, Anm. I,34), S. 21.
37. Die Blaue Bibliothek aller Nationen, hrsg. v. **Friedrich Justin Bertuch**, Bd. 1-9, Gotha 1790/1791, Bd. 10-12, Weimar 1796-1800.
38. **Lichtenberg** (1817;1867, Anm. III,91), SNM 7586, Bd. II, '10. Aesthetische Bemerkungen', S. 20-21 unten.
39. Dagegen vertritt **Steinmetz** (1969, Anm. V,14), S. 15, die Ansicht, das Märchenhafte sei lediglich Material; zu ganz anderen Ergebnissen kommt **Karl Konrad Polheim:** Der künstlerische Aufbau von Mörikes Mozartnovelle, in Euph. 48(1954), S. 41-70, indem er das Arabeskenhafte in den Vordergrund rückt; vgl. auch **Werner Zemp:** Eduard Mörike, Elemente und Anfänge, Lpz. 1839, S. 36.
40. Hervorhebung v. mir (R.T.).
41. **Bertuch** (1790/91, Anm. VI, 37), Bd. IV, 4., S. 311-372; Pseudonym für Gräfin **d'Aulnoy** (**Marie Catherine Le Jumel de Barneville:** Le serpentin vert, in: Le cabinet des fées, Cont. tous leurs ouvrages en 9 volumes par Amsterdam 1735). Zum Literaturhinweis siehe **Rudolf Fürst:** Die Vorläufer der modernen Novelle im achtzehnten Jahrhundert, Ein Beitrag zur vergleichenden Litteraturgeschichte, Halle 1897, S. 46.
42. **Leprince** (1756, Anm. V,52); Literaturnachweis **Scherf** (1982, Anm. V,52), S. 340.
43. Zur Semantik der Begriffe 'Märchen' und 'Arabeske' siehe die Ankündigung in **Bertuch** (1790 ff., Anm. VI,37), Bd. 1, S. 4: "Die Blaue Bibliothek aller Nationen wird eine allgemeine und fortlaufende Sammlung aller Wundermährchen, Sagen und abentheuerlichen Erzählungen und Romane, aller Völker, so zu sagen, der Arabesken und Grotesken aller bekannten Literaturen seyn, mit Auswahl gesammelt und mit Geschmack übersezt, bearbeitet und redigieret." (Hervorhebung v. mir, R.T.).
44. **Gotthilf Heinrich Schubert:** Die Symbolik des Traums (1814), Lpz. [3]1840: **Justinus Kerners** Werke, hrsg. v. **Raimund Pissin,** Bln./Lpz./ Wien/Stgt. 1914, 4. Teil: "Die Seherin von Prevorst', vgl. S. 124: "Es war das Traumbild hier umgekehrt wie das Bild in Spiegeln". Vgl. dazu den Titel von **Labaye** (1982, Anm. VI,28).
45. **Johann Wilhelm Ritter:** Fragmente aus dem Nachlaß eines jungen Physikers, Faksimiledruck nach der Ausgabe v. 1810, mit einem Nachwort v. **Heinrich Schipperges,** Heidelb., Reihe: Deutsche Neudrucke der Goethezeit, hrsg. v. **Arthur Henkel,** Heidelb. 1969, Zweytes Bändchen, VIII, §§ 367 ff., hier § 386, S. 12 u. S. 13.
46. Vgl. **Goethe** (1787 ff., Anm.III,146), Bd. 21-23, 'Wilhelm Meister', 3. Buch, 1. Kap.: "Kennst du das Land, wo die Citronen blühn, im dunkeln Laub die Gold-Orangen glühn, . . ." Um diese Aura der Faszination durch das Neue und Exotische zu schaffen, wählt Mörike einen Begriff: 'Peregrina', und diese Chiffre; er greift nicht nach dem Muster von **Chateaubriands** 'Atelas' aus in ferne Welten, im Gegenteil - wie **Hannelore Schlaffer** feststellt (**H.S.:** Nachwort zu: **Eduard Mörike:** Novellen und Märchen, Mchn 1982, S. 266-290, hier S. 266-268), ist

Mörikes Verhältnis zu fremden Städten von einer besonderen Mischung aus Angst und Sehnsucht geprägt. Noltens und seines Onkels Neugier entspricht auf seltsame Weise Agnesens unheimlicher Hang, in Angst zu geraten, wenn "vom Auslande, von fremden Städte die Rede war" (III, 280/ 20 ff; vgl. Anm. V,25 dieser Arbeit).

47. **Kant** (1978, Anm. III,39), Bd. X, 'Kritik der Urteilskraft', § 14 f.
48. Eda. S. 141: "In der Malerei, Bildhauerkunst, ja allen bildenden Künsten, in der Baukunst, Gartenkunst, sofern sie schöne Künste sind, ist die Zeichnung das Wesentliche, in welcher nicht, was die Empfindung vergnügt, sondern bloß, was durch seine Form gefällt, den Grund aller Anlage für den Geschmack ausmacht. Die Farben, welche den Abriß illuminieren, gehören zum Reiz; den Gegenstand an sich können sie zwar für die Empfindung belebt, aber nicht anschauungswürdig und schön machen: vielmehr werden sie durch das, was die schöne Form erfordert, mehrenteils gar sehr eingeschränkt, und selbst da, wo der Reiz zugelassen wird, durch die erstere allein veredelt."
49. Vgl. auch Anm. III,160; **Rennert** (1975, Anm. I,96), S. 179. Was angesichts der Farben Rot und Grün an die Goethesche Lehre denken läßt, ist die Tasache, daß in ihr aus der Vereinigung der einfachen Gegensätze das Grüne, aus der der gesteigerten Gegensätze das Purpur sich entwickelt. Eine derartige Deutung fände jedoch kaum Rückhalt in Mörikes Text außer in einem einzigen Vergleich (III, 271/16-22). Vgl. auch Goethe-Handbuch: Goethe, seine Welt und Zeit in Werk und Wirkung, hrsg. v. **Alfred Zastrau**, Stgt. [1]1961, Bd. 1, Art. 'Farbenlehre' Sp. 2273; **Goethe** (1787 ff., Anm. III,146), II. Abt, 1. Bd.: 'Zur Farbenlehre, Didaktischer Teil', IV. Abt.: 'Allgemeine Ansichten nach innen', §§ 688 ff., hier §§ 706 u. 707.
50. Eda. 'Zur Farbenlehre, Didaktischer Teil, VI. Abt.: 'Sinnlich-sittliche Wirkung der Farbe', §§ 758 ff., hier § 758/18-20.
51. Formulierung nach **Kant** (1978, Anm. III,39), Bd. X, S. 141 f.
52. Vgl. **Christian Ludwig von Hagedorn**: Betrachtungen über die Mahlerey, Lpz. 1762, Zweiter Theil, S. 548, S. 800, S. 853 u. S. 813 ff., hier S. 548: "Die vornehmsten Statuen haben uns darauf gewiesen, und man hörte vorlängst in den Schulen der Kunst bald von Wellen und Schlangenlinien, bald von der ungezwungenen Richtung des Menschen, die der emporsteigenden, aber in sanfter Bewegung lodernden Flamme gleichet, dasjenige reden und lehren, was Hogarth in neuern Zeiten die Linie der Schönheit und des Reizes genennet hat." Eda. S. 800: "Flammen-Schlangen-Wellenlinie". (Hervorhebung v. mir, R.T.). Vgl. auch den schönen und häßlichen 'Sprachfehler', der bei Wispel affektiert ausfällt (III, 125/11 ff.), bei Margot dagegen als wohllautend dargestellt wird (III, 356/ 4 ff.).
53. Vgl. Anm. V,27 dieser Arbeit.
54. Vgl. **Thomas Cramer**: Ironie und Satire bei E.T.A.Hoffmann, Mchn. 1966, S. 19; er definiert in eben diesem Sinne das Groteske "als den Umschlag [!] der Komik ins Irrationale durch das Zerreißen des Nexus zwischen Ursache und Wirkung.
55. Hervorhebung v. mir (R.T.).
56. **Mörike** (1976, Anm. I,1); die eigentümliche Farbenmetaphorik wandelt sich im 'Hutzelmännlein' vollends zur Chiffre beziehungsweise zum Verweiszeichen, an welchem der Leser erkennen kann, daß er ins Reich des Märchenhaften und Wunderbaren eintritt (S. 999 u. S. 1001); die ganze Zirkus- und Karnevalsatmosphäre am Ende der Erzählung wird ebenfalls auf diese Weise in die Aura des Unwirklichen gezogen (S. 1006).

57. Eda. S. 85.
58. **Leo Spitzer:** Wiederum Mörikes Gedicht auf eine Lampe, in: **Doerksen** (1975, Anm. I,49), S. 254-269, hier S. 261-262; siehe auch die Anmerkung eda. Nr. 8.
59. Eda. S. 260-261.
60. **Emil Staiger:** Ein Briefwechsel mit Martin Heidegger, eda. S. 241-253,, hier S. 242.

VII.

1. **Vischer** (1846 ff., Anm. I,24), SNM 8701; Mörike hat in den entsprechenden Kapiteln in seiner eigenen Ausgabe der 'Aesthetik' keine Notizen und Randbemerkungen hinterlassen, doch finden sich Äußerungen Vischers zur Karikatur und zum Komisch-Satirischen auch unter der Rubrik des Witzes und des Häßlichen subsumiert (§ 151). Übrigens findet sich zum "freien Humor" (§ 220 ff.) ebenfalls keine Eintragung von Mörikes Hand.
2. Vgl. Anm. III,57.
3. **Kindermann** (1919, Anm. III,4), Kurz an Mörike, Nov. 1838, S. 174-180, hier S. 176.
4. Vgl. **Seebaß** (o.J., Anm. I,38), an J. Mährlen, 21.5. 1832, S. 342-349, hier S. 347-349.
5. Vgl. Erläuterung zu Brief Nr. 114, An J. Mährlen, vor dem 20.2. 1828 (X, 198/16-18), (X, 495).
6. **Friedrich Leopold Graf zu Stolberg:** Die Insel, Faksimiledruck v. 1788 (Lpz.), Heidelb. 1966; **von Graevenitz** (1978, Anm. I,81), S. 152.
7. Eda. S. 154-155.
8. Eda. S. 155.
9. **Le Brun** (1721, Anm. III,76), S. 12, hatte bereits behauptet, die Augenbrauen seien am Gesicht derjenige Teil, an dem sich die 'Affekten' am besten zu erkennen gäben; auch **Engel** (1785, Anm. IV,54), 1. Buch, S. 63, weist darauf hin.
10. **Johann Gottfried Schnabel:** Die Insel Felsenburg (1731), o.O. (Insel) 1966.
11. **Storz** (1967, Anm. I,97), S. 184; ähnlich **Bachert** (1928, Anm. I,64), S. 23.
12. **Storz** (1967, Anm. I,97), S. 186.
13. Formulierung nach **Marquard** (1974, Anm. II,1), S. 84.
14. Hervorhebung v. mir (R.T.).
15. **Le Brun** (1721, Anm. III,76), Nr. 10; siehe Kap. XI., 3., c) dieser Arbeit.
16. Vgl. **Johann Karl August Musäus:** Physiognomische Reisen, Voran ein physiognomisch Tagebuch, Heftweis' herausgegeben, Altenburg (Richter) 1788, H. 1, S. 32, zum Zusammenhang von Physiognomielehre und Kriminalprozessen: ". . . dem ganzen Kriminalproceß wird eine wichtige Revolution bevorstehen." - Vgl. auch **Gert Mattenklott:** Goethe als Physiognomiker, in: Goethe, Vorträge aus Anlaß seines 150. Todestages, hrsg. v. **Thomas Clasen** u. **Erwin Leibfriied,** Gießener Arbeiten zur Neueren Deutschen Literatur und Literaturwissenschaft, hrsg. v. **Dirk Grathoff** u. **E. Leibfried,** Bd. 3, Ffm./Bern/New York 1984, S. 125-142, hier S. 132-133.
17. **Sengle** (1971, Anm. I,4), Bd. I, S. 251.
18. **Mörike** (1976, Anm. I,1), S. 1173 ff.; **Werner von Nordheim:** Mörikes dramatische Jugendwerke 'Spillner' und 'Die umworbene Musa' - eine Einheit, in: Euph. 48(1954), S. 90-94.
19. **Mörike** (1976, Anm. I,1), S. 1185, Z. 2.
20. Vgl. **Zeller** (1975, Anm. III,97), S. 90.
21. **Mörike** (1976, Anm. I,1), S. 1182.
22. Brief Nr. 140, An Ernst Friedrich Kaufmann, 9.10. u. 30.10 1828, hier 9.10. 1828 (X, 247-251), hierin (X, 248/19-28).
23. **Ludwig Tiecks** Schriften, Bln. 1854, repr. Bln. 1966, Bd. 28, 'Der junge Tischlermeister', S. 216 ff.
24. **Mörike** (1959-1961, Anm. III,57), Mörike an Gustav Schwab, 17.2. 1833, Bd. 3, S. 370; vgl. auch Anm. IV,58 dieser Arbeit.
25. **Odo Marquard:** Exile der Heiterkeit, in: Poetik und Hermeneutik VII,

hrsg. v. **Wolfgang Preisendanz** u. **Rainer Warning**, Mchn 1976, S. 133-146, hier S. 142; **Wolfgang Preisendanz:** Über den Witz, Konstanz 1970, S. 26 ff.
26. **Vischer** (1926, Anm. III,2), S. 28.
27. Zu sehen im Gegensatz zum höheren Privatzirkel des gebildeten Publikums; vgl. (III, 338/24-25).
28. **Kerner** (o.J., Anm. III,48), S. 128 ff.
29. **Tieck** (1854;1966, Anm. VII,23), S. 216.
30. Vgl. **Friedrich Roedinger** u. **Gottlob Tafel:** Der Hochwächter, Volksblatt für Stuttgart und Württemberg, begr. v. **F.R.** u. **G.T.**, redigiert v. **Rudolf Lohbauer** u. **Wilhelm Zimmermann**, (1830-1832), Nr. 30, 4.1. 1831, S. 141, Nr. 70, 20.2. 1831 und viele andere Stellen und Anspielungen; vgl. auch **Rudolf Lohbauer:** Der Höchwächter ohne Zensur, Pforzheim 1832.
31. **Hartmut Fröschle:** Justinus Kerner und Ludwig Uhland, Geschichte einer Dichterfreundschaft, Göppingen 1972, S. 65-66.
32. Vgl. **Valentin Gitermann:** Geschichte Rußlands, Ffm. 1965, III. Bd., S. 21-22; im Jahre 1825 wurde der Dekabristenaufstand, eine Geheimverbindung vorwiegend liberal gesinnter Aristokraten, niedergeschlagen; aufgrund der Denkschrift des Grafen von Benckendorff wurde daraufhin bis 1826 die berüchtigte Polizeiorganisation 'Dritte Abteilung' gegründet. Möglicherweise spielt Mörike darauf an.
33. Hervorhebung v. mir (R.T.).
34. Vgl. (III, 135/24 ff.): "Gewiß/Ist jenes dunkle Buch die Weissagung/ Und Lösung seines Lebens, es enthüllt/Das Räthsel der Befreiung - . "
35. Vgl. S. 131 dieser Arbeit.
36. Hervorhebung v. mir (R.T.).
37. Vgl. **Henri Bergson:** Das Lachen, Meisenheim 1948, Kap. III: 'Charakterkomik', S. 75: "Versteifung gegen das soziale Leben".
38. Zu Freiheit u. Gleichheit vgl. (III, 132/6 ff; 135/24 ff.), zur Brüderlichkeit (III, 128/30; 131/5; 132/3-4).
39. **W. Näf** (Hrsg.): Europapolitik zu Beginn des 19. Jahrhunderts, Historisch-kritische Ausgabe, hrsg. v. **W.N.**, Bern 1953, S. 5 ff., Art. 1: "Entsprechend den Worten der Heiligen Schrift, welche allen Menschen heißt, sich als Brüder zu betrachten, werden die drei Monarchen vereinigt bleiben duch die Bande einer wahren und unauflöslichen Brüderlichkeit, indem sie sich als Landsleute ansehen und sich bei jeder Gelegenheit und an jedem Orte Hilfe und Beistand leisten; indem sie sich ihren Untertanen und Heeren gegenüber als Familienväter betrachten, werden sie sie in dem gleichen Geiste der Brüderlichkeit lenken, von dem sie erfüllt sind, um Religion, Frieden und Gerechtigkeit zu schützen." Vgl. auch **Weber** (1832-1835, Anm. III,63), Buch 1, S. 6: " . . und wenn mich auch, gleich Andern, die Urkunde der Heiligen Allianz vom Jahre 1815 frappierte, so freute mich doch die Erklärung, daß die Monarchen sich den hlg. Schriften gemäß als Brüder, und alle Menschen als Brüder betrachten wollten."
4o. Vgl. Brief Nr. 136, An Johannes Mährlen, 7. u. 8.10. 1828, (X,240/19).
41. Brief Nr. 114, An J. Mährlen, vor dem 20.2. 1828, (X, 198/12 ff.)
42. Vgl. **Marquard** (1976, Anm. VII,25), S. 136; vgl. auch die Interpretation **Eilerts** (1983, Anm. I, 94), S. 177, doch geht auch sie nicht ins Detail.
43. **Hans Adler:** Literarische Geheimberichte, Protokolle der Metternich-Agenten, Köln 1977, Bd. I, 1840-1843, S. 78; im Jahre 1841 verfaßt **Robert Eduard Prutz** ein Gedicht mit recht verwandtem Inhalt und zieht

prompt die Aufmerksamkeit des Metternich-Agenten Friedrich Georg Ebner (Pseudonym Lichtweiß, 1805-1856) auf sich.

44. **Sengle** (1971, Anm. I,4), Bd. I, S. 179, schließt sich den Untersuchungen **Jost Hermands** an (**J.H.:** Der deutsche Vormärz, Texte und Dokumente, Stgt. 1967, S. 347 ff.), denen zufolge gerade die Jahre 1820-1830 und die Jahre 1835-1840 als Perioden strengster Zensur zu sehen sind. - Wenn auch die Zensur in Mainz in wesentlich milderer Form praktiziert wurde, muß berücksichtigt werden, daß die Nachzensur für die Verfasser wie für die Verleger ein fast noch größeres Risiko als die Vorzensur (unter 320 Seiten) darstellte.
45. **Mörike** (1975, Anm. III,97), S. 220 f.
46. **Fischer/Krauß** (1903, Anm. III,54), E. Mörike an Karl Mörike, 6.12. 1831, S. 187-188.
47. **Seebaß** (o.J, Anm. I,38), An J. Mährlen, 27.9. 1830, S. 244.
48. Vgl. **Gitermann** (1965, Anm. VII,32), III. Bd., S. 22 (ich führe das Zitat nur wegen der frappierenden Formulierung an): "Bücher, Theaterstücke, Zeitschriften und Zeitungen wurden einer kleinlich und umständlich arbeitenden, unberechenbaren Präventivzensur preisgegeben, die in zahlreichen Fällen auf sture und plumpe Art auch in die Erörterung ästhetischer, kunsttheoretischer, philosophischer Fragen eingriff und übereifrig selbst harmlose Formulierungen als "jakobinisch", "zersetzend" oder platterdings "unmoralisch" beanstandete."
49. **Breitinger** (1740;1966, Anm. I,32), Zweyter Bd., Der dritte Abschnitt: 'Von den gleichgültigen Wörtern und Redens-Arten', S. 90-135, 'schön, artig', S. 106-108, hier S. 108: "Die Schönheit bezieht sich vornehmlich auf die Vermischung der Farben, die Symmetrie der Glieder und Theile, der Lineamente und Züge; die Artigkeit auf die Lebhaftigkeit der Augen, ein angenehmes und zärtliches Wesen in der Stellung, den Geberden und der Bewegung. Derowegen kan die Schönheit ohne Artigkeit seyn, und eine häßliche Person kan zuweilen artig seyn, und artig thun."
50. Vgl. **Grimm** (1982, Anm. III,42), S. 87.
51. **Vischer** (1837;1967, Anm. I,24), S. 181 u. S. 183.
52. **Seebaß** (o.J., Anm. I,38), An J. Mährlen, 7. 5. 1829, S. 234-141, hier S. 140.
53. Differenzierung nach **Vischer** (1926, Anm. III,2), S. 7.
54. **Freud** (1977, Anm. III,107), S. 144-145.
55. Vgl. **Marquard** (1976, Anm. VII,25), S. 136; vgl. auch (IV, 383 ff.): 'Paralipomena zur Bearbeitung' B. Der im Publikum aufgekommene Verdacht, es handle sich um eine persönliche Affäre des Königs Nicolaus und der Prinzeß Victorie, soll in der Umarbeitung noch unwahrscheinlicher gemacht werden, was allerdings nicht dagegen spricht, der ersten Fassung den realistischeren Hintergrund zu hinterlegen.
56. **Vischer** (1975, Anm. III,148), S. 6.
57. Vgl. **Tieck** (1854;1966, Anm. VII,23), Bd. 28, 'Der junge Tischlermeister' (1836), S. 57: " . . Verwandtschaft zur Kunst, ohne doch Kunst sein zu wollen". - Vergleicht man dieses Zurück des Schauspielers zum Handwerk mit des Büchsenmachers (Nolten) Herkunft, läßt sich nur feststellen, daß auch Mörike diese Trennung von Kunst und Handwerk recht nüchtern sieht - der Versuch des Schauspielers scheitert.
58. **Preisendanz** (1963, Anm. I,14), S. 43.
59. **Rotermund** (1963, Anm. III,157), S. 177.
60. Formulierung nach **Vischer** (1837;1967, Anm. I,24), S. 201.
61. Hervorhebung v. mir (R.T.).

1. Zur Formulierung vgl. **Eberhard Lämmert**: Bauformen des Erzählens, Stgt. [6]1975.
2. **Vischer** (1926, Anm. III,2), Mörike an Vischer, 14.5. 1832, S. 65.
3. **Seuffert** (1925, Anm. IV.9), S. 16. (Hervorhebung v. mir, R.T.)
4. **Storz** (1967, Anm. I,97), S. 187.
5. **Seuffert** (1925, Anm. IV,9), S. 15.
6. Hinweis aus (V, 225/33-226/5), Zitatangabe nach **Novalis**, 'Schriften', hrsg. v. **Paul Kluckhohn** [!] u. **R. Samuel**, 2. Aufl., Bd. 3, 1970, S. 685, Z. 14-16; Mörike habe das Fragment in der Ausgabe der 'Schriften' des **Novalis** gelesen, hrsg. v. **L. Tieck** u. **Fr. Schlegel**, Bln. [4]1826 (Nachdruck bei Macklot in Stgt.).
7. Vgl dazu auch **Labaye** (1982, Anm. VI,28), S. 277 ff. u. S. 285 ff.
8. (III, 402/32-33; 139/25 ff.; 208/22 ff.; 212/25 ff.; 354/12 ff.); vgl. auch **Seuffert** (1925, Anm. IV,9), S. 10.
9. **Ernst H. Gombrich**: Ornament und Kunst, Schmucktrieb und Ordnungssinn in der Psychologie des dekorativen Schaffens, Stgt. 1982, S. 291.
10. Vgl. **Werner Hager**: Zur Raumstruktur des Manierismus der italienischen Architektur, in: Fs. f. **Martin Wackernagel**, Köln 1958, S. 112-140, hier S. 128: " . . ; geradezu eine Schlüsselform bildet die Wendeltreppe, in der die Spirale, der Bewegungszug der figura serpentinata, wie in abstracto erscheint. Ähnlich das Labyrinth, die auswegslose Bewegungsform." Vgl. auch **Sulzer** (1792;1970, Anm. III,144), Art. 'Labyrinth', Bd. III, S. 132: "Vor ein paar hundert Jahren waren die Labyrinthe in Lustgärten gemein, itzt aber sind sie ziemlich in Verachtung gekommen." **Eilert** (1983, Anm. I,94), S. 170, deutet das Labyrinth als "Weg nach innen, ins Unbewußte".
11. Hervorhebung v. mir (R.T.).
12. Vgl. auch **Storz** (1967, Anm. I,97), S. 48. Auf die Bedeutung der 'Coexistenz' und der 'Succession', der Ähnlichkeit und des Kontrastes für das Assoziationsvermögen hatte zudem **Carl August Eschenmayer**, ein Tübinger Professor Mörikes, in seiner 'Psychologie' aufmerksam gemacht; **C.A.E.**: Psychologie in drei Teilen, als empirische, reine und angewandte, Stgt. 1817, §§ 75-76, S. 69-70.
13. **Von Graevenitz** (1978, Anm. I,81), S. 73 ff.
14. Vgl. dazu **Gradmann** (1957, Anm. III,50), S. 15 ff.
15. Anregung ebenfalls von **Gradmann** (1957, Anm. III,50), S. 86; **Rainer Maria Rilke**: Duineser Elegien; in **R.M.R.**: Sämtliche Werke, hrsg. v. Rilke-Archiv in Verbindung mit **Ruth Sieber-Rilke**, besorgt durch **Ernst Zinn**, Bd. 1 (Gedichte), S. 683 ff., hier S. 683: "Denn das Schöne ist nichts/als des Schrecklichen Anfang,/den wir gerade noch ertragen/und wir bewundern es so, weil es gelassen verschmäht uns zu zerstören. Ein jeder Engel ist schrecklich."
16. Formulierung nach **Hans Jacob Christoffel von Grimmelshausen**: Das wunderbarliche Vogelnest, neu hrsg. v. **Gerhard Steiner** unter Mitarbeit v. **Wilhelm Rücker** und **Erika Steiner**, illustriert v. **Werner Klemke**, Köln 1983.
17. **Goethe** (1787 ff., Anm. III,146), Bd. 21-23, hier Bd. 23, 7. Buch, 1. Kap., S. 5/24-S. 6/10.
18. Eda. 6. Buch, S. 330 ff.; vgl. **Eberhard Mannack**: Raumgestaltung und Realitätsbezug in Goethes epischer Dichtung, Königstein 1972, S.96 f.
19. Hervorhebung v. mir (R.T.).
20. **Goethe** (1787 ff., Anm. III,146), Bd. 23, 7. Buch, 1. Kap., S. 6/21; S. 6/26; S. 6/28, S. 7/4.
21. Vgl. **Rennert** (1975, Anm. I,96), S. 156; **Goethe** (1840, Anm. III, 52), GSA 66/VI, Mörikes Bemerkung zu Bd. 21, S. 202: "Häufung von Conditio-

nalsätzen"; auch andere Wiederholungen im Stil Goethes schreibt sich Mörike heraus.

22. Vgl. **Mörike** (1959-1961, Anm. III,57), Bd. 3, S. 370: . ." ., was gerade die Duplizität und höhere Einheit der leitenden Ideen betrifft, (ich) gern recht behalten möchte." Zum Humor und zur Duplizität vor allem bei **Solger** siehe auch **Preisendanz** (1963, Anm. I,14), S. 70.
23. Hervorhebung v. mir (R.T.).
24. Vgl. Anmerkung 15 dieses Kapitels; Zitat aus: **Vischer** (1846 ff., Anm. I,24), SNM 8701. § 121, Anm. 2, S. 283 u. S. 284; Eintragung Mörikes im hinteren Einbanddeckel links.
25. **Goethe** (1787 ff., Anm. III,146), Bd. 23, 5. Buch, 7. Kap., S. 178-179.
26. Sollte Mörike die 'Rosmunda'-Tragödie tatsächlich näher gekannt haben, so spräche der Umstand, daß er gerade diese die Antigone-Handlung in einem christlich-tragischen Sinne wiedergebende Tragödie als Beispiel wählt, eine Tragödie, deren eigentlicher Konflikt sich auf die Konfrontation von Gut und Böse beschränkt, für ein sehr vereinfachtes Verständnis von Tragik; allerdings würde ein derartig vereinfachtes Verständnis von Tragik die Nähe zum Märchenhaften und zur Kontrastästhetik in gewissem Sinne verständlich machen. - Siehe **Guiseppe Toffanin:** Il Cinquecento, in: Storia letteraria d'Italia, 7. ed., Casa Editrice Dr. Francesco Vallardi, Milano 1965, S.481 ff., hier S. 484; Kindlers Literatur-Lexikon, auf der Grundlage des 'Dizionario delle Opere' di tutti tempi et di tutte le Letterature, hrsg. v. **Valentino Bonpiani**, 7 Bände, Zürich 1971, Bd. VI, Sp. 523-524, hier Sp. 524.
27. Vgl. das von **Schröder** genannte Synonym für 'Novelle': Neuigkeit; **Schröder** (1970, Anm. IV,3), S. 74 u. S. 88.
28. **Vischer** (1926, Anm. III,2), Vischer an Mörike, 20.4. 1831, S. 38-41, hier S. 39.
29. Vgl. etwa **Heinrich Ilgenstein:** Mörike und Goethe, Eine literarische Studie, Bln. 1902, S. 109; **Tscherpel** (1964, Anm. I,105), S. 239 f.; er beschränkt diese Aussage auf die 'objektive Darstellung' in Mörikes Prosa.
30. Vgl. **Vischer** (V, 78/12 ff.); dieses harmonische Friedensbild ist allerdings etwas trügerisch: Mörike schickte die Skizze in hellblauer Tinte als Beilage zu einem Brief an Luise Rau,, und zwar mit dem ausdrücklichen Vermerk 'Mit himmelblauer Tinte'. (V, 236/12 ff.; Landesbibliothek Stgt., Signatur Q 332,73.
31. **Goethe** (1887 ff., Anm. III,146), 47. Bd., 'Schriften zur Kunst', darin: 'Der Sammler und die Seinigen' (1788-1800), S. 155/15 ff.
32. **Rennert** (1975, Anm. I,97), S. 127.
33. **Goethe** (1887 ff., Anm. III,146), Bd. 47, S. 196/8 ff. u. S. 197/17 ff.
34. Eda. S. 196/14 ff.
35. Eda. S. 197/21.
36. Eda. S. 200/8..
37. **Holthusen** (1971, Anm. I,57), S. 24.
38. **Goethe** (1787 ff., Anm. III,146), Bd. 47, S. 200/15-25.
39. Eda. S. 205-206; Hervorhebung v. mir (R.T.).
40. Vgl. **Polheim** (1966, Anm. V,27), S. 257-258.
41. Vgl. **Hans Robert Jauss:** Fr. Schlegels und Fr. Schillers Replik auf die 'Querelle des Anciens et des Modernes', in: Europäische Aufklärung. **Herbert Dieckmann** zum 60. Geburtstag, hrsg. v. **H. Friedrich** u. **F. Schalk,** Mchn. 1967, S. 117-140.

42. Vgl. **von Heydebrand** (1972, Anm. I,34), S. 306: Mörikes Poetik bewege sich "zwischen der Anerkennung gesetzloser Genialität und der älteren Regelpoetik".
43. **Denis Diderot:** Sämtliche Romane und Erzählungen in zwei Bänden, übersetzt von von **Raimund Rütten,** Mit einer Zeittafel v. **Robert Steiger** sowie Anmerkungen v. **Hans Hinterhäuser**, Bd. 2, Anmerkung Nr. 15 zu S. 525('Rameaus Neffe'); vgl. auch **Denis Diderot:** Philosophische Schriften, übersetzt u. hrs. v. **Theodor Lücke**, 2 Bände, Lizenzausgabe Ffm. 1967, Bd. 1: 'Philosophische Gedanken' (1746), III, S. 1-2.
44. Vgl. **Marquard** (1968, Anm I,13), S. 385.
45. So auch **Storz** (1967, Anm. I,97), S. 31.

IX.

1. (V, 27/29-30), Mörike an F. Weibert, 17.12.1870.
2. Eda. S. 24/29 ff.
3. (V, 19/12 ff.), erste Notiz in seinem Kalender am 14.9. 1850.
4. (V, 19/14-25) u. **Seebaß** (o.J., Anm. I,38), An Theodor Storm, April 1854, S. 723-730, hier S. 725-726.
5. **Gerhart von Graevenitz:** Don Juan oder die Liebe zur Hausmusik. Wagner-Kritik in Eduard Mörikes Erzählung 'Mozart auf der Reise nach Prag', in: Neophil. 65(1981), S. 247-262.
6. **Seebaß** (o.J., Anm. I,38), S. 737, genauer datiert bei **Simon** (1981, Anm. III,2), Sp. 229.
7. Vgl. (V, 104-144); eine Untersuchung der Lesarten zur ersten Fassung weist bezüglich unseres Themas keine wesentlichen Differenzen aus.
8. (III, 232/1), "zum Teufel" gestrichen in H^1; (III, 235/32-33), "närrischer Teufel du" geändert in H^2 in "Geck, der du bist"; (III, 319/23), "wenn ich will, hat dies tolle Leben . . " geändert in H^2 in "wenn ich will, hat dies verfluchte Leben . . "
9. (III, 217/29-34), teils in H^1, ganz in H^2 gestrichen (V, 107/14).
10. (III, 320/16-17) eingeklammert in H^1 (V, 134/32 f.); (III, 320/24-34), gestrichen in H^1 und H^2 (V, 135/2 f.); (III, 321/25), "Schuft" geändert in H^2 in "Schurke" (V, 135/15).
11. Wachsende Vorbehalte Mörikes gegenüber Tieck sind auch im Briefwechsel nachweisbar. Nach der Lektüre der 'Leiden und Freuden eines Schulmeisters' v. **Jeremias Gotthelf** (zum Nachweis siehe **Simon** (1981, Anm. III,2), Sp. 143) schreibt er am 29.12. 1842 an W. Hartlaub: "Es ist ein Buch, dem gegenüber eine Tiecksche Vittoria Accorombona wie ein rechter Lumpen erscheint; . . . " (**Seebaß** (o.J., Anm. I,38), S. 556); inwiefern diese Distanzierung Mörikes mit Vischers Kritik an Tieck zusammenhängt, wage ich nicht zu beurteilen (vgl. **Oelmüller** (1959, Anm. II,52), S. 99).
12. **Höllerer** (1958;1975, Anm. I,98), S. 324; vgl. IV, 113/12 ff.).
13. Vgl. **Bronner** (1968, Anm. IV,72), S. 103.
14. Zum Nachweis siehe (V, 243/20 ff.).
15. **Hogarth** (1980, Anm. IV,58), S. 178-179.
16. Hervorhebung v. mir (R.T.).
17. Vgl. **Vischer** (1846 ff., Anm. I,24), §§ 879-882; vgl. **Eberhard Lämmert** u. **Hartmut Eggert** u.a. (Hrsg.): Romantheorie, Dokumentation ihrer Geschichte in Deutschland 1620-1880, Bln./Köln 1971, S. 334 u. 338 f.
18. Vgl. **Paul Heyse:** Eduard Mörike, in: Literaturblatt des deutschen Kunstblattes Nr. 1, Do., 12. Jan. 1854, S. 1-4, hier S. 2: "Seit das Fieber des Contrastes die Poesie vergiftet hat, begegnen wir selten in einem dichterischen Gemälde einer Tagesbeleuchtung."
19. **Vischer** (1922, Anm. II,52), Bd. II, S. 19-20.
20. In der Paulskirchenverfassung, Art. III, § 138 (Freiheit der Person) war das bürgerliche Recht auf richterliche Vernehmung innerhalb von 24 Stunden nach der Verhaftung zugestanden worden. Siehe: Deutsche Verfassungen, hrsg. v. **Rudolf Schuster**, Mchn. [11]1979, S. 48.
21. (III, 96/23), "niedern Volksklasse" geändert in "arbeitende Classe" (IV, 93/31); (III, 231/18), "Welt" schon in H^1 geändert in "Gesellschaft" (V, 113/6-7).
22. **Mörike** (1976, Anm. I,1, S. 1038 u. S. 1042 ff.
23. Vgl. **David Friedrich Strauß:** Kleine Schriften biographischen, literarischen und kunstgeschichtlichen Inhalts, Lpz. 1862, S. 251-252; er hatte Mörike diese Art von 'literarischen Organen' gewünscht.
24. **Friedrich Schlegel**, 16. Absatz der 'Rede über die Mythologie', aus **Polheim** (1966, Anm. V,27), S. 127; angesichts des scheinbaren Para-

doxons wäre darauf hinzuweisen, daß noch in der aufklärerischen Poetik Symmetrie und Harmonie als gleichwertige Begriffe verwendet werden. - Vgl. **Hagedorn** (1762, Anm. VI,52), Erster Theil, S. 19.

25. **Sengle** (1971, Anm. I,4), Bd. III, 'Die Dichter', S. 726; er betont, daß man von Diskonuität nicht sprechen könne.

X.

1. Vgl. **Theodor Wiesengrund Adorno:** Rede über Lyrik und Gesellschaft, in: Akz. 4(1957), S. 8-26, hier S. 21: "Die gesellschaftliche Kraft im Ingenium Mörikes jedoch besteht darin, daß er beide Erfahrungen, die des klassizistischen hohen Stils und der romantischen privaten Miniatur verband und daß er dabei mit unvergleichlichem Takt der Grenzen beider Möglichkeiten inne ward und sie gegeneinander ausglich."
2. **Heyse** (1854, Anm. IX,18), S. 1-2.

2. Literaturverzeichnis

(In dieses Verzeichnis wurde nur die im Text und die in den Anmerkungen verwendete Literatur aufgenommen.)

A. Werkausgaben

Innerhalb dieser Arbeit wird nach der Historisch-kritischen Gesamtausgabe zitiert, deren Bände in römischen Ziffern, Seiten und Zeilen in arabischen Ziffern angegeben werden. (Dritter Bd., S. 79, Zeile 16-18: (III, 79/16-18).

Eduard Mörike:

Werke und Briefe, Historisch-kritische Gesamtausgabe, hrsg. v. Hans-Henrik Krummacher, Herbert Meyer u. Bernhard Zeller.

- Dritter Bd.: Maler Nolten, hrsg. v. Herbert Meyer, Stgt. 1967.
- Vierter Bd.: Maler Nolten, Bearbeitung, hrsg. v. Herbert Meyer, Stgt. 1968.
- Fünfter Bd.: Maler Nolten, Lesarten und Erläuterungen, hrsg. v. Herbert Meyer, Stgt. 1971.
- Zehnter Bd.: Briefe 1811-1828, hrsg. v. Bernhard Zeller und Anneliese Hofmann, Stgt. 1982.

Mörikes Werke, Meyers Klassiker-Ausgaben, hrsg. v. Harry Maync, Lpz./Wien 1914.

Sämtliche Werke, Briefe, Ausgabe in drei Bänden, hrsg. v. Gerhart Baumann in Verbindung mit Siegfried Grosse, Stgt. 1959-1961.

Sämtliche Werke in zwei Bänden, nach dem Text der Ausgaben letzter Hand unter Berücksichtigung der Erstdrucke und Handschriften, Textredaktion: Jost Perfahl, Nachwort: Benno von Wiese, Anmerkungen, Zeittafel und Bibliographie: Helga Unger, Mchn. 1968-1970.

Werke in einem Band, hrsg. v. Herbert G. Goepfert, 5. neu durchgesehene Aufl., Mchn. 1976 (1964).

B. Archivmaterial

Nationale Forschungs- und Gedenkstätten der klassischen deutschen Literatur in Weimar
Goethe- und Schiller-Archiv (GSA)

Goethe, Johann Wolfgang von: Sämtliche Werke in vierzig Bänden (Cotta), Stgt./Tüb. 1840, Archivsignatur GSA 66/VI.

Deutsches Literaturarchiv
Schiller-Nationalmuseum Marbach a.N. (SNM)

- Lichtenberg, Georg Christoph: Vermischte Schriften, Neue Originalausgabe (1817), 2 Bände, Gött. 1867, Signatur SNM 7586.
- Mörike, Eduard: Brief an Wilhelm Hartlaub v. 22.3. 1845, (Bildabteilung) SNM 36180.
- (Bildabteilung) Skizzenheft mit zeichnerischen Übungen, Eduard Mörike, Heft VII, SNM 2877.
- Vischer, Friedrich Theodor: Aesthetik oder Wissenschaft des Schönen, Die Metaphysik des Schönen, Reutl./Lpz. 1846; Die Kunstlehre, Die Künste, Stgt./Reutl. 1857, Signatur SNM 8701.

Sammlung Dr. Fritz Kauffmann, Stadtarchiv Stuttgart

- Kaufmann, Ernst Friedrich: Brief an Marie Lohbauer, Frühjahr 1826, Signatur C c 54

Landesbibliothek Stuttgart

Mörikes Zeichnungen, Signatur: Cod. hist. Q. 327.

C. Teilausgaben und Kataloge

Brustgi, Franz: Der heitere Mörike, Gedichte und Zeichnungen, Heilbronn 1972.

Eggert-Windegg, Walter: Eduard Mörike, Liebmund Maria Wispel und seine Gesellen, Stgt. 1919.

Güntter, Otto: Ungedrucktes von Eduard Mörike, in: 16. Rechenschaftsbericht des Schillervereins Marbach, April 1911/1912, S. 77-104.

Hesse, Hermann: Eduard Mörike, Alte unnennbare Tage (Neudruck der Ausgabe von 1911), mit Zeichnungen v. E. Mörike und mit einem Essay von Wolf von Niebelschütz, Ffm. 1978.

Krauß, Rudolf: Eduard Mörike als Gelegenheitsdichter, Stgt./Lpz. 1904.

Maync, Harry: Zwei fragmentarische Prosadichtungen Eduard Mörikes, in: Euph. 9(1902), S. 699-707 u. Euph. 10(1903), S. 180-193.

Meyer, Herbert: Eduard Mörike, Zeichnungen, Mchn. 1952.

Mueller, Wolfgang: Eduard Mörike, Idyllen und scherzhafte Gedichte, Stgt. 1949.

Stadtarchiv Stuttgart, in Verbindung mit dem Schiller-Nationalmuseum Marbach a.N. (Hrsg.): Eduard Mörike und seine Freunde, Eine Ausstellung aus der Mörike-Sammlung Dr. Fritz Kauffmann, Stadtgeschichtliche Sammlungen im Wilhelms-Palais, Stgt. 1965.

Zeller, Bernhard: Eduard Mörike, Katalog Nr. 25 zur Gedenkausstellung zum 100. Todestag im Schiller-Nationalmuseum Marbach a.N., Texte und Dokumente, Stgt. 1975.

D. Briefausgaben

Fischer, Karl, u. Krauß, Rudolf: Eduard Mörikes Briefe, 2 Bände, Bln. 1903/1904
Kindermann, Heinz: Briefwechsel zwischen Hermann Kurz und Eduard Mörike, Stgt. 1919.
Maync, Harry: 12 ungedruckte Briefe von David Friedrich Strauß an Eduard Mörike, in: DR, 29. Jg., H. 7, April 1903, S. 94-117.
Renz, Gotthilf: 250 Briefe Eduard Mörikes an Wilhelm Hartlaub, Lpz. 1938.
Seebaß, Friedrich: Eduard Mörike, Briefe, Tüb. o.J.
- Eduard Mörike, Unveröffentlichte Briefe, Stgt. 1941.
Simon, Hans-Ulrich: L.A. Bauer . . . siehe unter Zeller, Bernh.
Vischer, Robert: Briefwechsel zwischen Eduard Mörike und Friedrich Theodor Vischer, Mchn. 1926.
Zeller, Bernhard u. Simon, Hans-Ulrich: Ludwig Amandus Bauer, Briefe an Eduard Mörike, Marbach 1976.

E. Nachschlagewerke, Lexika

Emblemata, Handbuch zur Sinnbildkunst des XVI. und XVII. Jahrhunderts, hrsg. v. Arthur Henkel und Albrecht Schöne, Stgt. 1967.
Europapolitik zu Beginn des 19. Jahrhunderts, Historisch-kritische Ausgabe, hrsg. v. W. Näf, Bern 1953.
Literatur-Lexikon Kindlers, Kindlers Literatur-Lexikon, auf der Grundlage des 'Dizionario delle Opere' di tutti Tempi e di tutte le Letterature, hrsg. v. Valentino Bonpiani, 7 Bände, Zürich 1971.
Lexikon der Zaubermärchen, hrsg. v. Walter Scherf, Mit zwanzig ausgewählten Textillustrationen, Stgt. 1982.
Reallexikon der deutschen Literaturgeschichte, begr. v. Paul Merker u. Wolfgang Stammler, hrsg.v. Werner Kohlschmidt u. Wolfgang Mohr, Bln. 1958 ff.
Storia letteraria d'Italia, 7. ed. Casa editrice Dr. Francesco Vallardi, Milano 1965; Guiseppe Toffanin: Il Cinquecento.
Universal-Lexicon, Großes vollständiges Universal-Lexicon aller Wissenschaften und Künste, welche bißhero durch menschlichen Verstand und Witz erfunden und verbessert worden, v. Johann Heinrich Zedler, Halle/Lpz. 1831 ff.
Wörterbuch Adelung, Johann Christoph Adelungs Wörterbuch, Lpz. 1777.
Wörterbuch Deutsches, Deutsches Wörterbuch, hrsg. v. Jacob u. Wilhelm Grimm, Lpz. 1885 ff.
Wörterbuch historisches der Philosophie, Historisches Wörterbuch der Philosophie (Hwb.d.Philos.), hrsg. v. Joachim Ritter u. Karlfried Gründer, Basel/Stgt. 1971 ff.
Wörterbuch Schwäbisches, Schwäbisches Wörterbuch v. Hermann Fischer, Tüb. 1908.
Wörterbuch Schwäbisches, Schwäbisches Wörterbuch v. Johann Christoph v. Schmid, Stgt. 1831.
Verfassungen Deutsche, Deutsche Verfassungen, hrsg. v. Rudolf Schuster, Mchn. ^{11}1979.

F. Werke anderer Autoren

Alexis, Willibald: Gesammelte Novellen, 4 Bände, Bln. 1830/1831.
Aulnoy, Mme d'Aulnoy (Marie Catherine de Jumel de Barneville): Le Cabinet des Fées, cont. tous leurs ouvrages en 9 volumes par Amsterdam 1735.
Ast, Friedrich: System der Kunstlehre oder Lehr- und Handbuch der Aesthetik, Lpz. 1805.
Bauer, Ludwig Amandus: Werke 1-3, Schriften der Gesellschaft der Mörike-Freunde, 2 Bände, Ludwigsburg 1925-1928.
- Die Überschwänglichen, Komischer Roman, Stgt. 1836.
Bertuch, Friedrich Justin (Hrsg.): Die Blaue Bibliothek aller Nationen, Bd. 1-9, Gotha 1790/1791, Bd. 10-12, Weimar 1796-1800.
Breitinger, Johann Jacob: Critische Dichtkunst, Worinnen die poetische Mahlerey in Absicht auf die Erfindung im Grunde untersuchet und mit Beyspielen aus den berühmtesten Alten und Neuern erläutert wird, Deutsche Neudrucke, Reihe 18, Jahrhundert, Faksimiledruck nach der Ausgabe von 1740 mit einem Nachwort v. Wolfgang Bender, Stgt. 1966.
Brentano, Clemens: Brentano's Werke, hrsg. v. Max Reitz, Lpz./Wien 1914.
Büchner, Georg: Werke und Briefe, hrsg. v. Werner R. Lehmann, Mchn./Wien 1980.
Burke, Edmund: Vom Erhabenen und Schönen, hrsg. v. Friedrich Bassenge, Bln. 1956.
Diderot, Denis: Philosophische Schriften, 2 Bände, hrsg. v. Theodor Lücke, Lizenzausgabe Ffm. 1967.
- Ästhetische Schriften, 2 Bände, übersetzt v. Friedrich Bassenge und Theodor Lücke, Lizenzausgabe Ffm. 1968.
- Sämtliche Romane u. Erzählungen in zwei Bänden, Mit einer Zeittafel von Robert Steiger sowie Anmerkungen u. einem Nachwort von Hans Hinterhäuser, Mchn. 1979.
Disteli, Martin: Schweizerischer Bilderkalender, Solothurn 1839-1843.
- Die wahrhafte Geschichte vom deutschen Michel, Zürich/Winterthur 1843.
Engel, Johann Jacob: Ideen zu einer Mimik, Bln. 1785.
Eschenmayer, Karl August: Psychologie in drei Teilen, als empirische, reine und angewandte, Stgt. 1817.
Fielding, Henry: Tom Jones, übersetzt v. Paul Baudisch, Lpz. 1963.
Fischart, Johann: Flöh Hatz und Weiber Tratz, hrsg. v. Alois Haas, Stgt. 1967.
Flögel, Carl Friedrich: Geschichte der komischen Litteratur, 4 Bände, Liegnitz/Lpz. 1784-1786.
- Geschichte des Groteskekomischen, Liegnitz/Lpz. 1784-86.
Goethe, Johann Wolfgang von: Werke, hrsg. im Auftrag der Großherzogin v. Sachsen von Herman Grimm, Bernhard Suphan u.a., in vier Abteilungen mit insgesamt 133 Bänden (Sophienausgabe), Weimar 1887-1919.
- Sämtliche Werke in vierzig Bänden, Stgt./Tüb. 1840.
- Hamburger Ausgabe 1960.
Grimm, Jacob und Wilhelm: Deutsche Sagen, Bln. 1816-1818.
Grimmelshausen, Hans Jacob Christoffel von: Die Lebensbeschreibung der Erzbetrügerin und Lanstörzerin Courasche, zum Druck befördert v. Engelbert Hegaur, mit einem Nachwort v. Hans Magnus Enzensberger, Mchn. 1962.
- Das wunderbarliche Vogelnest, neu hrsg. v. Gerhard Steiner unter Mitarbeit v. Wilhelm Rücker u. Erika Steiner, illustriert v. Werner

Klemke, Köln 1983.
Hagedorn, Christian Ludwig von: Betrachtungen über die Mahlerey, 2 Teile, Lpz. 1762.
Hartmann, Eduard von: Philosophie des Unbewußten, Bln. 1869.
Hauff, Wilhelm (Hrsg.): Taschenbuch für Damen, Auf das Jahr 1828, Mit zehn englischen Kupfern, Stgt./Tüb. 1828 (Nov. 1827).
Hegel, Georg Wilhelm Friedrich: Werke, Theorie-Werkausgabe in zwanzig Bänden, Auf der Grundlage der Werke von 1832-45 neu edierte Ausgabe, Redaktion: Eva Moldenhauer u. Karl Markus Michel, Ffm. 1970.
Heine, Heinrich: Sämtliche Werke, hrsg. v. Klaus Briegleb, Mchn 1974.
Hemsterhuis, H.: Vermischte philosophische Schriften des H. Hemsterhuis, Aus dem Französischen übersetzt, Lpz. 1782.
Herder, Johann Gottfried: Sämtliche Werke, hrsg. v. Bernhard Suphan, Bln., o.J.
Hoffmann, Ernst Theodor Amadeus: Werke, 4 Bände, Ffm. 1967.
- Der goldene Topf, Ein Märchen aus der neuen Zeit, Mit einem Nachwort v. Konrad Nussbächer, Stgt. 1978.
Hogarth, William: Zergliederung der Schönheit, die schwankenden Begriffe von dem Geschmack festzusetzen, aus dem Englischen übersetzt v. C(hristlob) Mylius, Bln.-Potsdam 1754.
- G.C. Lichtenbergs ausführliche Erklärung der Hogarthischen Kupferstiche mit verkleinerten aber vollständigen Copien derselben von E. Riepenhausen, in 12 Lieferungen, Gött. 1794-1816.
- J.P. Lyser's ausführliche Erklärung der Hogarthischen Kupferstiche, mit verkleinerten aber vollständigen Copien derselben v. E. Riepenhausen, 13. Lieferung, Gött. 1833.
- 14. Lieferung, hrsg. v. Karl Gutzkow, Gött. 1835.
- Hogarths Peregrination, edited with an introduction by Charles Mitchell (London ^{2}1882) Oxford 1952.
- Eine Ausstellung der Neuen Gesellschaft für bildende Kunst e.V. in der Staatlichen Kunsthalle Berlin vom 28.6. - 10.8. 1980, Katalog, hrsg. v. Berthold Hinz u. Hartmut Krug, Bln./Gießen 1980.
- siehe auch unter G., Paulson, Ronald.
Kant, Immanuel: Werkausgabe, 12 Bände, hrsg. v. Wilhelm Weischedel, Ffm. ^{2}1978.
Kerner, Justinus: Kerners sämtliche poetische Werke in vier Bänden, hrsg. mit einer biographischen Einleitung und erläuternden Anmerkungen v. Josef Gaismaier, Lpz. o.J..
- Werke, hrsg. v. Raimund Pissin, Bln./Lpz./Wien/Stgt. 1914.
- Briefwechsel mit seinen Freunden, 2 Bände, hrsg. v. seinem Sohn Theobald kerner, Durch Einleitungen und Anmerkungen erläutert v. Dr. Ernst Müller, Stgt./Lpz. 1897.
Klopstock, Friedrich Gottlieb: Sämtliche Werke, Lpz. 1854.
Kurz, Hermann: H.Kurz' sämtliche Werke in zwölf Bänden, hrsg. u. mit Einleitungen versehen v. Hermann Fischer, Lpz. 1905.
Lavater, Johann Kaspar: Physiognomische Fragmente zur Beförderung der Menschenkenntniß und Menschenliebe, Mit vielen Kupfern, Lpz./Winterthur 1775-1778.
Le Brun, Charles: Ein Discours oder Rede (Charles) des Herrn de Brün vodersten Mahler des Königs in Frankreich, Cantzlar und Direktor der königlichen Mahler- und Bildhauer-Akademie über die allgemeine und sonderbare Ausdruckung von Affekten, auf das neue übersetzt nach der andern Amsterdamischen Edition, Nürnberg 1721.
Leprince, Jeanne-Marie Leprince de Beaumont: Magasin des enfans, London

1756.
Lessing, Gotthold Ephraim: Sämtliche Schriften, hrsg. v. Karl Lachmann, Stgt. 1890
Lichtenberg, Georg Christoph: Vermischte Schriften, nach dessen Tode gesammelt u. hrsg. v. Ludwig Christoph Lichtenberg u. Friedrich Kries, 3 Bände, Gött. 1801, repr. Bern 1972.
- Vermischte Schriften, Neue Original-Ausgabe (1817), Gött. 1867.
- Schriften und Briefe, hrsg. v. Wolfgang Promies, Darmst. 1972.
Lukačs, Georg: Werke, Neuwied/Bln. 1962 ff.
Moritz, Karl Philipp: Schriften zur Ästhetik und Poetik, hrsg. v. H.J. Schrimpf, Tüb. 1962.
Musäus, Johann Karl August: Physiognomische Reisen, Voran ein physiognomisch Tagebuch, heftweis' herausgegeben, Altenburg 1788.
Nietzsche, Friedrich: Werke in sechs Bänden, hrsg. v. Karl Schlechta, Mchn/Wien 1980.
Novalis: Schriften, hrsg v. L. Tieck u. Fr. Schlegel, Bln. ^{4}1826.
Perrault, Charles: Parallèle des anciens et des modernes en ce qui regarde les arts et les sciences, par M. Ch. Perrault, Mit einer einleitenden Abhandlung v. H.R. Jauss und kunstgeschichtlichen Exkursen v. M. Imdahl, Mchn. 1964.
Richter, Jean Paul: Sämtliche Werke, Historisch-kritische Gesamtausgabe, hrsg. v. der Preußischen Akademie der Wissenschaften, Weimar 1934.
- Werke, hrsg. v. Norbert Miller, Mchn. 1963 ff.
Rilke, Rainer Maria: Sämtliche Werke, hrsg. vom Rilke-Archiv in Verbindung mit Ruth Sieber-Rilke, besorgt durch Ernst Zinn, Ffm. 1955-66.
Ritter, Johann Wilhelm: Fragmente aus dem Nachlaß eines jungen Physikers, Faksimiledruck nach der Ausgabe von 1810, mit einem Nachwort v. Heinrich Schipperges, Reihe: Deutsche Neudrucke der Goethezeit, hrsg. v. Arthur Henkel, Heidelb. 1969.
Roedinger, Friedrich u. Tafel Gottlob (Hrsg.): Der Hochwaechter, Volksblatt für Stuttgart und Württemberg, redigiert v. Wilhelm Zimmermann u. Rudolf Lohbauer, Nr. 1-310 (1830-1832).
- Der Hochwaechter ohne Zensur, hrsg. v. Rudolf Lohbauer, Pforzheim 1832.
Rosenkranz, Karl: Aesthetik des Häßlichen, Königsberg 1853.
Rucellai, Giovanni: Rosmunda, Bologna 1887.
Ruge, Arnold: Sämtliche Werke, zehnter Bd.: Die Aesthetik des Komischen, Mannh. ^{2}1848.
Runge, Philipp Otto, siehe unter G, Traeger, Jörg.
Schevenix, Rich. Esq. F.R.S. etc.: Über Geschichte und Wesen der Phrenologie, aus dem Englischen übersetzt von Bernhard Cotta, Dresden/Lpz. 1838.
Schiller, Friedrich von: Sämtliche Werke, hrsg. v. Arthur Kutscher, Bln./Lpz./Wien/Stgt. o.J.
- Werke, hrsg. v. Paul Merker, Lpz. o.J.
- Sämtliche Werke, hrsg. v. Gerhard Fricke u. Herbert Goepfert unter Mitarbeit v. Herbert Stubenrauch, Mchn. 1960.
- Briefwechsel zwischen Schiller und Goethe, hrsg. v. Gerhard Gräf u. Albert Leitzmann, Ffm./Wien/Zürich 1964.
Schlegel, August Wilhelm u. Friedrich: Athenäum, Bln. 1798, repr. Darmst. 1960.
Schlegel, Friedrich: Kritische Schriften, hrsg. v. Wolfdietrich Rasch, Mchn. 1956.
Schnabel, Johann Gottfried: Die Insel Felsenburg, (Insel) o.O. 1966.
Schubert, Gotthilf Heinrich: Die Symbolik des Traums, 3. verbesserte und

vermehrte Aufl., Lpz. 1840.
Shakespeare, William: Sämtliche Werke, übersetzt v. A.W. Schlegel u. L. Tieck, Bln. 1843.
Solger, Karl Wilhelm Ferdinand: Nachgelassene Schriften und Briefwechsel, hrsg. v. Ludwig Tieck u. Friedrich von Raumer, Lpz. 1826.
- Vorlesungen über Aesthetik, hrsg. v. Karl Wilhelm Ludwig Heyse, Lpz. 1829.
- Erwin. Vier Gespräche über das Schöne und die Kunst, Nachdruck der Ausgabe Bln. 1907, Mit einem Nachwort und Anmerkungen hrsg. v. Wolfhart Henckmann, Mchn 1970.
Stolberg, Friedrich Leopold Graf zu: Die Insel, Faksimiledruck von 1788 (Lpz.), Heidelb. 1966.
Storm, Theodor: Werke, hrsg. v. Gottfried Honnefelder, Ffm. 1977.
Sulzer, Johann George: Allgemeine Theorie der schönen Künste, in einzelnen, und alphabetischer Ordnung der Kunstwörter aufeinanderfolgenden, Artikeln abgehandelt, 5 Bände, Lpz. ^{2}1792-1799, repr. mit einer Einleitung v. Giorgio Tonelli, Hildesheim 1970.
Tieck, Ludwig: Schriften, Bln. 1858, repr. Bln. 1966.
- Werke, hrsg. v. Marianne Thalmann, Darmst. 1966 u. 1973.
- Franz Sternbalds Wanderungen, in: Deutsche Literatur, Sammlung literarischer Kunst- und Kulturdenkmäler in Entwicklungsreihen, Reihe Romantik, Bd. VI, hrsg. v. Paul Kluckhohn, Lpz. 1933.
Töpffer, Rodolphe: Komische Bilderromane, hrsg. und mit einem Nachwort v. Karl Riha, 2 Bände, Ffm. 1975.
Vischer, Friedrich Theodor: Über das Erhabene und Komische (1837), Einleitung v. Willi Oelmüller, hrsg. v. Hans Blumenberg, Jürgen Habermas, Dieter Heinrich u. Jakob Taubes, Ffm. 1967.
- Aesthetik oder Wissenschaft des Schönen. Reutl./Lpz. 1846 ff.
Waiblinger, Wilhelm: Tagebücher, hrsg. v. Herbert Meyer, Stgt 1956.
Weber, Karl Julius: Demokritos oder hinterlassene Papiere eines lachenden Philosophen, Stgt. 1832-1835.
Weiße, Christian Hermann: System der Aesthetik als Wissenschaft von der Idee der Schönheit, in drei Büchern, Lpz. 1830.
Wieland, Christoph Martin: Werke, hrsg. v. Gustav Hempel, Bln. o.J.
- Werke, hrsg. v. Fritz Martini u. Hans Werner Seiffert, Mchn. 1969.

G. Forschungs- und Sekundärliteratur

(auch Rezensionen und Zeitschriftenbeiträge literaturgeschichtlichen und - wissenschaftlichen Inhalts)

Adler, Hans: Literarische Geheimberichte, Protokolle der Metternich-Agenten 1840-1848, 2 Bände, Köln 1977.
Adrian, Karl: Wege der Gestaltung in Mörikes 'Maler Nolten' und 'Mozart auf der Reise nach Prag', Diss. Münster 1924, (Druck Mönchengladbach).
Adorno, Theodor Wiesengrund: Rede über Lyrik und Gesellschaft, in: Akz. 4(1957), S. 8-26.
Angenendt, Arnold: Die irische Peregrinatio und Auswirkungen auf den Kontinent vor dem Jahre 800, in: Löwe, Heinz: Die Iren und Europa im frühen Mittelalter, Teilbd. 1, Stgt. 1982, S. 52-79.

Auerbach, Erich: Mimesis, Dargestellte Wirklichkeit in der abendländischen Literatur, Bern ²1959.
- Entdeckung Dantes in der Romantik, in: Gesammelte Aufsätze zur romanischen Philologie, Bern/Mchn. 1967, S. 176-183.
Bachert, Ruth: Mörikes Maler Nolten, Diss. Gießen 1928.
Bachtin, Michail: Literatur und Karneval, Zur Romantheorie und Lachkultur, aus dem Russischen übersetzt mit einem Nachwort v. Alexander Kaempfe, Mchn. 1969.
Baeumler, Alfred: Das Irrationalitätsproblem der Ästhetik und Logik des 18. Jahrhunderts bis zur Kritik der Urteilskraft, mit einem Nachwort zum Neudruck, Darmst. 1967 (nach der 1. u. 2. durchgesehenen Aufl. Halle 1923).
Barnouw, Dagmar: Entzückte Anschauung, Sprache und Realität in der Lyrik Eduard Mörikes, Mchn. 1971.
Benjamin, Walter: Gesammelte Schriften in 12 Bänden, hrsg. v. Rolf Tiedemann und Hermann Schweppenhäuser unter Mitwirkung v. Theodor W. Adorno u. Gershom Scholem, Ffm. 1980.
Berend, Eduard: Mörike auf Tiecks Spuren, in: JbDSG. 12(1968), S. 317.
Bergson, Henri: Das Lachen, Meisenheim 1948.
Birlinger, Anton: Aus Schwaben, Sagen, Legenden, Aberglauben, Sitten, Rechtsbräuche, Ortsneckereien, Lieder, Kinderreime, neue Sammlung v. A.B., 2. Bände, Wiesb. 1874.
Blumenberg, Hans: Paradigmen zu einer Metaphorologie, Bonn 1960.
Bormann, Alexander von: Romantik und Humanismus: Ludwig Tieck - Eine Aufforderung zur Wiederentdeckung, in: Kulturelles Wort, Hessischer Rundfunk II, 15.9. 1981, 20^{30} - 21^{30}, Redaktion: Prof. Gert Kalow.
Bringewald, Maria: Der Humor bei Mörike, Diss. Köln 1924.
Bronner, Luise Helen: Mörikes 'Maler Nolten', Die wesentlichen Unterschiede der beiden Fassungen, Diss. Massachusetts 1968.
Brown, Peter: Der heilige Augustinus, Augsburg 1973.
Busch, Werner: Nachahmung als bürgerliches Kunstprinzip, Ikonographische Zitate bei Hogarth und in seiner Nachfolge, Hildesheim/New York 1977.
Cramer, Thomas: Ironie und Satire bei E.T.A. Hoffmann, Mchn. 1966.
Curtius, Ernst Robert: Europäische Literatur und Lateinisches Mittelalter, Bern 1948.
Doerksen, Victor C.(Hrsg.): Eduard Mörike, Darmst. 1975.
Eilert, Heide: Eduard Mörike: Maler Nolten (1832), in: Romane und Erzählungen zwischen Romantik und Realismus, hrsg. v. Paul Michael Lützeler, Stgt. 1983, S. 165-182.
Elschenbroich, Adalbert: Romantische Sehnsucht und Kosmogonie, Eine Studie zu Gotthilf Heinrich Schuberts "Geschichte der Seele" und deren Stellung in der deutschen Spätromantik, Tüb. 1971.
Freud, Sigmund: Der Witz und seine Beziehung zum Unbewußten, Ffm. ¹⁶1977.
Fröschle, Hartmut: Justinus Kerner und Ludwig Uhland, Geschichte einer Dichterfreundschaft, Göpp. 1972.
Fuchs, Eduard u. Kraemer, Hans: Die Karikatur der europäischen Völker vom Altertum bis zur Neuzeit, Bln. 1901.
Funk-Schoellkopf, Beatrice: Eduard Mörike: Der letzte König von Orplid, Diss. Zürich 1980.
Fürst, Rudolf: Die Vorläufer der modernen Novelle im achtzehnten Jahrhundert, Ein Beitrag zur vergleichenden Litteraturgeschichte, Halle 1897.

Gadamer, Hans Georg: Wahrheit und Methode, Tüb. 1960.
Gitermann, Valentin: Geschichte Rußlands Bd. I-III, Ffm. 1965.
Gombrich, Ernst H.: Ornament und Kunst, Schmucktrieb und Ordnungssinn in der Psychologie des dekorativen Schaffens, Stgt. 1982.
Gradmann, Erwin: Phantastik und Komik, Bern 1957.
Graeter, Carlheinz: Persönliche Anmerkungen zum Revolutionsgeschehen 1848/49, in: Beiträge zur Landeskunde, Regelmäßige Beilage zum Staatsanzeiger für Baden-Württemberg, Nr. 4, Aug. 1974, S. 7-8.
Graevenitz, Gerhart von: Eduard Mörike: Die Kunst der Sünde, Zur Geschichte des literarischen Individuums, Tüb. 1978.
- Rezension: Pohl, Rainer, in: ZfdPh. 98(1979), S. 600-603.
- Don Juan oder die Liebe zur Hausmusik, Wagner-Kritik in Eduard Mörikes Erzählung 'Mozart auf der Reise nach Prag', in: Neoph. 65(1981), S. 247-262.
Grimm, Gunter: Satiren der Aufklärung, Durchgesehene und ergänzte Ausggabe, Stgt. 1979.
Grimm, Reinhold u. Hinck, Walter: Zwischen Satire und Utopie, Zur Komiktheorie und zur Geschichte der europäischen Komödie, Ffm. 1982.
Güntter, Otto, Eduard Mörike und Bernhard Gugler, in: 16. Rechenschaftsbericht des Schwäbischen Schillervereins, Stgt. 1911/1912, S. 54-76.
Gumbrecht, Hans-Ulrich: Literarische Gegenwelten, Karnevalskultur und die Epochenschwelle vom Spätmittelalter zur Renaissance, in: Literatur in der Gesellschaft des Spätmittelalters, Heidelb. 1979, S. 95-144.
Gundolf, Friedrich: Romantiker, NF. Bln. 1931.
Hager, Werner: Zur Raumstruktur des Manierismus in der italienischen Architektur, in: Fs. f. Martin Wackernagel, Köln 1958, S. 112-140.
Hart-Nibbrig, Christian: Verlorene Unmittelbarkeit, Zeiterfahrung und Zeitgestaltung bei Eduard Mörike, Bonn 1973.
Heinrich, Klaus: "Theorie" des Lachens, in: "Nervöse Auffassungsorgane des inneren und äußeren Lebens": Karikaturen, hrsg. v. Klaus Herding u. Gunter Otto, Gießen 1980, S. 12-30.
Herding, Klaus u. Otto, Gunter siehe S. 225 unter Heinrich, Klaus.
Hermand, Jost: Die literarische Formenwelt des Biedermeiers (Beiträge zur deutschen Philologie, hrsg. v. L.E. Schmitt, Bd. 27), Gießen 1958.
- Der deutsche Vormärz, Texte und Dokumente, Stgt. 1967.
- Hermand, J. u. Windfuhr, Manfred: Zur Literatur der Restaurationsepoche 1815-1848, Friedrich Sengle zum 60. Geburtstag, Stgt. 1970.
Heydebrand, Renate von: Eduard Mörikes Gedichte zu Bildern und Zeichnungen, in: Bildende Kunst und Literatur, hrsg. v. Wolfdietrich Rasch, Ffm. 1970, S. 121-154 u. Bildanhang..
- Eduard Mörikes Gedichtwerk, Beschreibung und Deutung der Formenvielfalt und ihrer Entwicklung, Stgt. 1972.
Heyse, Paul: Eduard Mörike, in: Literatur-Blatt des deutschen Kunstblattes, Nr. 1, Do., 12.1. 1854, S. 1-4.
Höllerer, Walter: Zwischen Klassik und Moderne, Lachen und Weinen in der Dichtung einer Übergangszeit, Stgt. 1958, S. 349-356, in: Eduard Mörike, hrsg. v. Victor C. Doerksen, Darmst. 1975, S. 320-333.
Holthusen, Hans Egon: Eduard Mörike in Selbstzeugnissen und Bilddokumenten, Reinbek 1971.
Horn, Hans-Jürgen u. Laufhütte, Hartmut (Hrsg.): Ares und Dionysos, Das Furchtbare und das Lächerliche in der europäischen Literatur, Heidelberg 1981.
Hügli, A.: Art. '(Das) Lächerliche', in: Hwb.d.Philos., Bd. 2, Sp. 1-8.
Ilgenstein, Heinrich: Mörike und Goethe, Eine literarische Studie, Bln.

1902.
Jäger, Georg: Das Gattungsproblem in der Ästhetik und Poetik von 1780 bis 1850, in: Zur Literatur der Restaurationsepoche 1815-1848, Friedrich Sengle zum 60. Geburtstag, hrsg. v. Jost Hermand u. Manfred Windfuhr, Stgt. 1970, S. 371-404.
Jäger, Hella: Naivität, Eine kritisch-utopische Kategorie in der bürgerlichen Literatur und Ästhetik des 18. Jahrhunderts, Kronb. 1975.
Jauss, Hans Robert: Ästhetische Normen und geschichtliche Reflexion in der "Querelle des Anciens et des Modernes", siehe unter F., Perrault, Charles, S. 222 dieser Arbeit.
- Fr. Schlegels und Fr. Schillers Replik auf die "Querelle des Anciens et des Modernes", in: Europäische Aufklärung, Herbert Dieckmann zum 60. Geburtstag, hrsg. v. Hugo Friedrich u. Fritz Schalk, Mchn. 1967, S. 118-140.
- Poetik und Hermeneutik III, Die nicht mehr schönen Künste, Grenzphänomene des Ästhetischen, hrsg. v. H.R. Jauss, Mchn. 1968.
Jennings, Lee B.: Das Groteske bei Mörike, Ein nachromantisches Phänomen, in : Eduard Mörike, hrsg. v. Victor C. Doerksen, Darmst. 1975, S. 161-185.
Karthaus, Ulrich: Humor - Ironie - Satire, in: DU 23(1971), H.6, S. 104-120.
Kayser, Wolfgang: Das Groteske in Malerei und Dichtung, Hamb. 1960.
Kemp, Wolfgang: Die Beredsamkeit des Leibes, Körpersprache als künstlerisches und gesellschaftliches Problem der bürgerlichen Emanzipation, in: Städel-Jb., NF, Bd. 5 (1975), S. 117-134.
Kerényi, Karl: Die goldene Parodie, Randbemerkungen zu den "Vertauschten Köpfen", in: NR 67(1956), S. 549-556.
Ketelsen, Uwe-Karsten: Die Naturpoesie der norddeutschen Frühaufklärung, Poesie als Sprache der Versöhnung: alter Universalismus und neues Weltbild (Metzler, Germanistische Abhandlungen 45), Stgt. 1974.
Kircher, Hartmut: Naturlyrik als politische Lyrik - politische Lyrik als Naturlyrik, in: Mecklenburg, Norbert (Hrsg.): Naturlyrik und Gesellschaft, Stgt. 1977.
Kleinschmidt, Erich: Denkform im geschichtlichen Prozeß, Zum Funktionswandel der Allegorie in der frühen Neuzeit, in: Formen und Funktionen der Allegorie, Symposium Wolfenbüttel 1978, hrsg. v. Walter Haug, Stgt 1979, S. 388-404.
Kluckhohn, Paul: Biedermeier als literarische Epochenbezeichnung, in: DtVjs. XIII(1935), S. 1-43.
Köpf, Hans Peter: Zwei theologische Aufsätze Eduard Mörikes, in: JbDSG. 10(1966), S. 103-129.
Koestlin, Reinhold (C.Reinhold): Die schwäbische Dichterschule und Eduard Mörike, in: HJbb. Nr. 6-8 (1839), Sp. 41-64 u. Nr. 18-19 (1839), Sp. 137-151.
Kolbe, Jürgen: Goethes Wahlverwandtschaften und der Roman des 19. Jahrhunderts, Stgt. 1968.
Kommerell, Max: Jean Paul, Ffm. ^{5}1977.
Koschlig, Manfred: Mörikes barocker Grundton und seine verborgenen Quellen, Studien zur Geschichtlichkeit des Dichters, in: Zs.f. württembergische Landeskunde in Baden-Württemberg und dem Württembergischen Geschichts- und Altertumsverein Stgt., Jg. XXXIV/XXXV(1975/1976), Stgt. 1978, S. 231-323.
Koselleck, Reinhart: Richtlinien für das "Lexikon politisch-sozialer Begriffe der Neuzeit, in: Archiv für Begriffsgeschichte, begr. v. Erich Rothacker, Im Auftrag der Kommission für Philosophie der Aka-

demie der Wissenschaften und der Literatur zu Mainz, hrsg. in Verbindung mit H.G. Gadamer u. Karlfried Gründer, Bd. 11(1967), S. 81-99.
- Kritik und Krise, Ein Beitrag zur Pathogenese der bürgerlichen Welt, Freib./Mchn. [2]1969.

Krafft, Fritz u. Wuttke, Dieter: Das Verhältnis des Humanisten zum Buch, hrsg. v. F. Krafft u. D. Wuttke, Sonderdruck DFG, Komission für Humanismusforschung, Mitteilung IV, Boppardt 1977.

Labaye, Pierre: Le symbolisme de Mörike, Étude de la création mörikéenne comme jeu de miroirs, Bern/Ffm. 1982.

Lämmert, Eberhard u. Eggert, Hartmut: Romantheorie, Dokumentation ihrer Geschichte in Deutschland 1620-1880, Stgt. 1971.
- Bauformen des Romans, Stgt. [6]1975.

Langen, August: Attitüde und Tableau in der Goethezeit, in: JbDSG. 12(1968), S. 194-258.

Leopoldseder, Hannes: Groteske Welt. Ein Beitrag zur Entwicklungsgeschichte des Nachtstücks in der Romantik, Bonn 1973.

Liede, Alfred: Dichtung als Spiel, 2 Bände, Bln. 1963.

Lohmann-Siems, Isa: Der universelle Formbegriff in der Physiognomik des 18. Jahrhunderts, Ein Beitrag zur Geschichte der gegenwärtigen Kunsttheorie, in. Jb. der Hamburger Kunstsammlungen, Bd. 9(1964) S. 49-74.

Maier, Wolfgang: Ein Einzelfall? Anfang und Struktur im 'Maler Nolten', in: Miller, Norbert: Romananfänge, Versuch zu einer Poetik des Romans, hrsg. v. N.M., Bln. 1965, S. 149-172.

Mannack, Eberhard: Raumgestaltung und Realitätsbezug in Goethes epischer Dichtung, Königstein 1972.

Marquard, Odo: Über einige Beziehungen zwischen Ästhetik und Therapeutik in der Philosophie des neunzehnten Jahrhunderts, in: Literatur und Gesellschaft, Vom neunzehnten ins zwanzigste Jahrhundert, Festgabe für Benno von Wiese zu seinem 60. Geburtstag, hrsg. v. Joachim Schrimpf, Bonn 1963, S. 22-55.
- Zur Bedeutung der Theorie des Unbewußten für eine Theorie der nicht mehr schönen Kunst, in: Poetik und Hermeneutik III, Die nicht mehr schönen Künste, Grenzphänomene des Ästhetischen, hrsg. v. Hans Robert Jauss, Mchn 1968, S. 375-392.
- Das Komische und die Philosophie, in: Gießener Universitätsblätter, Jg. 7(1974), H. 2, S. 79-89.
- Exile der Heiterkeit, in: Poetik und Hermeneutik VII, hrsg. v. Wolfgang Preisendanz u. Rainer Warning, Mchn. 1976, S. 133-146.
- Art. 'Malum', in: Hwb.d.Philos. Bd. 5(1980), Sp. 652-656.
- Abschied vom Prinzipiellen, Philosophische Studien, Stgt. 1981.

Martens, Wolfgang: Der Barbier in Büchners 'Woyzeck', Ein Beitrag zur Motivgeschichte der Barbiersfigur, in: Zf.d.Ph. 79(1960), S. 361-383.

Mattenklott, Gert: Goethe als Physiognomiker, in: Goethe, Vorträge aus Anlaß seines 150. Todestages. hrsg. v. Thomas Clasen u. Erwin Leibfried, Gießener Arbeiten zur Neueren deutschen Literatur und Literaturwissenschaft, hrsg. v. Dirk Grathoff u. E. Leibfried, Bd. 3, Ffm./Bern/New York 1984, S. 125-142.

Menzel, Adolf: Rezension des 'Maler Nolten', in: Morgenblatt für gebildete Stände, Jg. 1832, Literatur-Blatt Nr. 86 v. 24. Aug., S. 341-344, abgedruckt in (V, 33 ff.).
- Rezension zur Hogarth-Ausgabe, Gött. 1794-1833, in: Morgenblatt für gebildete Stände, Beilage Literatur-Blatt Nr. 1-3, Mi., 2. Jan.1833

ff., S. 10-12.
- Lyrische Dichtkunst, Gedichte von Eduard Mörike, in: Literaturblatt des Cottaschen Morgenblattes Nr. 45, 3. Mai 1839.
Meyer, Hermann: Der Sonderling in der deutschen Dichtung, Mchn. 1963.
Miller, Norbert: Romananfänge, Versuch zu einer Poetik des Romans, Bln. 1965.
- Mutmaßungen über lebende Bilder, Attitüde und 'tableau vivant' als Anschauungsform des 19. Jahrhunderts, in: Das Triviale in der Literatur, Musik und bildenden Kunst, hrsg. v. Helga de la Motte-Haber, Ffm. 1972, S. 106-130.
Nordheim, Werner von: Mörikes dramatische Jugendwerke 'Spillner' und 'Die umworbene Musa' - eine Einheit, in: Euph. 48(1954), S. 90-94.
Notter, Friedrich: Rezension des 'Maler Nolten', in: Der Unpartheiische. Ein encyclopädisches Zeitblatt für Deutschland, Jg. 1833, Nr. 2-4, 2.-4. Apr., S. 7-8, 12, 14-16, abgedruckt in (V, 53 ff.).
Niebelschütz, Wolf von: Über Dichtung, Ffm. 1979.
Oelmüller, Willi: Friedrich Theodor Vischer und das Problem der nachhegelschen Ästhetik, Stgt. 1959.
Oesterle, Günter: Entwurf einer Monographie des ästhetisch Häßlichen. Die Geschichte einer ästhetischen Kategorie von Friedrich Schlegels Studium-Aufsatz bis zu Karl Rosenkranz' Ästhetik des Häßlichen als Suche nach dem Ursprung der Moderne, in: Literaturwissenschaft und Sozialwissenschaften 8, Zur Modernität der Romantik, hrsg. v. Dieter Bänsch, Stgt. 1977, S. 217-297.
- 'Vorbegriffe zu einer Theorie der Ornamente', Kontroverse Formprobleme zwischen Aufklärung, Klassizismus und Romantik am Beispiel der Arabeske, in: Ideal und Wirklichkeit der bildenden Kunst im späten 18. Jahrhundert, hrsg. v. Herbert Beck, Peter C. Bol, Eva Maek-Gérard, Bln. 1984, S. 119-139.
- Zum Komischwerden der Lyrik - Mörikes Epistel 'An Longus', Ms. eines Vortrags, gehalten im Sommersemester an der Universität Stuttgart.
Oesterle, Günter u. Ingrid: Art, 'Karikatur', in: Hwb.d.Philos., Bd. 4, (1976), Sp. 696-701.
- 'Gegenfüßler des Ideals' - Prozeßgestalt der Kunst - Mémoire processive der Geschichte, Zur ästhetischen Fragwürdigkeit von Karikatur seit dem 18. Jahrhundert, in: 'Nervöse Auffassungsorgane des inneren und äußeren Lebens', Karikaturen, hrsg. v. **Klaus Herding** u. **Gunter Otto**, Gießen 1980, S. 87-130.
Oesterle, Ingrid: Der "glückliche Anstoß" ästhetischer Revolution und die Anstößigkeit politischer Revolution. Ein Denk- und Belegversuch zum Zusammenhang von politischer Formveränderung und kultureller Revolution im Studium-Aufsatz Friedrich Schlegels, in: Literaturwissenschaft und Sozialwissenschaften 8, Zur Modernität der Romantik, hrsg. v. Dieter Bänsch, Stgt. 1977, S. 167-216.
- Verübelte Geschichte. Autobiographische Selbstentblößung, komische Selbstentlastung und bedingte zynische Selbstbehauptung in Friedrich Theodor Vischers 'Auch Einer', in: Vom Andern und vom Selbst: Beiträge zu Fragen der Biographie und der Autobiographie, hrsg. v. Reinhold Grimm u. Jost Hermand, Königstein 1982, S. 71-93.
Partl, Kurt: Die Spiegelung romantischer Poetik in der biedermeierlichen Dichtungsstruktur Mörikes und Platens, in: Zur Literatur der Restaurationsepoche 1815-1848, Friedrich Sengle zum 60. Geburtstag, hrsg. v. Jost Hermand u. Manfred Windfuhr, Stgt. 1970, S. 490-560.
Paulson, Ronald: Hogarth, His Life Art and Times, by R.P., 2 Bände,

Published for the Paul Melton Centre for studies in British Art, by the University Press New Haven and London 1971.
Plessner, Helmuth: Philosophische Anthropologie, Lachen und Weinen, Das Lächeln, Anthropologie der Sinne, Ffm. ²1970.
Pohl, Rainer, siehe unter G., Graevenitz, Gerhart von . . .
Polheim, Karl Konrad: Der künstlerische Aufbau von Mörikes Mozartnovelle, in: Euph. 48(1954), S. 41-70.
- Die Arabeske, Ansichten und Ideen aus Friedrich Schlegels Poetik, Paderborn/Mchn./Wien 1966.
Prawer, Siegbert S(alomon): Mignons Genugtuung, Eine Studie über Mörikes 'Maler Nolten', in: Interpretationen,Deutsche Romane von Grimmelshausen bis Musil, hrsg. v. Jost Schillemeit, Ffm. 1960, S. 164-181.
Preisendanz, Wolfgang: Über den Witz, Konstanz 1970.
- Humor als dichterische Einbildungskraft, Studien zur Erzählkunst des poetischen Realismus, Mchn. 1963.
- Poetik und Hermeneutik VII, Das Komische, hrsg. v. W.P. u. Rainer Warning, Mchn. 1976.
- Art. '(Das) Komische', in: Hwb.d.Philos., Bd. 4 (1976), Sp. 889-893.
Promies, Wolfgang: Der Bürger und der Narr oder das Risiko der Phantasie, Sechs Kapitel über das Irrationale in der Literatur des Rationalismus, Mchn. 1966.
Proß, Wolfgang: Jean Pauls geschichtliche Stellung, Tüb. 1975.
Prutz, Robert Eduard: Alte und neue komische Romane, in: Hjbb., Nr. 298-301 (1839), 13.-17.12. 1839, Sp. 2377-2379, 2385-2390, 2393-2397, u. 2403-2408.
Rasch, Wolfdietrich: Die Poetik Jean Pauls, in: Die deutsche Romantik, hrsg. v. Hans Steffen, Gött. 1967, S. 98-111.
Reinhardt, Heinrich: Mörike und sein Roman 'Maler Nolten', in: Wege zur Dichtung, Züricher Schriften zur Literaturwissenschaft, hrsg. v. Emil Ermatinger, Horgen/Zürich/Lpz. 1930.
Rennert, Hal Hellmut: An exploration of Eduard Mörikes Reading with emphasism Shakespeare, Diss. Washington 1975; die Wieder- bzw. Neuerscheinung unter dem Titel 'Eduard Mörike's Reading and the Reconstruction of his extant Library' , New York/Bern/Ffm. 1985, konnte in dieser Arbeit nicht mehr berücksichtigt werden.
Ritter, Joachim: Über das Lachen, in: Subjektivität, Sechs Aufsätze, Ffm. 1980, S. 62-92.
Reuter, H.-H.: Eduard Mörike in seinem Leben und Dichten, in: Eduard Mörike, hrsg. v. Victor C. Doerksen, Darmst. 1975, S. 89-128.
Rosenkranz, Karl: Ludwig Tieck und die romantische Schule (1838), in: Ludwig Tieck, hrsg. v. Wulf Segebrecht, Darmst. 1976, S. 1-44.
- Geschichte der deutschen Poesie im Mittelalter, Halle 1830.
Rotermund, Erwin: Die Parodie in der modernen deutschen Lyrik, Mchn. 1963.
Sammons, Jeffrey L.: Fate and Psychology: Another Look at Mörike's Maler Nolten, in: Lebendige Form, Interpretationen zur deutschen Literatur, Fs. f. Heinrich E.K. Heinel, hrsg. v. J.L. Sammons u. Ernst Schürer, Mchn. 1970, S. 211-227.
Sandomirsky, Vera: Eduard Mörike: Sein Verhältnis zum Biedermeier, Ein Versuch, Erlangen 1935.
Schings, Hans-Jürgen: Melancholie und Aufklärung, Melancholiker und ihre Kritiker in Erfahrungsseelenkunde und Literatur des 18. Jahrhunderts, Stgt. 1977.
Schlaffer, Hannelore, Nachwort zu: Eduard Mörike: Novellen und Märchen,

Mchn. 1982, S. 266-304.
Schlaffer, Heinz: Lyrik im Realismus, Bonn ²1973.
- Jean Paul, in: Jean Paul, hrsg. v. Uwe Schweikert, Darmst. 1974, S. 389-410.
Schröder, Rolf: Novelle und Novellentheorie in der frühen Biedermeierzeit, Tüb. 1970.
Schütze, Gertrud: Mörikes Lyrik und die Überwindung der Romantik, Diss. Münster 1940.
Schwab, Gustav: Rezension des 'Maler Nolten', in: Blätter für literarische Unterhaltung, Jg. 1833, Nr. 20-21, v. 20. u. 21. Jan., S. 81-83,, abgedruckt in (V, 39 ff.).
Schwegler, Albert: Jahrbücher der Gegenwart, Tüb. 1844 ff.
Sengle, Friedrich: Mörike-Probleme, in: GRM 33 NF II(1951), S. 37-47.
- Arbeiten zur deutschen Literatur 1750-1850, Stgt. 1965.
- Biedermeierzeit, Deutsche Literatur im Spannungsfeld zwischen Restauration und Revolution 1815-1848, 3 Bände, Bd. I: Allgemeine Voraussetzungen, Richtungen, Darstellungsmittel, Bd. II: Die Formenwelt, Bd. III: Die Dichter, Stgt. 1971.
- Mörikes sentimentalischer Weg zum Naiven, in: Untersuchungen zur Literatur als Geschichte, Fs.f. Benno von Wiese, hrsg. v. J. Guenther, H. Koopmann, P. Pütz, H.J. Schrimpf u.a., Bln. 1973, S. 249 ff.
Seuffert, Bernhard: Mörikes Nolten und Mozart, Graz/Wien/Lpz. 1925.
Simon, Hans-Ulrich: Mörike, Chronik, Stgt. 1981.
Spitzer, Leo: Wiederum Mörikes Gedicht auf eine Lampe, in: Eduard Mörike, hrsg. v. Victor C. Doerksen, Darmst. 1975, S. 254-269.
Staiger, Emil: Die Kunst der Interpretation, Ffm. ²1972.
- Ein Briefwechsel mit Martin Heidegger, in: Eduard Mörike, hrsg. v. Victor C. Doerksen, Darmst. 1975, S. 241-253.
Stebbins, Sara: Maxima in minimis - Zum Empirie- und Autoritätsverständnis der physikotheologischen Literatur der Frühaufklärung, in: Mikrokosmos: Beiträge zur Literaturwissenschaft und Bedeutungsforschung, Bd. 8, Ffm. 1980.
Steiner, Jacob: Kunst und Zeit in Mörikes 'Maler Nolten', in: Geschichte. Deutung. Kritik, Literaturwissenschaftliche Beiträge, dargestellt zum 65. Geburtstag Werner Kohlschmidts, hrsg. v. Maria Bindschedler u. Paul Zinski, Bern 1969, S. 186-198.
Steinmetz, Horst: Eduard Mörikes Erzählungen, Stgt. 1969.
Stern, Martin: Mörikes Märchen vom sichern Mann, in: Euph. (1966), S. 193-208.
Storz, Gerhard: Eduard Mörike, Stgt. 1967.
- Eduard Mörike - der Dichter zwischen den Zeiten, in: JbDSG. 20(1976), S. 492-503.
Strauß, David Friedrich: Rezension der 2. vermehrten Aufl. der Gedichte E(duard) Mörikes, in: Beilage zur Allgemeinen Zeitung (Cotta), Nr. 338 v. 4.12. 1847.
- Kleine Schriften biographischen, literarischen und kunstgeschichtlichen Inhalts, Lpz. 1862.
Strohschneider-Kohrs: Die romantische Ironie in Theorie und Gestaltung, Tüb. ²1977.
Traeger, Jörg: Philipp Otto Runge, Mchn. 1977.
Tscherpel, Rudolf M.: Die rhythmisch-melodische Ausdrucksdynamik in der Sprache Eduard Mörikes, Diss. Tüb. 1963, Stgt. 1964.
Veith, Brigitte: Salzburg und Magdeburg, Zum Vergleich ihrer Missionskonzeptionen, Staatsexamensarbeit (Geschichte), Gießen 1984.

Vischer, Friedrich Theodor: Gedichte von Eduard Mörike (1839), in: Eduard Mörike, hrsg. v. Victor. C. Doerksen, Darmst. 1975, S. 3-32.
- Rezension des 'Maler Nolten', in.HJbb., Jg. 1839, Nr. 144-147 v. 17.-20. Juni, Sp. 1145-1149, 1153-1157, 1161-1168, 1175-1176, abgedruckt in (V, 61 ff.).
- Kritische Gänge, 6 Bände, hrsg. v. Robert Vischer, Mchn. ²1922.

Völk, Rudolf: Die Kunstform des 'Maler Nolten' von Eduard Mörike, in: Reihe: Germanische Studien, H. 82., Bln. 1930, repr. Mendeln/Liechtenstein 1967.

Walder, Hanns: Mörikes Weltanschauung, Diss. Zürich 1922.

Weinrich, Harald: Literatur für Leser, Stgt./Bln./Köln/Mainz 1971.

Wiedemann, Conrad: Barockdichtung in Deutschland, in: Neues Handbuch der Literaturwissenschaft, Bd. 10, Renaissance und Barock, II. Teil v. August Buck, Ffm. 1972, S. 177-201.

Wiese, Benno von: Eduard Mörike, Tüb./Stgt. 1951.

Willems, Gottfried: Das Konzept der literarischen Gattung, Untersuchungen zu klassischen deutschen Gattungstheorie, insbesondere zur Ästhetik F.Th. Vischers, Tüb. 1981.

Zeller, Bernhard: Das Sonntagsblatt für gebildete Stände, Eine Zeitschrift für Tübinger Romantiker, Marbach 1981.

Zemp, Werner: Eduard Mörike, Elemente und Anfänge, Lpz. 1939.

Zimmermanns, Klaus: Florenz, Ein europäisches Zentrum der Kunst, Geschichte. Denkmäler. Sammlungen, Köln 1984.

3. Bildanhang

a)

'Die komische und die tragische Lyra', 1809, Feder, 14,5 x 20,2 cm (WV 471). Berlin, Staatliche Museen zu Berlin, National-Galerie. Aus: Jörg Träger, Philipp Otto Runge, München 1977, Prestel-Verlag, S. 56.
(vgl. Anm. III, 41)

b)

THE

ANALYSIS

OF

BEAUTY.

Written with a view of fixing the fluctuating IDEAS of TASTE.

BY *WILLIAM HOGARTH.*

So vary'd he, and of his tortuous train
Curl'd many a wanton wreath, in sight of Eve,
To lure her eye.-------- Milton.

LONDON:

Printed by *J. REEVES* for the *AUTHOR,*
And Sold by him at his House in LEICESTER-FIELDS.

MDCCLIII.

117, 118
The Analysis of Beauty

Titelvignette zu 'The Analysis of Beauty' (1753).
Aus: William Hogarth, Eine Ausstellung der Neuen Gesellschaft für bildende Kunst e.V. in der Staatlichen Kunsthalle Berlin vom 28.6.-10.8.1980, Katalog, hrsg. v. Berthold Hinz u. Hartmut Krug, Berlin/Gießen 1980, Anabas-Verlag, S. 174.

(Vgl. Anm. IV, 58)

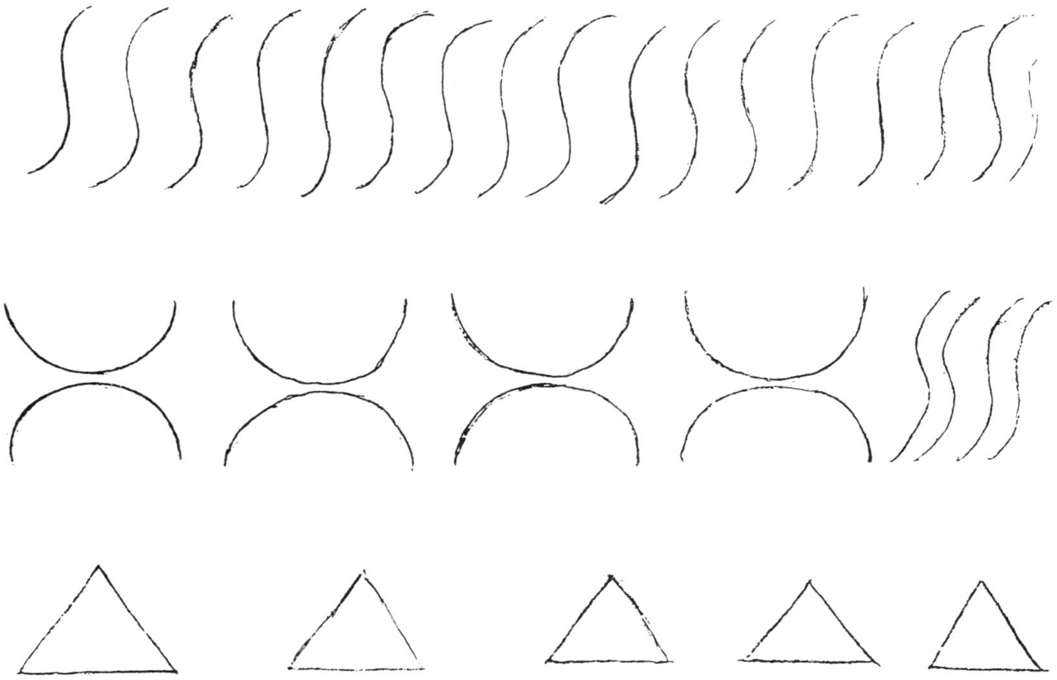

Aus dem Skizzenheft aus Eduard Mörikes Nachlaß, SNM 2877, Heft VII.
Deutsches Literaturarchiv, Schiller-Nationalmuseum Marbach a.N.

William Hogarth: 'Table I' zur 'Analysis of Beauty' (1753).
Aus: William Hogarth, Eine Ausstellung der Neuen Gesellschaft für bildende Kunst e.V. in der Staatlichen Kunsthalle Berlin vom 28.6.-10.8.1980, Katalog, hrsg. v. Berthold Hinz u. Hartmut Krug, Berlin/Gießen 1980, Anabas-Verlag, S. 178. (Vgl. Anm. IV, 58)

c)

Aus dem Skizzenheft aus Mörikes Nachlaß, SNM 2877 (Heft VII).
Deutsches Literaturarchiv, Schiller-Nationalmuseum Marbach a.N.

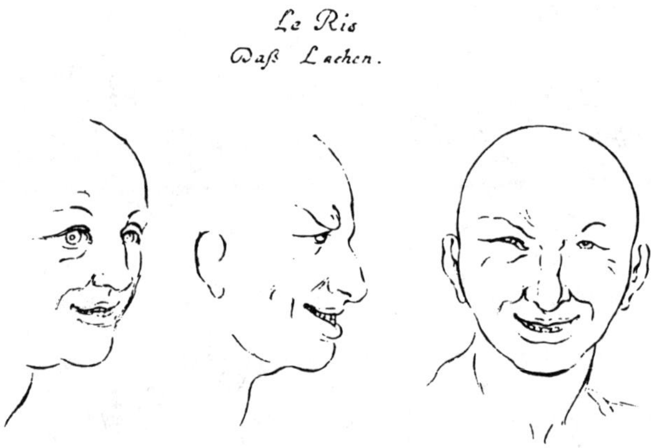

Aus: Charles Le Brun, Ein Discours oder Rede des Herrn de Brün vordersten Mahler des Königs in Frankreich, Cantzlar und Direktor der königlichen Mahler und Bildhauer-Akademie über die allgemeine und sonderbare Ausdruckung von Affecten auf das neue übersetzt nach der andern Amsterdamischen Edition, Nürnberg 1721, Weigel, Abb. 10

(Vgl. Anm. III, 76)

4. Abkürzungsverzeichnis

Abb.	Abbildung
Abschn.	Abschnitt
Abt.	Abteilung
Akz.	Akzente (1954 ff.)
a.N.	am Neckar
Anm.	Anmerkung
Art.	Artikel
Aufl.	Auflage
Ausg.	Ausgabe
Bd.	Band
begr.	begründet
Bln.	Berlin
Cod. hist.	Signatur der Landesbibliothek Stuttgart
d.	die/der/dem
Darmst.	Darmstadt
ders.	derselbe
DFG	Deutsche Forschungsgemeinschaft
d.h.	das heißt
Diss.	Dissertation
Do.	Donnerstag
DR	Deutsche Rundschau, Basel/Stuttgart/Baden-Baden 1874 ff.
Dr.	Doktor
DtVjs.	Deutsche Vierteljahresschrift für Literaturwissenschaft und Geistesgeschichte, Halle 1923 ff.
DU	Deutschunterricht
e.	eine
ed.	etited/ediert
eda.	ebenda
Einl.	Einleitung
engl.	englisch
etc.	et cetera
Euph.	Euphorion, Bamberg/Heidelberg 1894 ff.
e,V.	eingetragener Verein
f.	folgende
ff.	fortfolgende
Ffm.	Frankfurt am Main

Fs./FS	Festschrift
G	in diesem Fall für Goethe
Göpp.	Göppingen
Gött.	Göttingen
GRM	Germanisch-romanische Monatsschrift, Heidelberg 1909 ff.
GSA	Goethe- und Schiller-Archiv in Weimar
H.	Heft
H^1, H^2	Handschriftenbezeichnung nach der historisch-kritischen Mörike-Ausgabe, siehe Erläuterung (V, 83 ff.)
Halle	Halle/saale
Heidelb.	Heidelberg
HJbb.	Hallische Jahrbücher für deutsche Wissenschaft und Kunst, Leipzig 1838 ff.
hlg.	heilige
Hrsg./hrsg.	Herausgeber/herausgegeben
Hwb.d.Philos.	Handwörterbuch der Philosophie, siehe unter Kap. XI., 3., E.
Jb./Jbb.	Janrbuch/Jahrbücher
JbDSG.	Jahrbuch der Deutschen Schillergesellschaft, Stuttgart 1957 ff.
Jg.	Jahrgang
Kap.	Kapitel
kl.	klingend

lat.	lateinisch
LBS	Landesbibliothek Stuttgart
Mannh.	Mannheim
Mchn.	München
Mi.	Mittwoch
Ms.	Manuskript
Neophil.	Neophilologus, Groningen/Den Haag 1916 ff.
NF	Neue Folge
Nov.	November
Nr.	Nummer
Nürnb.	Nürnberg
o.J.	ohne Jahrgang
o.O.	ohne Ort
Prof.	Professor
repr./Repr.	repr./Reproduktion
R.T.	Roland Tscherpel
Reutl.	Reutlingen
S.	Seite
SNM	Schiller-Nationalmuseum Marbach am Neckar
Sp.	Spalte
st.	stumpf
Stgt.	Stuttgart
Tab.	Tabelle
Tüb.	Tübingen
u.	und
u.a.	und andere
übers.	übersetzt
u.s.w./usw.	und so weiter
v.	von/vom
v. Chr.	vor Christus
vers.	versehen
vgl.	vergleiche
Wiesb.	Wiesbaden
wirkl.	wirklich
WV	Werkverzeichnis
Z.	Zeile
ZfdPh.	Zeitschrift für deutsche Philologie, Stuttgart 1866 ff.
Zs.	Zeitschrift
Zs.f. württemb. Landesgeschichte	Zeitschrift für württembergische Landesgeschichte